中国印刷业
发展研究报告
(上市公司)

李治堂 ◎ 主编

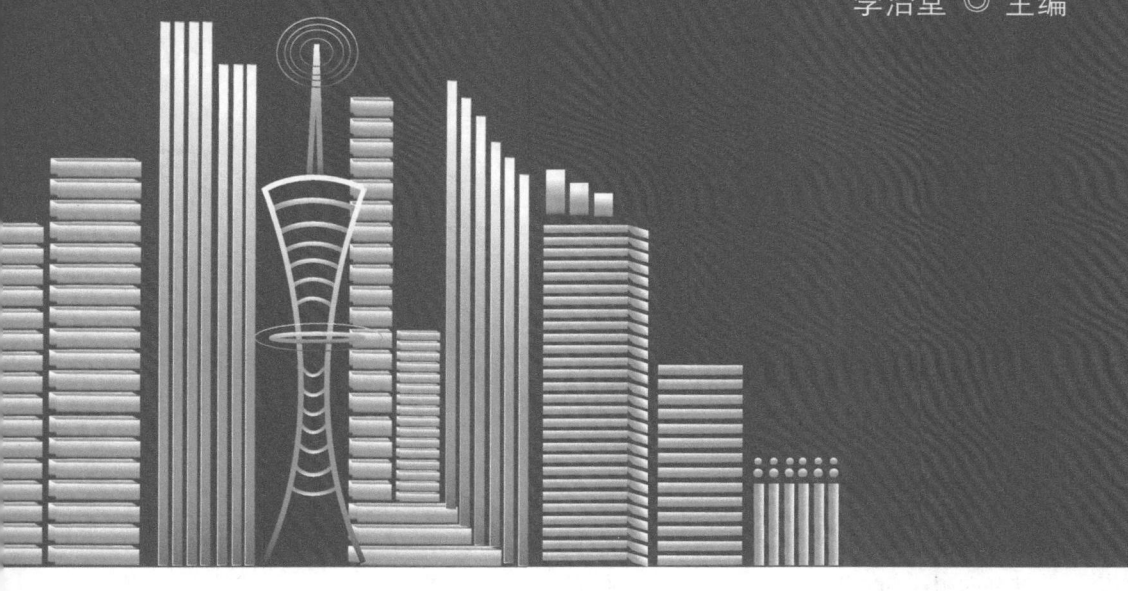

文化发展出版社
Cultural Development Press

图书在版编目（CIP）数据

中国印刷业发展研究报告. 上市公司 / 李治堂主编. — 北京：文化发展出版社，2022.3
ISBN 978-7-5142-3601-9

Ⅰ.①中… Ⅱ.①李… Ⅲ.①印刷工业－工业发展－研究报告－中国 Ⅳ.①F426.84

中国版本图书馆CIP数据核字(2021)第244966号

中国印刷业发展研究报告
（上市公司）

主　　编：李治堂

责任编辑：李　毅	责任校对：岳智勇
责任印制：邓辉明	责任设计：侯　铮

出版发行：文化发展出版社（北京市翠微路2号 邮编：100036）
网　　址：www.wenhuafazhan.com
经　　销：各地新华书店
印　　刷：北京建宏印刷有限公司
开　　本：787mm×1092mm　1/16
字　　数：265千字
印　　张：16.5
版　　次：2022年3月第1版
印　　次：2022年3月第1次印刷
定　　价：75.00元
ＩＳＢＮ：978-7-5142-3601-9

如发现任何质量问题请与我社发行部联系。发行部电话：010-88275710

Preface

前 言

　　印刷和记录媒介复制业（简称印刷业）是我国国民经济体系中的重要产业之一。根据《国民经济行业分类》（GB/T 4754—2017）的定义，印刷和记录媒介复制业属于制造业，具体包括印刷、装订及印刷相关服务、记录媒介复制三部分。在这三部分之中，印刷业务占据绝大部分，这也是我们通常所说的印刷业。印刷业务按照产品形态分为书、报刊印刷（出版物印刷），本册印制，包装装潢和其他印刷。印刷业是为国民经济其他部门服务和配套的产业，与其他部门经济存在密切的联系。如出版物印刷服务于文化和教育事业，包装装潢印刷服务于食品、烟草、药品、化妆品、电子产品等各个产业，商业印刷则服务于政府机关、经济组织和现代服务产业，纸币、邮票等各类特种印刷服务于国家的特殊需求，而新兴的个性化印刷产品则成为居民个人消费的一部分。可见，经济社会发展离不开印刷业，印刷业将随着经济社会的发展而不断发展。随着我国经济由高速增长转向高质量发展阶段，印刷业也面临转型升级发展的需要。

　　根据第四次全国经济普查公报，截至 2018 年年底，印刷业有企业法人单位 8.1 万个，从业人员 159.5 万人。印刷业企业法人单位在 41 个工业门类中排第 17 位，从业人员中排 26 位。根据印刷业年检数据，截至 2018 年年底，我国共有 9.8 万家印刷企业、270.4 万名从业人员，资产总额达到 1.52 万亿元。2018 年印刷业总产值为 1.27 万亿元，从 2017 年起，印刷业产值增长率开始回升，印刷业发展态势向好。

　　根据国家统计局统计数据，2018 年，全国有规模以上印刷企业 5706 家，总资产 5752.4 亿元，实现营业收入 6471.1 亿元，实现利润 425.6 亿元，从业人员 84.5 万人。根据《印刷经理人》杂志发布的 2020 年中国印刷包装企业百强排行榜数据，百强企业 2019 年实现销售收入 1375 亿元，比上一年增长 5.5%。排名第一的厦门合兴包装印刷股份有限公司销售收入 107.13 亿元。在百强榜单中，除了规模大、实力强的印刷上市公司，还有一些具有实力的非上市企业。根据相关统计数据，我国已经有几十家印刷包装上市企业，分布于出版物印刷、包装印刷及其他印刷等领域，是我国印刷业发展的中坚力量。印刷上市公司在企业规模、生产技术水平、公司治理与经营管理、公司效益与行业及社会影响等方面都具有明显的优势，上市公司的发展状况及发展趋势，在很大程度上代表了行业的发展水平和发展趋势。

随着我国经济由高速增长阶段进入高质量发展阶段，印刷业也面临转型升级和高质量发展的局面。2020 年新冠疫情暴发，又带来了不稳定不确定的外部环境，势必对企业的经营以及行业的发展造成较大的影响。因此，分析研究具有代表性的上市公司最近几年的发展变化，对于把握行业发展现状和趋势具有较大的现实意义和参考价值。本研究报告改变以往利用统计数据侧重行业整体研究的做法，采用企业层面的典型案例研究，选择具有典型性和代表性的印刷上市公司，重点从经营和财务两个方面进行较深入的分析研究。

本报告各篇的执笔人分别是：第一篇申佳，第二篇史玉凤，第三篇胡晓硕，第四篇白云，第五篇刘菁范，第六篇王博阳，第七篇夏少华。全书由李治堂负责统稿和审定。本报告相关资料来源于上市公司年报以及专业数据库或相关媒体，主要数据都标明了数据来源。本报告主要基于公开数据对上市公司的经营与财务状况进行分析，力求做到客观地反映事实和表达观点，遵守学术研究的相关规范。由于资料及研究者水平的限制，可能存在错漏之处，敬请专家和同行批评指正。

本书的责任编辑李毅女士为本书的出版尽心尽力，做了大量耐心细致的工作，在此表示衷心感谢！

李治堂

2020 年 12 月

目 录

第一篇　裕同科技经营与财务分析

1　公司简介 / 1

2　公司环境与战略分析 / 6

3　公司经营分析 / 22

4　公司财务分析 / 31

5　结论与建议 / 38

第二篇　盛通股份经营与财务分析

1　公司发展概况 / 40

2　公司经营分析 / 47

3　公司财务分析 / 63

第三篇 合兴包装经营与财务分析

1　公司简介 / 71

2　公司发展历程 / 71

3　公司业务核心及经营模式 / 74

4　公司核心竞争力 / 76

5　公司发展战略 / 79

6　公司财务分析 / 84

7　合兴包装未来发展潜力与风险 / 117

8　总结 / 120

第四篇 劲嘉股份经营与财务分析

1　公司简介 / 122

2　公司所处行业分析 / 123

3　公司经营分析 / 129

4　公司财务分析 / 136

5　公司未来发展的展望 / 142

6　结论与建议 / 145

第五篇 鸿博股份经营与财务分析

1　公司介绍 / 147

2　公司战略布局 / 149

3　公司经营状况 / 155

4　发展布局分析 / 161

5　政策及市场分析 / 169

第六篇　汕头东风经营与财务分析

1　公司概况 / 178

2　公司面临的挑战与机会 / 180

3　公司经营分析 / 186

4　公司财务分析 / 192

第七篇　紫江集团经营与财务分析

1　我国包装行业发展状况分析 / 227

2　企业经营环境及战略分析 / 236

3　公司财务分析 / 245

第一篇 裕同科技经营与财务分析

1 公司简介

1.1 公司概况

深圳市裕同包装科技股份有限公司（以下简称裕同科技）（股票代码002831）于 2002 年 1 月 15 日成立，2016 年在深圳中小企业板上市，截至 2019 年年底，公司总市值为 280 亿元，市盈率 27.1 倍，市净率 4.51 倍；公司主营纸包装印刷业务，2019 年营业收入为 98.45 亿元人民币，其中彩盒收入占比 71.62%，员工总数 2.04 万人。

裕同科技主营业务是不干胶贴纸、彩盒、说明书等的纸包装印刷。截至 2020 年 7 月 27 日，裕同科技有 63 家子公司。公司的定位是为高端品牌提供包装整体解决方案，2016～2018 年蝉联"中国印刷包装企业 100 强"第一名。公司商业模式是为客户提供涵盖研发、设计、生产加工、供应链管理、物流、仓储、大数据营销等业务的一体化印刷包装服务，产品包括彩盒、纸箱、说明书、不干胶贴纸等，主要客户为消费电子、智能硬件、烟酒、大健康、化妆品和奢侈品等行业的龙头公司。表 1-1 为裕同科技发展历程，目前公司已成为印刷包装行业龙头企业。

表 1-1 裕同科技发展历程

日期	事件
2002 年 1 月 15 日	在深圳市市场监督管理局宝安局登记成立,法定代表人王华君
2015 年 7 月 3 日	获得数千万元人民币 A 轮融资,投资方为君联资本
2016 年 9 月 23 日	IPO 审核通过,在深圳中小企业板上市交易
2017 年 4 月 25 日	企业合并,购买成都华研 100% 股权
2017 年 12 月 2 日	企业合并,购买上海嘉艺 90% 股权
2017 年 12 月 2 日和 2018 年 3 月 21 日	企业合并,合计购买艾特纸塑 31% 股权
2018 年 9 月 27 日	企业合并,购买江苏德晋 70% 股权

1.2 公司财务概况

2019 年,公司实现营业总收入 98.45 亿元,同比增长 14.8%;实现归母公司净利润 10.45 亿元,同比增长 10.51%;每股收益为 1.19 元。2020 年第一季度,公司实现营业总收入 18.2 亿元,同比增长 2.1%;归母公司净利润 1.4 亿元,同比下降 7.9%。图 1-1 为裕同科技近十年营业总收入及同比增长率变化趋势,图 1-2 为裕同科技近十年归母公司净利润及同比增长率趋势。

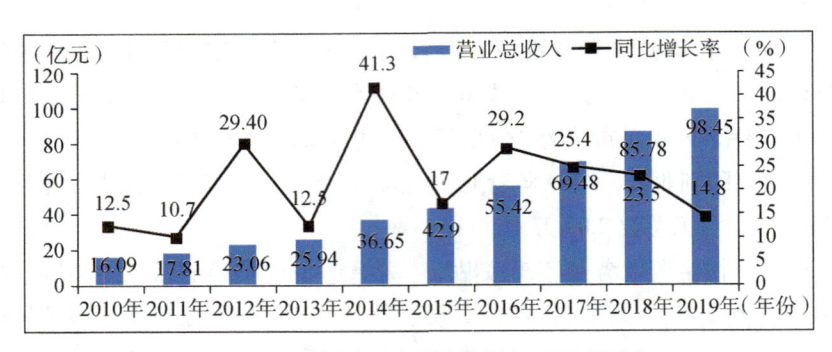

图 1-1 裕同科技近十年营业总收入及同比增长率

裕同科技 2019 年营业成本 68.9 亿元,同比增长 12.3%,低于营业收入 14.8% 的增速,导致毛利率上升 1.5%。期间费用率为 17.4%,较上年升高 2%,对公司业绩有所拖累。经营性现金流大幅上升 71% 至 13.7 亿元。公司研发投入大幅增加,相比上年同期增长 38% 达到 4.4 亿元。研发投入全部费用化,不作资本化处理。图 1-3 为裕同科技近十年期间费用及毛利率变化趋势。

图 1-2　裕同科技近十年归母公司净利润及同比增长率

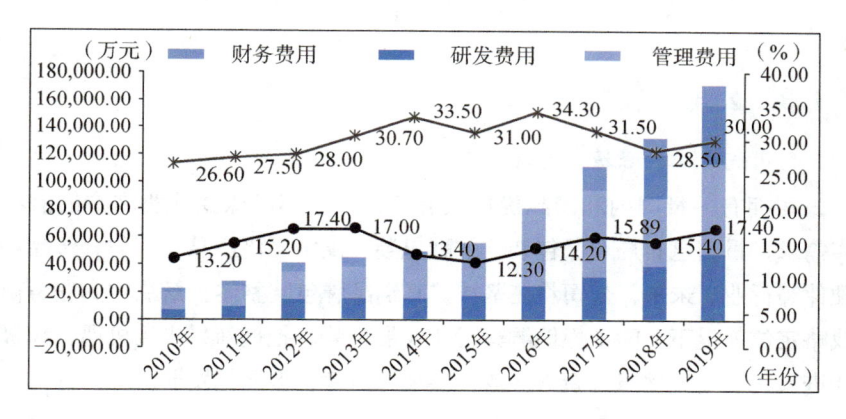

图 1-3　裕同科技近十年期间费用及毛利率变化

图 1-4、图 1-5 为 2019 年报告期各业务收入占比和各业务毛利及毛利率情况。从业务结构来看,"精品盒"是企业营业收入的主要来源。具体而言,2019 年报告年度"精品盒"营业收入为 70.5 亿元,营收占比为 72%,毛利率为 31.4%。

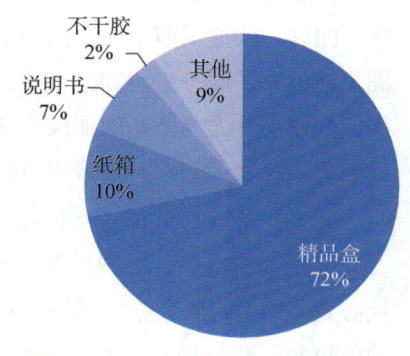

图 1-4　2019 年报告期各业务收入占比

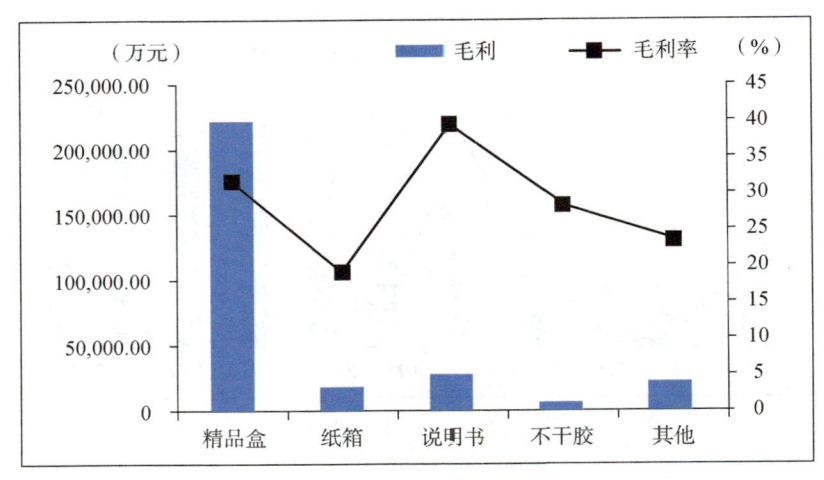

图 1-5　2019 年报告期各业务毛利及毛利率变化趋势

1.3　公司发展战略

1. 利用优质客户资源，完善产品布局

公司拥有一批国内和国际优质大客户，通过不断深挖此类客户的潜在和现实需求，目前已布局环保包装、智慧包装、汉字文化产品、广告宣传品和智能硬件等行业。未来，公司将在坚持"高端品牌包装整体＋解决方案服务商"的战略定位前提下，能动性地洞察行业发展趋势，把握新兴市场机遇，积极布局和进入包装一体化服务新兴产业，实现可持续、多元化发展。

2. 加速海外产业布局，提升全球交付能力

作为国内印刷包装行业最早进行海外布局的企业之一，公司已先后于越南、印度、印度尼西亚、泰国等国家设立了多个境外生产基地，并在美国和欧洲等地设立了服务中心和办事处。未来，公司将继续跟随国家"一带一路"步伐，加速海外尤其是东南亚国家的产业布局，持续优化交付版图，提升全球交付能力，在复杂的贸易局势中占据竞争优势。

3. 坚持研发创新，强化企业核心竞争力

坚持创新是企业生产和发展的关键。为持续把握行业发展趋势，强化企业核心竞争力，实现企业的可持续发展，公司一直积极研发智能包装、环保包装、功能包装、新材料新工艺、高端防伪印刷包装技术、立体印刷与 3D 打印技术等创新性技术。此外，公司还不断探索新型商业模式，通过互联网平台提供商

务印刷、个性化定制、企业购等服务，通过整合印刷包装产业供需端的中小微企业，汇聚线上、线下各类资源，构建互联网包装印刷生态圈。

4. 坚持绿色发展战略，实现可持续发展

作为包装印刷行业的龙头企业，公司一直坚持走绿色环保的可持续发展道路。为此，公司致力于研发环保型新材料和新工艺，不断优化和改良生产流程，并强力推行自动化改造，以此推动绿色生产。未来，公司将继续坚持绿色发展战略，履行自身的社会责任和义务，实现自身可持续发展。

5. 建设区域资源共享平台，提升区域资源协同效益

公司将进一步落实区域整合战略，强化区域中心的管理职能，建设区域资源共享平台，实现区域内部客户资源、供应链资源、生产能力和专业技术人才的协调共享，提升区域的资源协同效益和规模效应。同时，在业务布局上，区域中心将聚焦于该区域的产业集群，形成针对产业集群的专业服务能力和解决方案能力，快速扩大市场份额，进一步巩固公司在包装印刷行业的龙头地位。

1.4 风险及应对措施

1. 宏观环境风险

受疫情影响，全球整体经济增速放缓，消费增速放缓。作为消费品的配套行业，包装行业的发展出现放缓的势头。为分散市场风险，公司积极开拓新兴细分市场，并利用优质客户资源不断拓宽产品线，时刻关注包装相关行业的发展趋势，抓住行业风口期，维持企业的持续增长。针对国际贸易政策波动，公司进行了前瞻性的海外布局，有效应对国际大客户产业转移潮流，并形成在同行中的优势。

2. 经营风险

（1）市场竞争风险

由于包装印刷行业的产品差异性较小，行业壁垒较低，因此行业内部的竞争十分激烈。为应对市场竞争风险，公司通过注重研发和创新产业化，建设智能化工厂，提升生产自动化、信息化和智能化水平来加强核心竞争力；通过增强区域竞争力，积极拓展产品线来分散核心市场风险；通过将经营领域扩大到互联网平台、互联网长尾客户群和工业物联网等前沿行业来开拓新的商业模式，逐步减少对传统商业模式的依赖，拓展新的营收增长点。

(2) 核心人才流失风险

核心人才是企业发展的关键资源，面对复杂多变的外部环境，核心人才的流失将给企业带来较大风险。为应对核心人才流失风险，公司制定了系统性的人才管理规划。首先，公司通过外部引进、内部培养和联盟合作等多种方式打造人才供应链，让人才"倍"出；其次，公司建立了科学、系统的人才培养体系，做好各层次管理和技术核心人才的储备；最后，公司针对不同岗位和类型的核心人才实施有针对性的激励机制，切实为核心人才提供丰厚的报酬和广阔的职业发展空间，有效降低核心人才流失风险。

(3) 原材料价格波动风险

原材料成本在公司主营业务成本中占比较大，因此原材料价格的波动对企业整体毛利率和净利率都有较大影响。为应对原材料价格波动带来的影响，公司在招标、备料的基础上，还通过建立集团供应链中心进行规模化的集中采购，与供应商策略联盟以及原材料市场交易等其他策略降低这一风险。

2 公司环境与战略分析

2.1 包装印刷产业发展现状和趋势

2.1.1 产业发展现状

包装工业作为服务型制造业，是国民经济与社会发展的重要支撑。随着我国制造业规模的不断扩大和创新体系的日益完善，包装工业在服务国家战略、适应民生需求、建设制造强国、推动经济发展等方面，将发挥越来越重要的作用。中国经济的消费升级仍在路上，随着中国经济由投资向消费调整转型的加快，消费在"三驾马车"中的贡献率仍会提高，仍具备高速发展的基本面，因此包装印刷的发展潜力仍被看好。根据中国包装联合会发布的《中国包装行业年度运行报告》（2019年度）显示，我国包装行业规模以上企业7916家，累计完成营业收入10,032.53亿元，市场空间巨大。

2.1.2 产业发展趋势

1. 个性化定制趋势

近年来，居民收入快速增长，消费升级不断加速，包装行业的终端市场呈现出多批少量和个性化定制趋势。消费者的个性化需求，使定制化印刷包装的出现和发展成为现实；中小微企业的个性化需求，使得商务印刷市场成为未来海量市场。在个性化的需求之下，印刷包装企业的柔性生产能力和供应链整合能力成为企业发展的核心竞争力之一，是企业争夺长尾（细分市场）客户的重要武器。

2. 智能包装

智能包装正日益成为产品功能的延伸，并成为集成各种创新技术手段的载体，为各行业解决库存生命周期管理、产品完整性和用户体验三大难题，有效提升了包装产品的附加价值。随着二维码、射频识别、点阵、数字水印等技术逐渐成熟，消费者对于防伪、溯源、保鲜等功能的需求愈加迫切，智能包装的应用范围也更加广泛，涉及电子产品、食品、饮料、医药、生活用品、物流、新零售等多个领域，应用范围的拓展将为智能包装及业内企业带来新一轮发展机遇。

3. 环保包装

2019年，全球的环保政策推行力度持续升级，更多的发达和发展中国家加入"禁塑""限塑"行列。我国也陆续推出和落实多项严厉的环保政策，如海南省出台全面禁塑实施方案、上海等重点城市也已逐步落实垃圾分类政策，足见政府对环保政策的重视程度和落实力度。在此趋势下，绿色和环保包装将是印刷包装企业实现可持续发展的必经之路。印刷包装企业将加大环保型原材料、新材料、辅材和新工艺等研发创新，围绕减量、回收、循环和全生物降解等绿色包装的全流程，积极采取用材节约、易于回收、生物降解、低能耗、低排放等一系列科学包装解决方案。

4. 数字印刷

相对于传统印刷，数字印刷能够顺应印刷业按需印刷、个性印刷、多媒体融合的转型趋势，支持胶印、柔印等印刷方式与数字技术的融合发展。未来，印刷行业将形成以新一代信息技术为核心，实现印刷生产流程信息化和生产过程自动化的发展趋势。作为按需印刷的有效实施方式，数字印刷及相匹配的自动化印后设备是降低生产成本、提升生产效率和管理效率的有效途径。随着劳动力成本不断攀升、数字印刷设备的图像质量不断提高，数字印刷的优势和价值凸显，市场对数字印刷的需求将会逐步提升，为印刷企业带来新的市场机会和价值。

5. 从劳动密集转向技术密集

印刷包装行业目前属于劳动密集型行业，产品附加值较低，人力成本占比较高，极大地影响了行业的盈利水平。相对于欧美先进企业，我国印刷包装企业的自动化提升空间十分广阔。未来，随着本行业信息化、自动化和智能化水平获得巨大提升，行业的成本属性将得到改善，促使行业从劳动密集型转变为技术密集型，从而释放出盈利空间。

6. 行业整合加快

近年来，整个印刷行业的各个子行业和细分市场都在进行不同程度的整合。商业印刷因其个性化的产品属性走在行业整合前列，部分商业印刷企业借助互联网平台整合中小微企业，通过互联网的数据驱动、众包设计、云制造等包装生产服务模式，推动形成基于消费需求动态感知的产业经营方式，建立优势互补、合作共赢的开放型包装生态环境。目前，已陆续有造纸企业、包装印刷企业通过电子商务、供应链平台等多种方式加入行业整合的行列，行业整合将在未来的产业发展中扮演重要角色。

7. 竞争格局将更加复杂

包装印刷行业的竞争格局将更加复杂、激烈。首先，跨界竞争越来越普遍，在纸质包装行业，各细分市场的大型企业开始进入其他细分市场，使竞争由区域化扩散到全国乃至国际范围，由一个市场扩散到多个市场甚至多个行业。其次，行业初步萌发了一体化趋势，未来，占据材料成本优势的企业将成为包装印刷行业的有力竞争者。最后，由于下游大客户的开发近乎饱和，未来中小微客户将成为营收增量的主要来源。在互联网印刷市场，竞争对手主要来自其他行业尤其是互联网行业。

2.2 经营战略分析

2019 年，在世界经济增长趋缓、国内经济下行压力加大的背景下，中国经济巨轮坚定前行，高质量发展蹄疾步稳。2019 年国内生产总值（GDP）增速为 6.1%，实现了年初政府工作报告中 6%～6.5% 的目标，其中消费依然是中国经济的最大助力，全年最终消费支出对 GDP 增长的贡献率为 57.8%。受全球经济增长趋缓、国际贸易局势波动和环保政策趋严等影响，中国包装印刷行业的产业整合进程将加速推进。

公司管理层在董事会的正确领导下，遵循既定战略和经营策略，通过开发新客户和新市场、地区拓展、海外扩张、延伸产品线、采用新型商业模式、科技创新产业化、精细运营管理、供应链平台建设等路径保证公司经营业绩稳步增长。2019 年，公司实现年营业收入 98.45 亿元，同比增长 14.8%；净利润 10.45 亿元，同比增长 10.51%。公司 2019 年度主要工作情况如下。

1. 以市场为龙头，不断开发优质客户

报告期内，公司继续加大智能硬件、烟酒、大健康、化妆品、食品和奢侈品等市场的开发力度，成功导入或深入拓展蓝思、宝洁、联合利华等优质大客户，经过前期磨合，部分新客户订单已逐渐放量。

2. 智能化管理系统上线运行，智能化生产初见成效

公司一贯注重信息化和智能化建设，智能化布局在行业内处于领先地位。公司成功自主研发的全套智能化管理系统已上线运行，并取得了良好效果。目前，部分生产基地已经实现全面智能化，部分工厂分段也实现了车间智能化，对管控生产、调配资源、提升效率和降低成本产生了积极显著的影响。

3. 研发聚焦市场需求，着力布局环保包装

公司密切围绕国家政策导向和行业重大需求，着力布局绿色环保包装材料领域，深入开展在植物纤维模塑成型包装材料、可降解缓冲包装材料、环保型功能涂层材料等方向的关键技术研发，并瞄准行业技术前沿和未来发展趋势，积极推进在 3D 光学膜、智能防伪溯源包装、纳米功能涂覆材料等方向的产品创新。2019 年，公司推出智能包装云平台，加入在线三维包装设计功能并集成区块链技术，全降解产品获得欧盟认证，裸眼 3D 产品也已交付客户。

4. 完善环保包装产业链布局，稳定供应链

公司与广西湘桂糖业集团有限公司成立合资公司，年产 6.8 万吨的蔗渣浆板项目已经开工。该项目充分利用湘桂集团优质的漂白蔗渣浆资源和公司的产业全球化布局，生产销售环保型蔗渣浆板，用于制作环保工业包装制品及一次性环保餐具等。此次项目将有效拓展环保包装业务的上游产业链布局，对于环保包装降低原材料成本起到关键作用。

5. 深入推进新型商业模式，构建金融行业解决方案

2019 年，互联网印刷平台构建了金融行业可变数据解决方案，针对线下终端收付款场景，为金融行业提供码值管理解决方案。印刷云平台还进入了高端广告道具领域，为品牌客户提供高端营销解决方案。与此同时，互联网印刷平台的企业购服务能力获得快速提升，不仅具备为核心行业大客户提供从设计、生产到安装的一体化解决方案服务能力，还构建了覆盖全国的制造及装配布局，真正满足其一站式阳光采购的服务需求。

6. 循环包装业务需求巨大，销售模式创新未来可期

公司逐步向现有大客户推广环保理念及可循环包装产品，已成功开发部分

酒厂园区的循环包装业务。在现有销售模式基础上，循环包装业务还大胆创新，尝试共享经济和循环经济概念，走"产品服务"的创新模式，长期绑定客户可期。此外，公司还开发出系列环保新材料，提供多样化环保可循环包装产品，满足不同行业客户不同应用场景需求。针对食品包装市场对循环包装的巨大需求，公司将进一步完善产品和服务，提供食品包装一站式解决方案，并逐步推进全国布局，为公司营收创造新的增长点。

对于商业模式为提供配套服务的高端商业包装行业，龙头公司的最初崛起一定是源自绑定优质大客户和具备成长性的大单品，如iPhone之于裕同、红牛之于奥瑞金。而当首轮成长红利期过后，能否成功将自身核心能力复制到新的品类和新的大客户并实现盈利，将决定公司能否实现第二轮腾飞。

2013年起公司开始进军酒标、烟标、化妆品、奢侈品等领域，先后拓展了古井贡、泸州老窖、西凤酒、洋河、茅台等名酒客户，四川中烟、福建中烟、云南中烟、湖北中烟等烟标客户以及迪奥、玫琳凯、莹特丽、蓝月亮等化妆品、奢侈品客户等，大包装布局初步形成。

中信证券研究部推算，2019年公司烟、酒包装收入规模分别达到5.3亿元和7.5亿元，同比分别增长23%和76%，规模已经位居国内烟酒包装行业前列并实现盈利，这意味着公司利润表已经成功摆脱对单一行业和单一大客户的依赖，进入新一轮稳健成长周期。图1-6为近十年裕同科技前五大客户销售金额占比发展趋势，从图中可以看出，2016年后前五大客户销售金额占比逐年下降。

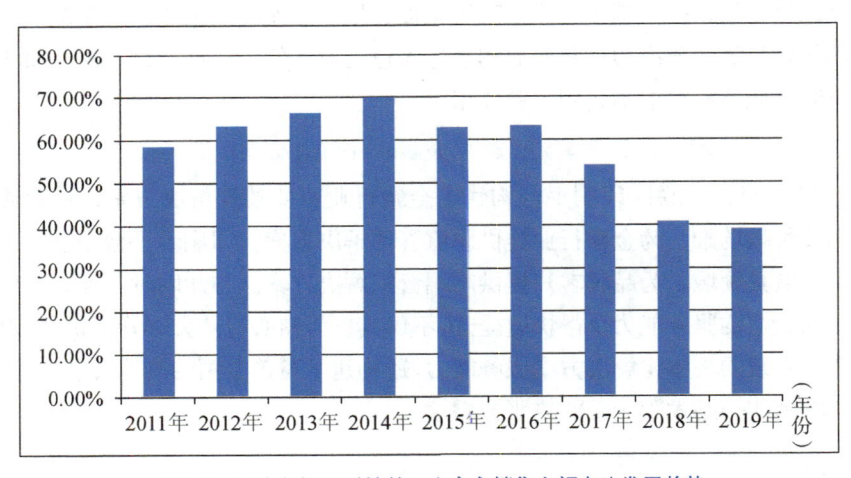

图1-6 近十年裕同科技前五大客户销售金额占比发展趋势

如图 1-7 所示，公司推行"1+N"战略：未来公司在坚持"高端品牌包装整体解决方案提供商"的主业基础上，洞察市场趋势，布局培育新的业务机遇，不断满足优质客户的多元需求。目前已经在环保纸塑、商务印刷（云创）、智能门锁组装、智能手机炫光膜等业务上进行战略布局。

核心主业　　　　　　　　　　　　围绕大客户需求逐步培育

- 消费电子包装
- 烟/酒包装
- 化妆品/奢侈品包装
- 环保包装
- 食品、保健品包装

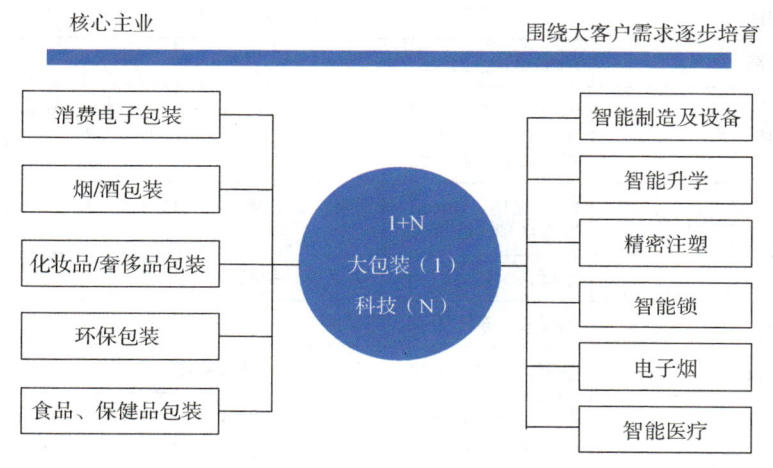

1+N
大包装（1）
科技（N）

- 智能制造及设备
- 智能升学
- 精密注塑
- 智能锁
- 电子烟
- 智能医疗

图 1-7　裕同科技"1+N"战略

2.3　公司竞争环境分析

2.3.1　用户

如表 1-2 所示，裕同科技的主要客户为消费电子、智能硬件、烟酒、大健康、化妆品和奢侈品等行业龙头公司。消费电子产品包装是公司的传统优势，2019年公司消费电子包装收入占比逐步降低至约 79%，公司作为苹果、华为、联想、三星、索尼认证的合格供应商积累了丰富的客户服务经验，在 3C 包装领域市场占有率高达约 28%。依托自身强大的客户服务能力以及大客户的标杆效应，公司积极向烟标、酒标、大健康、化妆品等消费品领域拓展，逐步摆脱单一行业周期的影响及大客户集中风险，打开成长天花板。如表 1-3 所示，2019 年烟酒包装、化妆品、大健康收入占比分别约为 13%、3%、2%。

表 1-2　裕同科技主要客户及行业分布

行业类别	主要客户
移动智能终端	A 客户、华为、小米、OPPO、vivo、三星、索尼、中兴、摩托罗拉

续表

行业类别	主要客户
游戏机	任天堂、索尼
计算机	联想、戴尔、惠普
智能硬件	A客户、华为、小米、亚马逊、谷歌、微软、夏普
通信终端	Netgear、华为
烟酒消费	云南中烟、福建中烟、江西中烟、四川中烟、湖北中烟、泸州老窖、古井贡酒、贵州茅台、洋河、人头马、劲酒、水井坊、贵州习酒、西凤酒
奢侈品/化妆品/饰品	LV、迪奥、Gucci、施华洛世奇、莹特丽、蓝月亮、玫琳凯、宝洁、联合利华、欧莱雅
食品	小罐茶、雀巢、卡夫、喜之郎、德芙
大健康	无限极、东阿阿胶、同仁堂
电子科技	联宝、赫比（天津）电子、fitbit、昌硕科技
其他	戴森、DHL、比亚迪、Brother、思科、哈曼、央数文化（上海）、海尔集团、佳能、歌尔、富泰华工业（深圳）
消费电子代工厂	仁宝、富士康、捷普、纬创资通、和硕、广达、惠普

表1-3 裕同科技收入结构拆分

	2017年	2018年	2019年
消费电子包装（亿元）	56	69	78
YoY（同比变动）	24%	22%	13%
总收入占比	81%	80%	79%
烟酒包装（亿元）	7	9	13
YoY	39%	23%	50%
总收入占比	10%	10%	13%
化妆品包装（亿元）	0	2	3
YoY	—	—	119%
总收入占比	—	2%	3%
大健康包装（亿元）	0	1	1.5
YoY	—	—	50%

续表

	2017 年	2018 年	2019 年
总收入占比	—	1%	2%
云创业务（亿元）	0.6	3.5	4.5
YoY	—	460%	29%
总收入占比	1%	4%	5%
环保纸塑（仅餐包，工包计入消费电子）业务（亿元）	0	1	1.5
YoY	—	—	50%
总收入占比	—	—	2%
其他收入或重复抵消（亿元）	8.8	1.7	-2.9
总收（亿元）	69	86	98
同比（%）	25.40%	23.50%	14.80%

（资料来源：中信证券研究部调研及测算）

　　裕同科技提供一体化服务，全面解决客户需求。随着产业规模化的发展进程，目前国内纸包龙头企业已经普遍从单一的生产制造商向涵盖采购、设计、生产、仓储、物流等一体化的服务商进行升级。一体化服务能够回应客户的多方面需求，有效提高优质客户的黏度，并加速客户开拓。如图 1-8 所示，裕同科技致力于为高端品牌客户提供包装整体解决方案，其中包括创意设计与研发创新解决方案、一体化产品制造和供应解决方案及多区域运营及服务解决方案，从创意设计、研发创新、生产到交付等各环节均紧密围绕客户实际需求，优化供应链效率并降低成本，从而为客户创造最大价值。

　　裕同科技注重设计研发，专注于提升包装单品附加值。从终端电子、烟酒、食品等行业消费者的需求出发，兼具设计感及性价比的纸包装产品相对获得较好的客户口碑，因此龙头包装企业多致力于通过技术升级提高产品附加值及人均生产效率。裕同科技的胶印彩盒类产品样式精美，加价率也相对较高；且裕同科技的手工彩盒工艺相对壁垒较高，从单品价值的角度建议给予重点关注。此外，部分纸包的龙头企业在精细化制造的同时，也专注于增加彩盒及纸箱单品的其他性能。例如，凭借智能包装物联网等新型技术的开发保证物流可回溯性以及降低分拣成本。

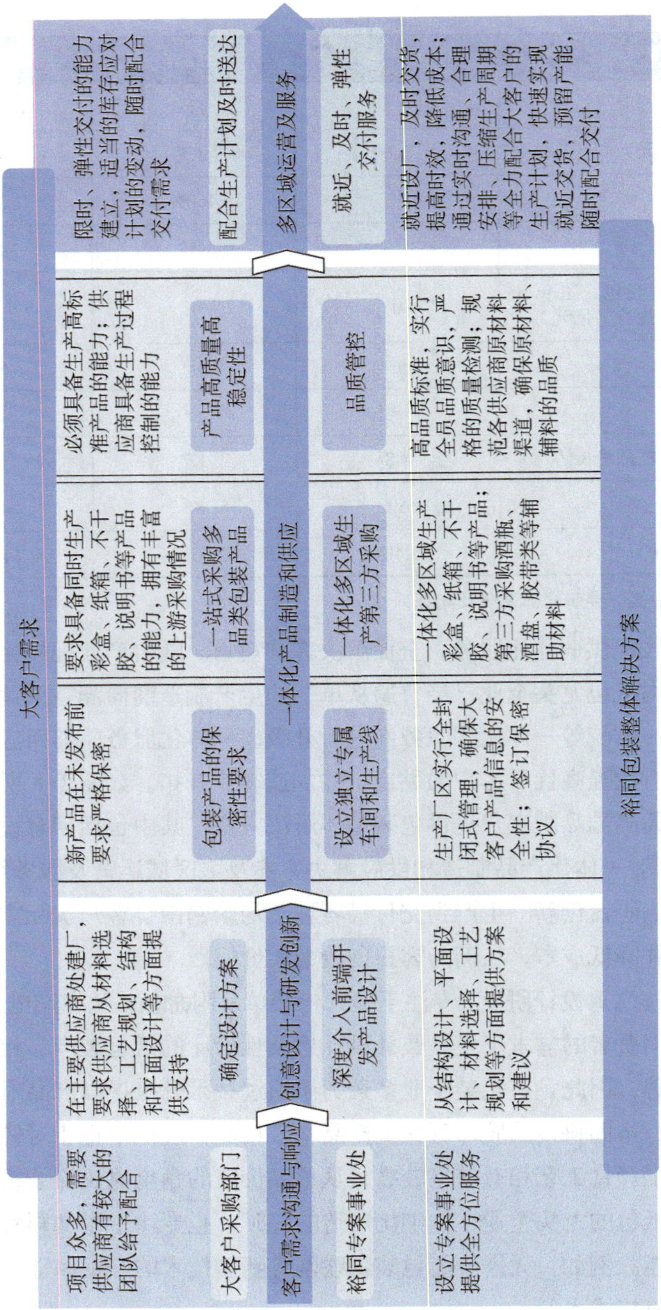

图 1-8 裕同科技整体解决方案

裕同科技一直以来不断提升自己的服务水平，虽然和大客户保持着稳定的合作（表 1-4），大客户从量上来说有压价的优势，但是自 2019 年以来，公司积极地进行跨行业领域拓展，逐步摆脱单一行业周期的影响及大客户集中风险，打开成长天花板。同时，公司通过一体化服务和差异化服务，逐步形成自己的竞争优势。总体来说，客户的议价能力近年来有所下降，裕同客户的盈利空间扩大。

表 1-4 裕同科技主要客户合作时间情况（截至 2019 年）

序号	主要客户	合作起始时间	合作时长
1	富士康	2001	超过十年
2	和硕	2004	超过十年
3	华为	2004	超过十年
4	联想	2010	超过五年
5	广达	2008	超过五年
6	泸州老窖	2013	新开发客户
7	惠普	2011	超过五年
8	仁宝集团	2010	超过五年
9	三星	2003	超过十年
10	海尔集团	2010	超过五年

2.3.2 供应商

如表 1-5 所示，从 2016 年到 2019 年，裕同科技自成立以来，前五名供应商的采购额占年度采购总额的比例逐渐降低，同时相对差异缩小，但是前五大供应商的采购总量逐渐递增，说明公司的采购更加均衡，同时需求量随着销售量的增加也在增加。

原纸成本占比较低，供应链平台集采熨平纸价波动。由于高端商包生产过程人力密集的属性，纸在成本中占比较低，裕同科技 2018 年营业成本中纸的占比仅为 26%。尽管公司上游造纸行业格局较优，但公司作为纸包装领域的龙头企业仍享有较强的产业链议价能力，中信证券通过复盘公司原材料采购均价，发现公司原材料实际采购价均低于市场报价。

表1-5 裕同科技前五大供应商采购情况

序号	供应商名称	2016年 采购额(万元)	2016年 占年度采购总额比例	2017年 采购额(万元)	2017年 占年度采购总额比例	2018年 采购额(万元)	2018年 占年度采购总额比例	2019年 采购额(万元)	2019年 占年度采购总额比例
1	第一名	16,040.00	6.42%	12,573.09	3.66%	16,711.23	3.94%	19,277.11	3.73%
2	第二名	9822.58	3.93%	11,788.02	3.43%	12,234.51	2.88%	19,168.98	3.71%
3	第三名	9736.46	3.89%	7701.37	2.24%	11,405.99	2.69%	9603.65	1.86%
4	第四名	4755.36	1.90%	7609.07	2.22%	8613.56	2.03%	9048.36	1.75%
5	第五名	4431.71	1.77%	7563.42	2.20%	8300.56	1.96%	7699.27	1.49%
	前五名供应商合计采购金额	44,786.11		47,234.97		57,265.85		64,797.37	
	前五名供应商金额占年度采购总额比例		17.91%		13.75%		13.50%		12.54%

为了应对纸价波动，公司成立供应链平台——君信供应链管理有限公司，整合行业小微订单和同业资源，一方面将小微客户的订单汇集并分发给小微同行，轻便的商业模式有助于净资产收益率（ROE）提升；另一方面汇集小微同行的原材料需求，通过集中采购、锁定产能、海外采购等方式降低纸价波动影响。

2.3.3 竞争对手

裕同科技的跨区域生产、交付能力领先同行业企业。公司围绕大客户需求进行全球产能布局，目前具备超30个生产基地实现对国内主要工业区的全覆盖，并在越南、印度尼西亚、印度等国家拥有6个海外生产基地，领先的生产、交付能力有助于提升大客户黏性，构筑深厚"护城河"。

裕同科技作为纸包的龙头企业，A股市值280.15亿元，收入逐年递增，维持上涨的趋势。其他龙头纸包企业都有不同的新型包装服务开展，总的来说，市场有限，加之疫情的影响，一些小包装企业会因为现金流出现问题而倒闭。裕同科技可以利用自己的资金优势和品牌优势，并购同行业，形成自己的竞争优势。同时，印包的客户有重合情况，竞争还是比较激烈的。如表1-6所示，截至2019年年底，在六大印刷包装企业中，裕同科技2019年市值为225.41亿元，但是公司总人数最多，人均产值是最低的，说明裕同科技从劳动密集型向技术密集型的转变还具有一定的进步空间。

表1-6 六大包装企业人均生产效率

人民币		2010	2011	2012	2013	2014	2015	2016	2017	2018	2019
裕同科技	营业收入/亿元	16.09	17.81	23.06	25.94	36.65	42.9	55.42	69.48	85.78	98.45
	员工人数/人	—	9136	8926	7887	11,743	13,986	16,913	20,440	20,793	20,446
	人均产值/万元	—	19.49	25.83	32.89	31.21	30.67	32.77	10	41.25	48.15
合兴包装	营业收入/亿元	15.21	19.18	21.15	24.42	27.16	28.52	35.42	63.23	121.66	110.97
	员工人数	5251	5342	6294	5857	5893	5478	5145	5384	8261	8554
	人均产值/万元	28.97	35.91	33.6	41.7	46.1	52.07	68.85	117.45	147.27	129.73
劲嘉股份	营业收入/亿元	20.24	23	21.52	21.37	23.23	27.2	27.77	29.45	33.74	39.89
	员工人数/人	2951	2703	2615	2634	2583	3062	4213	4103	4403	5009
	人均产值/万元	68.58	85.1	82.3	81.5	89.94	88.83	65.91	71.78	76.63	79.64

续表

人民币		2010	2011	2012	2013	2014	2015	2016	2017	2018	2019
美盈森	营业收入/亿元	7.29	8.4	10.34	13.06	15.63	20.16	22.19	28.57	32.49	33.92
	员工人数/人	1476	927	2031	3582	3537	3670	4881	5593	4344	4900
	人均产值/万元	49.37	90.63	50.89	36.45	44.2	54.94	45.47	51.09	74.79	69.22
东风股份	营业收入/亿元	13.57	15.35	17.65	18.02	20.02	22.19	23.42	28.02	33.28	31.73
	员工人数/人	—	1112	1223	1419	1861	1962	2750	2850	3000	3347
	人均产值/万元	—	138.06	144.33	126.96	107.58	113.12	85.15	98.33	110.93	94.80
顺灏股份	营业收入/亿元	8.24	10.72	13.71	18.62	19.45	18.56	18.72	19.49	20.55	17.34
	员工人数/人	757	538	557	498	479	2319	1707	2121	1924	1902
	人均产值/万元	108.83	199.34	246.21	373.89	406.11	80.02	109.69	91.87	106.81	91.17

2.3.4 潜在进入者

整体来说，印刷业现存的企业比较多，一般印前数据处理工作只要有电脑和软件就可以进行，进入门槛比较低。印刷企业需要购买印刷设备，一般价格在几百万元到上千万元，所以进入壁垒比较高。包装行业不同层次的利润不一样，行业存在结构性机会。如图1-9所示，纸包装市场按照利润率和规模体量呈现金字塔状：金字塔最底层的是工业包装及低端商包装，规模体量最大，原材料以箱板、瓦楞为主，结构简单、个性化程度低，多用于低客单价的日用品、快消品、快递包装以及部分高客单价但体积较大的商品（如家电），净利润水平为2%～5%；中高端商包主要以白卡纸、白板纸等材料为主，印刷精美、结构复杂、设计附加值高，主要用于高客单价、小体积的商品，如消费电子、高端白酒包装、精品烟盒、高端礼品，其中消费电子包装净利率多在5%～15%，烟酒包装净利润率可达20%～30%。烟酒包装之所以具备如此高的利润水平，可以归因于以下三点：烟酒包装对于印刷技术及防伪要求极高，具备一定技术壁垒；烟酒包装市场化招标不够透明，较大市场份额被烟酒系统三产公司占据，行业利润率有所扭曲；烟标印刷自动化程度高、设备投资额较大，具备一定资本壁垒。

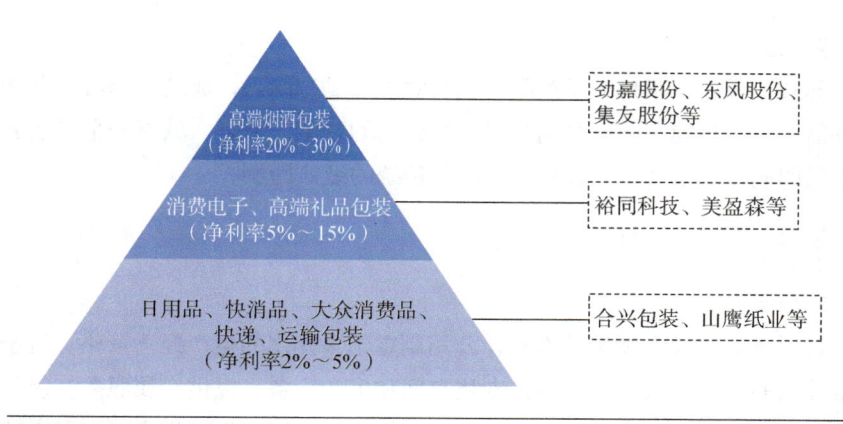

纸包装行业分层金字塔（从上至下）：
- 高端烟酒包装（净利率20%~30%）——劲嘉股份、东风股份、集友股份等
- 消费电子、高端礼品包装（净利率5%~15%）——裕同科技、美盈森等
- 日用品、快消品、大众消费品、快递、运输包装（净利率2%~5%）——合兴包装、山鹰纸业等

（资料来源：中信证券研究部绘制）

图1-9　纸包装行业分层

2.3.5　替代者

包装和产品是紧密联系在一起的，好的包装能够提高产品价值和成本竞争力。然而，鉴于其处于中间位置和行业的分散状态，不可避免地承受着价值链中多个方向的压力，比如上游的价格上涨和原材料短缺，下游的工业、快速消费品、零售客户以及消费者的需求；同行业的竞争，企业提高经济效益和创造力的目标。因此，在未来崎岖的发展之路上，许多企业可能将不得不更加努力地发展，以确保自己在行业温和增长中所占的份额。

同时，通过突出玻璃和金属包装的最强功能，如坚固的阻隔性能，极好的可回收性，可重复使用的潜力，以及可回收成分占比较大，玻璃和金属包装有可能与纸包装竞争市场。其增长机会如下：①极好的可回收性，可重复使用性和大量的可回收成分等特性将为玻璃和金属基材提供最大的机会。消费者和其他利益相关者正在推动快速消费品制造商和零售商提供塑料和包装材料的替代品。此外，更紧密的"重复使用"环可进一步使玻璃和金属包装受益于可再填充的容器。②包装，具有出色的消费者认知度和保质期。俗话说："好东西装在小包装中。"通过正确判断，可以将罐、装饰性罐子和玻璃定位为耐贮存食品和其他商品的优质替代品，以建立健康和保健趋势。一个增长的相关途径是较小尺寸的容器，其中玻璃和金属比塑料具有阻隔优势，而金属具有类似的可印刷性。③成本最低的金属包装选择。对于用户而言，金属罐通常是低成本的选择。下一代包装规格的缩小可能会加剧竞争，从而推动金属相对于塑料的发展。

而且，现在在苹果电子产品的包装盒上印刷二维码，通过扫码就可以知道各种信息，同时纯色印刷给消费者一种大气的感觉。所以，玻璃和金属包装、二维码印刷可能都会在某种程度上替代传统的纸质印刷。

2.4 经营实力

1. 经营生产模式优势

针对不同规模和类型的客户，公司制定了多样化的生产经营策略。对于需求量较大的客户，公司为其配备专属车间和生产设备，提供专属服务；对于中小微客户，公司具备多批少量的柔性生产能力，并能够根据生产环境和市场环境的变化随时调整生产安排，同时，公司通过供应链平台整合行业产能，实现订单的快速、有效交付；对于个性化定制客户，公司则通过印刷云平台和数码印刷技术，满足其个性化定制需求。

2. 技术研发优势

公司的研发创新体系，已经形成了多领域多层次的立体结构，通过研发中心自我创新和外部产学研合作创新等多种方式持续不断地开发出新材料、新技术和新工艺。截至报告期末，公司已在深圳、上海、北京、苏州、烟台等地区以及美国等国家设立了研发中心，研发技术团队汇集大量包装、印刷领域资深专家，并取得了丰硕的科研成果。产学研合作方面，公司与华南理工大学、北京大学深圳研究生院等一批国内一流科研院校及研究所建立了深入、稳定的合作伙伴关系，实现产学研一体化的有效运作。

公司参与或主导制定面向客户的标准，通过标准引领传统制造企业向科技型企业转型升级，彰显公司行业影响力。截至2019年报告期末，裕同科技、烟台裕同、苏州裕同、三河裕同、九江裕同、武汉裕同、昆山裕锦、泸州裕同、上海嘉艺、武汉艾特、苏州明达、许昌裕同、合肥裕同、重庆裕同和江苏德晋等为国家高新技术企业。

3. 先进管理优势

经过长期以来的实践和积累，公司构建了一套具有裕同特色、先进而完善的管理体系。这一管理体系包含战略管理、经营管理、财务管理、信息化管理、客户管理、人才管理、生产管理、品质管理和流程管理等多个方面，通过对每个体系模块的精细化管理，公司实现了战略、财务、研发、营销、采购、生产、物流等各个职能的有机协同和高效运行。

截至 2019 年报告期末，公司先后建立了 ISO9001 质量管理体系、ISO14001 环境管理体系、ISO22000 食品安全管理体系、FSC 森林认证、OHSAS18001 职业健康安全管理体系、QC080000 电器有害物质管理体系、G7 标准化印刷管理体系和 ISTA 认证体系等，并获得多个客户的 CSR 社会责任管理认证。

4. 高产品质量优势

公司始终秉持客户至上的服务理念，经过多年的践行与积累，多种产品的质量在业界享有较高声誉，在高端品牌客户群中收获良好口碑，产品质量成为赢得高端品牌客户并与其长期合作的重要因素。

公司多次获得重要客户颁发的"最佳合作奖""质量管理优秀奖""最佳协同奖""最佳交付奖""年度最佳供应商奖"等诸多奖项，这是广大客户对公司产品质量的高度认可。

5. 国际国内高端品牌客户资源优势

公司的客户覆盖众多行业，主要有消费电子、智能硬件、烟酒、大健康、化妆品、食品和奢侈品等。公司的主要客户均为各行业内的领先企业，服务于国内外高端品牌客户不仅能够为公司带来极强的品牌效应，而且优质客户对于产品的高质量标准也推动企业不断自我提升和发展。此外，公司正在不断地整合、利用优质客户资源，通过延伸产品线、扩展服务范围等方式，放大优质客户资源的价值，保障公司稳步发展。

6. 国际化布局优势

全球贸易环境日益复杂，带来大型消费品客户的产业链转移，将带动部分包装行业的跟随性转移，企业的国际化程度成为衡量企业竞争力的又一重要维度。作为行业内最早开始海外布局的企业之一，公司已先后于越南、印度、印度尼西亚等国家设立多个境外生产基地，并在美国等国家设立服务中心和办事处。2019 年，公司加速海外布局步伐，在越南、印度和印度尼西亚扩建或新建工厂的同时，又于泰国新增生产基地。前瞻性的海外布局助力公司有效应对近两年动荡的国际贸易局势和客户大规模的产业转移，为公司维护现有客户和开发国际新客户提供了有力保障。

7. 创意设计优势

公司高度重视创意设计，以品牌策划为核心，从品牌定位、概念设计到系列产品包装设计进行全案策划，从平面、结构、造型、材料、工艺等方面提供全方位的创新设计和整体包装解决方案，为客户提升产品附加值。公司总部设有四个设计中心，在成都、武汉、上海、烟台等地设立分部，拥有上百名优秀设计师，先后获得"美国莫比乌斯广告节金奖"1项，"德国IF设计奖"8项，"世界之星奖"7项，"德国红点设计奖"8项，"班尼奖"金奖1项，成果斐然。

3 公司经营分析

3.1 主营业务收入

如表1-7所示，裕同科技的主营业务包括彩盒、纸箱、说明书、不干胶贴纸和其他业务。其中彩盒和说明书的毛利率最大，裕同科技在彩盒的工艺上有自己的特色，投入比较大。

表1-7 2016～2019年裕同科技主营业务构成　　　　（单位：万元）

产品名称	2019年	2018年	2017年	2016年
彩盒				
收入	705,064.25	616,785.40	517,620.56	416,135.29
成本	483,947.83	434,193.90	348,624.83	267,583.29
毛利	221,116.42	182,591.50	168,995.73	148,552.00
毛利率（%）	31.36	29.60	32.65	35.70
业务收入比例（%）	71.62	71.90	74.50	75.08
纸箱				
收入	94,031.61	83,976.39	66,296.84	52,782.06
成本	75,805.72	69,195.23	55,367.77	39,316.19
毛利	18,225.89	14,781.16	10,929.06	13,465.87
毛利率（%）	19.38	17.60	16.49	25.51
业务收入比例（%）	9.55	9.79	9.54	9.52

续表

产品名称	2019年	2018年	2017年	2016年
说明书				
收入	71,554.00	68,618.18	65,161.35	45,469.70
成本	43,350.51	41,681.24	38,586.10	27,998.39
毛利	28,203.49	26,936.94	26,575.25	17,471.31
毛利率（%）	39.42	39.26	40.78	38.42
业务收入比例（%）	7.27	8.00	9.38	8.20
不干胶贴纸				
收入	21,026.33	20,098.44	12,462.48	11,748.42
成本	15,115.81	14,748.17	8084.59	7371.93
毛利	5910.52	5350.27	4377.89	4376.48
毛利率（%）	28.11	26.62	35.13	37.25
业务收入比例（%）	2.14	2.34	1.79	2.12
其他主营业务				
收入	92,811.32	68,345.97	33,232.83	28,100.80
成本	70,663.80	53,526.90	24,974.54	21,587.90
毛利	22,147.52	14,819.07	8258.29	6512.89
毛利率（%）	23.86	21.68	24.85	23.18
业务收入比例（%）	9.43	7.97	4.78	5.07

3.2 成本分析

成本和费用总额包括营业成本、税金及附加、销售费用、管理费用、研发费用和财务费用科目，如表1-8所示，2019年裕同科技的成本费用总额为86.71万元，其中营业成本、销售费用、管理费用以及研发费用分别占比为12.32%、24.13%、31.26%和37.95%。裕同科技2016年上市后，于2017年进行并购，资本和规模均发生扩张，成本增至32.89%，在后续几年，成本增加幅度减少。

表1-8　2016～2019年裕同科技成本费用构成

科目名称	2019年		2018年		2017年		2016年	
	金额（万元）	百分比（%）	金额（万元）	百分比（%）	金额（万元）	百分比（%）	金额（万元）	百分比（%）
成本及费用总额	86.71	15.43	75.12	25.59	61.19	32.89	45.01	27.84
营业成本	68.89	12.32	61.33	28.95	47.56	30.72	36.39	22.97

续表

科目名称	2019年 金额（万元）	2019年 百分比（%）	2018年 金额（万元）	2018年 百分比（%）	2017年 金额（万元）	2017年 百分比（%）	2016年 金额（万元）	2016年 百分比（%）
税金及附加	0.71	23.48	0.58	34.48	0.43	34.98	0.32	31.29
销售费用	4.72	24.13	3.81	25.21	3.01	25.39	2.4	39.71
管理费用	6.59	31.26	5.02	−21.16	6.37	12.77	5.64	50.84
研发费用	4.35	37.95	3.16	4.21	2.16	3.53	—	—
财务费用	1.44	19.74	1.2	−27.60	1.66	1000	−0.18	28.83

3.3 利润分析

3.3.1 利润的真实性分析

利润的真实性指的是财务报表所反映的财务数据都是记录准确、完整的，不存在弄虚作假的成分。本部分选择审计报告意见类型对裕同科技利润的真实性进行分析。裕同科技2014年至2019年的审计报告意见都是由行业影响力较大的天健会计师事务所出具的标准无保留意见审计报告，并且企业按照相关要求设置了董事会、监事会，制定了合理的规章制度，公司治理结构完善，说明公司报告中的数据信息真实完整可信，利润的真实性较好。

3.3.2 利润的成长性

企业未来的发展能力就是成长性。如果企业未来发展能力强大，那么这表示着该企业业绩表现出了高质量的利润。企业利润的成长性代表着企业的利润在逐年增长，企业的发展越来越好，也就是说，企业盈利能力越来越强。因此，利润的成长性是很重要的指标。本部分选择了营业收入成长率、净利润增长率和总资产增长率作为利润质量成长性的评价指标。

1. 营业收入成长率

裕同科技2014年申请上市，2016年12月上市，2017年和2018年发生并购，所以本部分采用以当期的营业收入增长额与2013年的营业收入的比值作为营业收入的增长率。该指标反映的是企业营业收入的增长速度。二者呈正向相关关系，即增长率越高，说明企业扩张速度越快，利润增长越好。

如表1-9所示，裕同科技的营业收入近年来实现了大幅正向增长，与同行业优秀包装公司增长趋势相比，裕同科技营业收入增长率远高于同行业企业，可见，裕同科技公司营业收入未来呈现正增长的趋势，竞争力较强。

表 1-9　2014～2019 年裕同科技和劲嘉股份营业收入增长率对比

公司 年份	裕同科技	劲嘉股份
2014 年	41%	9%
2015 年	65%	27%
2016 年	114%	30%
2017 年	168%	38%
2018 年	231%	58%
2019 年	280%	87%

2. 净利润增长率

净利润增长率是企业当期净利润与上年净利润相比的增长幅度。企业利润中最重要的部分是净利润，净利润的增长情况更加能够反映出企业的发展情况。企业是否拥有光明的发展前途其最基础的评价标准是净利润增长率。净利润增长率越高，说明企业发展的前景越好，利润的成长性越好，利润质量越高；反之，净利润增长率越低，说明企业发展的前景越差，利润的成长性就越差。

如表 1-10 所示，裕同科技年净利润增长率实现大幅度的增长，且与同行业企业相比增长幅度更大，由此可以看出，裕同科技的净利润正位于较快发展的阶段，利润的成长性较好。

表 1-10　2014～2019 年裕同科技和劲嘉股份净利润增长率对比

公司 年份	裕同科技	劲嘉股份
2014 年	100%	20%
2015 年	135%	27%
2016 年	212%	43%
2017 年	232%	47%
2018 年	248%	50%
2019 年	280%	56%

3. 总资产增长率

企业的资产能够作为一种信用保证物品，当企业拥有一定规模的资产时，债权人和投资者将会更加放心地投入更多的资源。企业的发展一定会伴随资产的增加，成长性好的公司一般都会保持一定水平的资产增长率，企业的扩张速度越快，则公司的总资产增长率越高，本部分以企业当期总资产与2013年总资产对比作为总资产增长率。裕同科技2014～2019年的总资产增长率分别为37%、170%、296%、358%、444%、506%。裕同科技2014～2019年总资产实现了大幅度增长。由此可见，裕同科技公司资产持续增长，规模扩张的速度较快。结合营业收入增长率来看，裕同科技公司营业收入增加的同时，资产规模也在不断扩大，反映出裕同科技公司资产成长性增强，利润质量较好。

3.3.3 利润可持续性

利润可持续性对决策者意义重大。在评估利润的可持续性时，主要因素是主营业务收入的比例。主营业务收入在企业中占有举足轻重的地位，是企业的主要利润来源，所以在选择可持续性评价指标时，利用主营业务利润和非营业收入分成利润形式，从利润结构上分析，从而判断利润质量。本篇用扣除非经常性损益后净利润占净利润比例指标来评价上市公司的利润可持续性。

扣除非经常性损益后净利润占净利润比例是指扣除非经常性损益后的净利润与净利润的比值，它可以反映出公司的扣除非经常性损益后的净利润对当期净利润的影响。由于非经常性损益的组成部分非常多样，具有一次性、偶然性等特点，将会对企业的净利润产生负面影响，因此，通过扣除非经常性损益后的净利润占净利润比例来判断企业利润质量的持续性。扣除非经常性损益后净利润占净利润的比例越高，则说明上市公司的利润质量越高；扣除非经常性损益后净利润占净利润的比例越低，则说明上市公司的利润质量越差，二者呈正相关。2014年至2019年裕同科技的扣除非经常性损益后净利润占净利润比例分别为1.02、0.97、0.97、0.89、0.91和0.93。

裕同科技近年来扣除非经常性损益后净利润占净利润比例较高，说明裕同科技公司的利润主要是由经常性业务带来的，利润质量较好。结合三个指标来看，裕同科技利润质量的持续性较好。

3.4 产品与市场开发

2013年起裕同科技开始进军酒标、烟标、化妆品、奢侈品等领域，先后拓展了古井贡、泸州老窖、西凤酒、洋河、茅台等名酒客户，四川中烟、福建中烟、云南中烟、湖北中烟等烟标客户以及迪奥、玫琳凯、莹特丽、蓝月亮等化妆品和奢侈品客户等，大包装布局初步形成。2019年裕同科技研发费用变动幅度为37.95%，原因主要是公司加大研发投入。具体的战略布局见本篇2.2部分经营战略分析。

裕同科技在2016年新设10家子公司，在2017年新设6家子公司，在2018年新设6家，现金收购7家，2019年新设13家。裕同科技作为国内印刷包装行业最早进行海外布局的企业之一，积极进行国际化布局。具体情况参见本篇2.4部分国际化布局优势。

3.5 资本运营与并购

3.5.1 资本运营

裕同科技上市以来，现金流充足，每年都会安排部分闲置资金购买理财产品。如表1-11所示，裕同科技近年来进行了多次并购。裕同科技在上市后横向并购2家纸包公司、1家化妆品塑料包装公司。如图1-10所示，裕同科技自2014年申请上市以来，资产规模扩张迅速，虽然资产负债率差别不是很大，但是企业资产负债率维持在50%，远高于同行业竞争者劲嘉股份（图1-11）。资产负债率高，说明企业的举债越多，所有者权益越多，企业的举债能力越强。由于企业购买的理财产品是2016年上市募集资金，购买总额14亿元，有专门用途，企业需要控制好自己的资产负债率，预防风险。

表1-11 裕同科技横向并购一览

序号	公告日	交易标的	标的所在行业	交易对价/百万元	收购类型
1	2017.12.02	艾特纸塑31%股权	纸包装	167	横向
2	2017.12.02	艾特纸塑20%股权	纸包装	58	横向
3	2018.03.21	上海嘉艺90%股权	纸包装	188	横向
4	2018.09.27	江苏德晋70%股权	化妆品塑料包装	179.9	横向

图 1-10　2013～2019 年裕同科技近年资产和负债变化

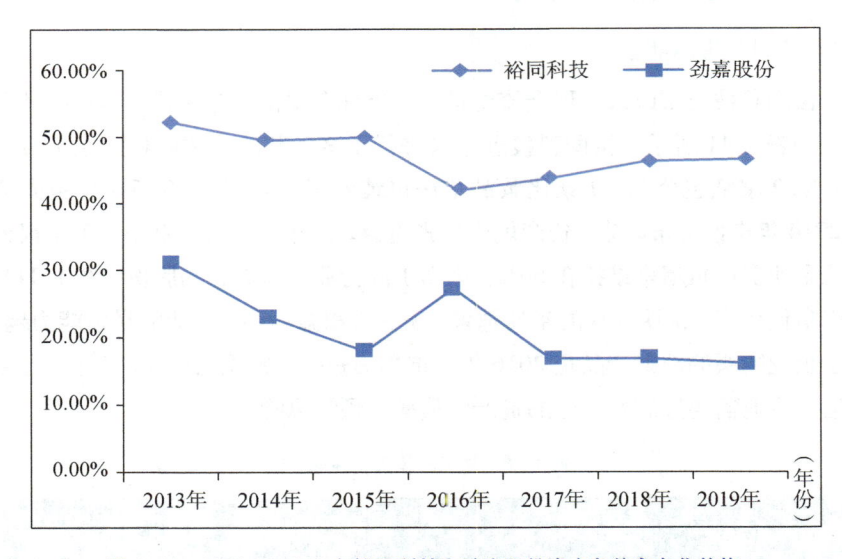

图 1-11　2013～2019 年裕同科技和劲嘉股份资产负债率变化趋势

3.5.2　并购的协同效应

通过横向扩张加密布局，持续吸收客户、产能。纵观我国包装企业，近年上市公司横向整合的动作频繁并呈加速之势。例如，合兴包装于 2018 年 6 月以 7.18 亿元完成对合众创亚的收购（此前在产业基金孵化），实现客户和产能的跨区域覆盖；裕同科技通过收购上海嘉艺 90% 的股权拓展业务领域至高端箱板包装，并外延优质烟标公司武汉艾特拓展客户范围至消费类电子以外的烟标领域，2018 年收购江苏德晋拓展客户范围至化妆品塑料包装业务；劲嘉股份、东风股份等烟标龙头则通过持续的横向并购实现版图扩张。上市企业的并购整合客观推动了产业份额持续集中，市场份额持续向服务能力强且供货稳定的龙头包企进行集中。后续章节将分析并购业务期间的财务指标变化，在此分析协同效应。

1. 经营协同效应

表 1-12 显示了裕同科技上市前后的营业收入情况。裕同科技于 2016 年 12 月成功上市，当年营业收入 55.42 亿元，同比增加 29.20%；2017 年和 2018 年发生 4 次并购，营业收入同比增加 25.36% 和 23.47%，企业维持比较高的增长率。2019 年仅增加 14.77%，是因为上期营业收入已经很高，企业营业收入实现增长，但是增速较缓。同时，根据前面的分析，公司自上市以来充分利用资本优势推进大消费包装布局，加大资本支出和烟酒包装新业务培育力度，逐步进入资本支出扩张周期之后的业绩兑现期。裕同科技 2015 年到 2019 年的固定资产周转率依次是 26.25%、26.20%、27.55%、34.48% 和 39.26%。

表 1-12 2015～2019 年裕同科技营业收入情况

	2015 年	2016 年	2017 年	2018 年	2019 年
营业收入（亿元）	42.9	55.42	69.48	85.78	98.45
同比增长（%）	17.03%	29.20%	25.36%	23.47%	14.77%

2. 管理协同效应

（1）资源管理方面的融合

这几次并购对于裕同科技而言，收获了一大批优秀的，年轻的，精通箱板、烟标和化妆品塑料包装的管理团队，这对于依赖大客户的纸包装的管理而言无疑是一笔巨大而宝贵的财富，通过吸纳团队，能够获得优秀的人才并丰富管理模式。而对于被收购的公司而言，加入裕同科技对其发展也提供了一个更广阔的平台，使其拥有更多的资本和客户资源。因此，裕同科技在收购这些公司之后要注重资源管理方面的融合。

（2）费用的管理效应分析

费用的管理协同效应，即在并购后裕同科技的管理费用是否降低、企业的运营效率是否提高以及过剩的管理资源的利用情况。本部分通过对裕同科技并购前后管理能力指标变化的比较，来判断此次并购是否在管理方面表现出协同效应，即以 2016 年数据为基数，观察 2017 年和 2018 年的数据。图 1-12 为裕同科技三项主要期间费用和主营业务收入。

图 1-12　2016～2018 年裕同科技管理水平指标

费用率，顾名思义，衡量的是所赚取的收入中费用占了多少。这里所指的费用包括销售费用和管理费用。即费用率越小，说明企业在费用管理方面做得越好，所获取的利润也越多。图 1-13 为裕同科技费用率指标。

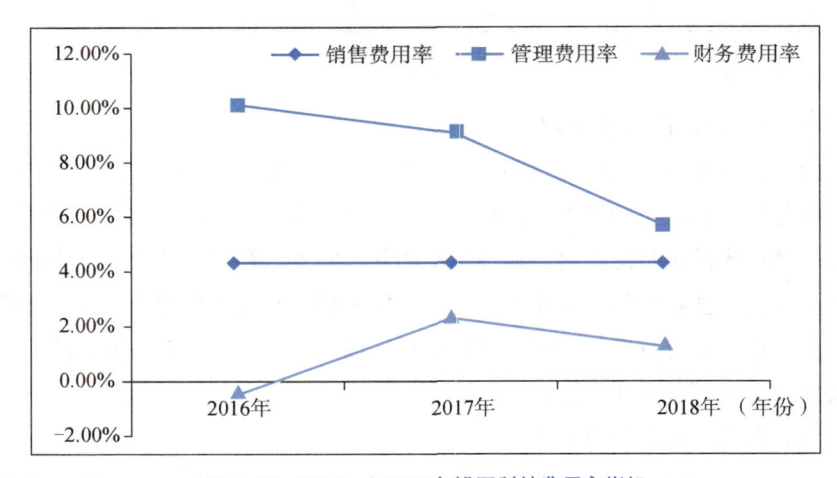

图 1-13　2016～2018 年裕同科技费用率指标

表 1-13 反映了裕同科技三项期间费用与主营业务收入的变动情况。从管理费用的指标来看，裕同科技的管理费用率是持续降低的。结合公司年报分析可以看出，2017 年主营业务收入同比增加 25.36%，而管理费用同比增加 12.77%，所以从管理费用率来看，指标是下降的，实际管理费用增加是因为随销售增量及扩大业务布局，职工薪酬和办公费等费用增加所致；每发生一次并购活动，都会使得管理费用不断升高。同时经过分析公司的财务报表得知，并购后每年的管理费用得到很好的控制，如办公费、折旧费、运输费。2018 年管理费用降低主要是企业对融合的控制比较好，节约了管理成本。

表 1-13 2016～2018 年裕同科技管理水平指标变动情况

年份	销售费用同比变动	管理费用同比变动	财务费用同比变动	主营业务收入同比变动
2016 年	39.71%	50.84%	28.83%	29.20%
2017 年	25.39%	12.77%	900.00%	25.36%
2018 年	26.21%	−21.16%	−27.60%	23.47%

从销售费用指标来看，裕同科技的销售费用是保持平稳的，和主营业务收入一样，保持 25% 左右的增长。这主要是随着销售增量及加大市场开拓力度，运费及职工薪酬增加所致。

从财务费用指标来看，2017 年的财务费用发生额是 2016 年的 10 倍，主要原因是公司上市，进行规模扩张，借款费用增加导致；2018 年财务费用同比减少 27.60% 是汇兑损失同比减少所致。

总体来看，裕同科技的费用率指标是处于下降趋势的，其并购在某种程度上使公司的费用率降低。但是，并购在整合方面还可以进一步提升。

4 公司财务分析

4.1 财务指标分析

财务维度指标分别从盈利能力、营运能力、偿债能力和成长能力四个方面选取不同的指标进行评价。根据公司的特点，本部分选取总资产利润率、营业净利率和净资产收益率来评价裕同科技自 2016 年上市，2017 年和 2018 年发生并购，至 2019 年报告期间的盈利能力；选取总资产周转率、应收账款周转率和存货周转率作为评价裕同科技营运能力的指标；选取速动比率、现金比率和资产负债率作为评价裕同科技偿债能力的指标；成长能力的评价主要选取收入增长率、净利润增长率和资产总增长率三个指标。

4.1.1 盈利能力分析

如图 1-14 所示，企业的总资产利润率在 2016～2019 年间总体呈下降趋势，但是幅度不大，裕同科技上市发生在 2016 年年底，2017 年发生并购使企业短期的总资产利润率迅速降低。这是由于并购增加了裕同科技的资产总额，需要企业对资产进行严格管理。因此，降低资产的利用率，需要进一步改善生产经营管理，降低生产成本。

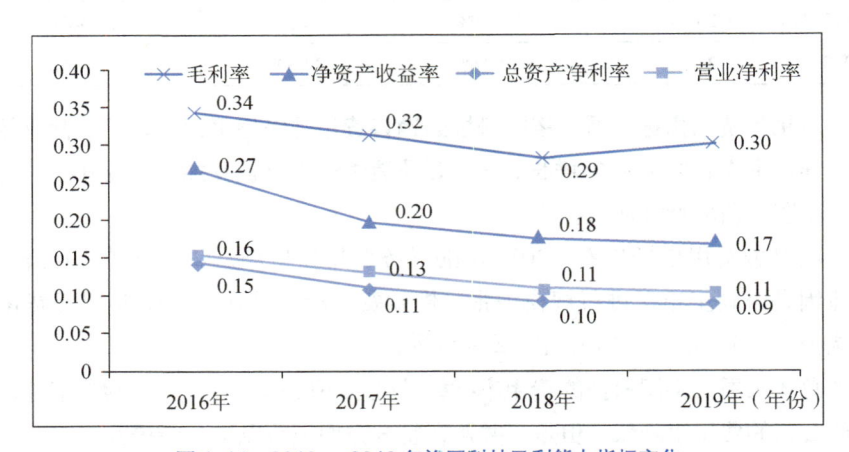

图 1-14 2016～2019 年裕同科技盈利能力指标变化

企业的营业净利率由 2016 年的 0.16 降至 2019 年的 0.11，说明并购后企业进行规模扩张，收入的增加小于成本的增加，新进入的市场获利能力没有充分发挥出来，企业要运用恰当的营销策略，提高企业的市场竞争力和发展潜力，提高盈利能力。

企业的净资产收益率由 2016 年的 0.27 骤降至 2019 年的 0.17，主要是因为企业并购的是印刷包装型企业，企业的净资产较多，而并购后二者的经营模式不同，需要一个整合期，从数据上可以看出，2016 年以后，净资产收益率呈现一个稳步下降的趋势。

企业的毛利率从 2016 年的 0.34 降至 2019 年的 0.30，说明企业经营耗费越来越大，超过所带来的经营成果，企业应该加强成本管理，控制中间的耗费，在毛利率高的板块投入更多资源，这样未来企业的经营状况会逐步提升。通过以上四个主要的盈利能力指标分析可以得出结论，总的来说，裕同科技的短期盈利能力没有得到良好改善。

4.1.2 营运能力分析

营运能力分析的是企业各项资产运用效率的高低水平，主要评价经营者的管理水平。营运能力指标就是将资产负债表和利润表联系起来的中介，来衡量资产的运用是否真正发挥了更大的效用，特别是在并购之后，主并购方和被并购方还需要进行双方资产的整合融汇，以此来发挥协同效应，这也是并购成功的关键步骤。本部分选用图 1-15 所示的三个指标对资源的整合能力做出判断。

图 1-15 2016～2019 年裕同科技营运能力指标变化

由图 1-15 可以看出，在 2016 年实施了收购之后，公司的总资产周转率、应收账款周转率和存货周转率都出现了下滑，但之后存货周转率呈下降趋势，应收账款周转率呈现了上升的趋势，总资产周转率呈先升后降趋势。在并购完成的当年指标出现下滑主要是因为裕同科技原本的销售收入增加小于总资产的增加，企业存货增加，应收账款回收不力。但从并购的第二年开始，营运能力便开始有所改善，尤其应收账款周转率稍微有所上涨。应收账款周转率从 2017 年的 2.27 增加至 2019 年的 2.47，存货周转率从 2017 年的 8.35 减少至 2019 年的 7.05。该数据说明并购使裕同科技整体运营能力得到提升，并且此次并购对裕同科技的资产周转速度、应收账款周转速度以及存货的周转速度都在一定程度上产生影响。在未来裕同科技要更好地进行融合，经过不断地资源技术整合，裕同科技将来在充分整合其他包装企业的领先技术后，能够加速营业收入的增长，提高资产周转率和存货周转率，进一步提高其运营管理能力，不断巩固行业竞争地位。

4.1.3 偿债能力分析

选用合适的偿债能力指标能够有效衡量企业的偿债能力和风险，因为裕同科技经营纸包、烟包和化妆品包装等业务，期末会有库存，因此以速动比率反映偿债能力。公司进行战略投资、并购等事件需要支付大量现金，尤其是裕同科技这几次的并购采用的是现金支付方式，使得资金发生相关的变动，因此选用现金比率进行分析；再者资产负债率能够反映资本结构和长期负债水平的偿债能力。

图 1-16 2016～2019 年裕同科技偿债能力指标变化

2017 年裕同科技在并购艾特纸塑的过程中，艾特纸塑 51% 股权交易定价为 2.25 亿元，以现金支付；2018 年并购上海嘉艺，90% 的股权交易定价为 1.88 亿元；2018 年并购江苏德晋，70% 股权交易定价为 1.80 亿元，都是以现金支付。大额的现金支付可能会给公司带来较大的财务风险，因此并购之后应当重点关注公司在现金方面是否存在困难。如图 1-16 所示，在并购之前，裕同科技的短期偿债能力即速动比率和现金比率都比较高。并购当年，流动比率和现金比率都开始下降，资产负债率由原来的 43% 升至 47%，之后维持这种状态。这说明裕同科技的并购降低了公司的偿债能力，提高了企业的资产负债率。

4.1.4 成长能力分析

成长能力主要依靠历年数据来反映企业扩大规模和经营的能力，也是投资者进行投资的关注点。本部分采用主营业务收入增长率、净利润增长率、总资产增长率指标进行反映。从表 1-14 和图 1-17 可以很明显地看出，裕同科技三大指标总趋势变化大致是相同的。

表 1-14 成长能力指标变化表

指标名称	2016 年	2017 年	2018 年	2019 年
收入增长率/%	29.20%	25.36%	23.47%	14.77%
净利润增长率/%	33.30%	6.17%	4.99%	9.08%
总资产增长率/%	69.54%	20.22%	23.23%	13.59%

图 1-17 2016～2019 年裕同科技成长能力指标变化

从并购结束的当年来看，主营业务收入增长率、净利润增长率和总资产增长率都呈现下降的趋势。这是因为并购增加了裕同科技的业务类型，扩大了相应的业务规模，同时需要一定的时间去进行整合。虽然有增长，但是幅度要小于前期，因此裕同科技的成长能力还可以进一步提升。

4.2 杜邦分析

杜邦分析法是利用几种主要的财务比率之间的关系综合分析企业的财务状况。具体来说，它是一种用来评价公司盈利能力和股东权益回报水平，从财务角度评价企业绩效的一种经典方法。以下是杜邦分析法的主要指标和计算公式。

权益净利率 = 总资产净利率 × 权益乘数

总资产净利率 = 销售净利率 × 总资产周转率

权益净利率 = 销售净利率 × 总资产周转率 × 权益乘数

公司权益净利率的驱动因素分解如下。

4.2.1 2016～2017年杜邦分析

裕同科技2016～2019年主要财务指标见表1-15。

表1-15　裕同科技2016～2019年主要财务指标

指标	2016年	2017年	2018年	2019年
销售净利率	15.84%	13.42%	11.41%	10.84%
总资产周转率	0.93	0.84	0.86	0.83
权益乘数	1.84	1.77	1.88	1.97
净资产收益率	27.11%	19.95%	18.45%	17.72%

（1）数据计算

基数：2016年净资产收益率 =0.1584×0.93×1.84=27.11%　　①

替代销售净利率 =0.1342×0.93×1.84=22.96%　　②

替代总资产周转率 =0.1342×0.84×1.84=20.74%　　③

替代权益乘数 =0.1342×0.84×1.77=19.95%　　④

（2）指标变动影响

销售净利率变动的影响：② - ① =0.2296-0.2711=-4.15%

总资产周转率变动的影响：③ - ② =0.2074-0.2296=-2.22%

权益乘数变动的影响：④ - ③ =0.1995-0.2074=-0.79%

通过因素分析法可知，最主要的不利因素是销售净利率降低，使净资产收益率减少4.15%；其次是总资产周转率降低，使净资产收益率减少2.22%；权益乘数的影响较小，使净资产收益率减少0.79%。以上不利因素的作用使净资产收益率降低了 7.14%，究其原因可知，裕同科技公司在 2016 年年底上市，采用多元化发展战略，2016 年设立 6 家子公司，随着其实行扩张型战略不断扩大公司规模，广告费、推广促销展示费以及研发费用等也随之增长，成本控制方面较差，同时 2016 年年底至今，原材料包装纸价大幅上涨，导致其净利润降低，从而影响了净资产收益率。

4.2.2 2017～2018 年杜邦分析

通过对表 1-15 的分析可知，与 2017 年相比，净资产收益率降低 1.5%，裕同科技 2018 年的整体业绩下滑，影响净资产收益率的不利因素是销售净利率，总资产周转率和权益乘数有所上升。

（1）数据计算

基数：2017 年净资产收益率 $=0.1342 \times 0.84 \times 1.77 = 19.95\%$ ①

替代销售净利率 $=0.1141 \times 0.84 \times 1.77 = 16.96\%$ ②

替代总资产周转率 $=0.1141 \times 0.86 \times 1.77 = 17.37\%$ ③

替代权益乘数 $=0.1141 \times 0.86 \times 1.88 = 18.45\%$ ④

（2）指标变动影响

销售净利率变动的影响：② － ① $=0.1696 - 0.1995 = -2.99\%$

总资产周转率变动的影响：③ － ② $=0.1737 - 0.1696 = 0.41\%$

权益乘数变动的影响：④ － ③ $=0.1845 - 0.1737 = 1.08\%$

通过因素分析法可知，不利因素中影响最大的是销售净利率降低，减少 2.99%。主要原因是上游原材料价格大幅上涨：受国家由环保政策发起的供给侧结构性改革影响，上游造纸行业先后经历了中小产能加速出清、外废进口配额限制等因素的冲击，纸价自 2016 年第四季度开始持续走高，并在 2018 年上半年高位震荡。公司销售量增加，材料成本占比增加，同时公司加大研发投入。

4.2.3 2018～2019 年杜邦分析

通过对表 1-15 的分析可知，与 2018 年相比，净资产收益率降低 0.92%，裕同科技 2019 年的整体业绩下滑，但是幅度不大，影响净资产收益率的不利因素是销售净利率和总资产周转率，权益乘数有所上升。

（1）数据计算

基数：2018 年净资产收益率 $=0.1141 \times 0.86 \times 1.88 = 18.45\%$ ①

替代销售净利率 =0.1084×0.86×1.88=17.53%　　　　　②
替代总资产周转率 =0.1084×0.83×1.88=16.91%　　　　③
替代权益乘数 =0.1084×0.83×1.97=17.72%　　　　　　④
（2）指标变动影响
销售净利率变动的影响：② − ① =0.1753-0.1845=-0.92%
总资产周转率变动的影响：③ − ② =0.2074-0.2296=-0.02%
权益乘数变动的影响：④ − ③ =0.1995-0.2074=0.79%

通过因素分析法可知，不利因素中影响最大的是销售净利率降低，减少0.92%，总资产周转率减少 0.02%，整体变动幅度不大。主要原因是随销售增量及加大市场开拓力度，运费、职工薪酬和办公费等费用增加，贷款增加，利息支出费用上升；库存上升，材料成本增加，同时公司加大研发投入。

5　结论与建议

近年来裕同科技的利润实现了较稳定的增长，财务状况及企业业绩整体表现较好，在包装行业对比中属于业绩较好型。从数据分析中可以看出，首先，裕同科技的主营业务收入相对稳定且呈现出持续稳定增长的趋势；其次，净利润呈大幅正向增长趋势，说明企业的发展前景较好；最后，总资产增长速度快，表明企业实行扩张型战略，扩张速度较快。

裕同科技并购几个包装公司以后获得了经营和管理方面的协同效应。在经营方面，裕同科技通过并购成功扩展业务，进军高端箱板、烟标和化妆品塑料包装，减少进入时间和壁垒。在管理方面，通过并购收获了一大批优秀的包装行业管理团队，为裕同科技进军不同包装领域提供了必要的技术与资源支持。同时，并购后在管理费用方面得到很好的控制，管理费用在不断降低，销售费用和营业收入同比增长。

通过财务分析，裕同科技的盈利能力、营运能力、偿债能力和成长能力从2016 年到 2019 年都有所下降，主要原因是进行规模扩张，成本上升，偿债压力增加；通过杜邦分析，可以看出影响权益净利率的主要因素是销售净利润，主要原因是随着销量增加，费用和成本相应增加，规模扩张后进行整合也需要支出相关费用。

通过分析，也可以发现企业的期间费用比较高，可以加强精细化管理，完善供应链，有主次、有重点地进行研发创新和发展包装产品，提高企业的核心竞争力和品牌知名度。

总体来说，裕同科技的整体业绩在不断改善，依然维持上升趋势，有投资价值，可以加强资源管理，降低中间成本。

第二篇 盛通股份经营与财务分析

1　公司发展概况

1.1　公司简介

盛通股份是国内领先的出版印刷综合管理服务供应商，其前身是盛通印刷。盛通印刷创建于2000年11月，经过11年的快速发展，2011年7月，盛通股份在深圳证券交易所成功上市。近年来，在互联网终端阅读的冲击下，书刊印刷行业持续面临压力，盛通股份推出"出版综合服务云平台"项目。为实现公司业务的多元化布局，盛通股份积极利用在出版文化领域的行业地位、客户基础和核心资源，打造教育、出版、文化综合服务生态圈。

1.2　商业模式

单纯的印刷服务已经不能满足市场的需求，盛通股份在综合出版服务行业以创新服务为主导，积极引进数字化印刷技术，推出"出版综合服务云平台"项目，该项目在挖掘和聚合出版机构图书产品印制需求和变化趋势的基础上，整合优化生产产能，利用数字化技术进行统一生产调度和质量监控，进行标准化生产，满足出版机构的生产需求，有效简化图书生产流程，提高工作效率，降低生产成本。公司充分发挥互联网平台高效连接、低成本沟通的优势，通过实时交流、在线传输、云端存储、网络跟单等技术改变出版机构与印刷企业之间传统的沟通模式，适应图书产品多品种、小批量、个性化的趋势，提高对出版企业的综合服务能力，降低了生产成本，满足客户个性化需求，在线下单，节省了人力、物力。在国内书刊印刷市场，很多企业的按需印刷瞄准两大市场，一个是北京市场，另一个是上海市场。当北京已经有了京华虎彩和大恒数码两家企业之后，盛通股份则另辟蹊径，去上海建立按需印刷示范基地。盛通股份主推的云印刷商业模式为平台式、接单式、分发式、联盟式。平台式主要聚合印刷公司进行接单；接单式是盛通股份自建平台系统，自己提供服务；分发式是利用网络平台接单，分发给各个加工商完成；联盟式是 B2B 印刷供应链联结，不同的行业 B2C 销售联盟。

教育培训服务主要采用直营模式和加盟模式。机器人教育培训服务业务是为青少年提供机器人的设计、组装、编程与运行等培训服务，同时提供海内外多种类型比赛和人工智能教育相关等级考试机会。公司课程培养孩子的创造性思维能力、沟通与协调能力、合作能力、数理技术与工程能力、适应与探索能力等多种能力以及思维习惯。2016 年收购的乐博教育是国内儿童机器人教育领军企业，以机器人课程为主要培训内容，提供机器人的设计、组装、编程与运行等训练服务，属于 STEAM 培训领域，乐博采用"直营＋加盟"模式开拓市场业务，目前在全国范围内拥有 65 家直营门店和 115 家加盟门店，遍布 23 个省份，通过"直营＋加盟"的方式开店，为乐博教育的主要发展方式。在经济发达的一二线城市，"乐博乐博"以直营方式进驻；在经济欠发达的城市郊区、三四线城市，则以加盟方式推进，提供特许经营授权、培训服务以及教具产品。2017 年乐博教育全年新增门店 40 家，2018 年新增门店 61 家。三年"千店计划"启动之后，乐博教育的开店速度明显加快，2019 年上半年新增门店 50 家，其中直营店 10 家，加盟店 40 家。截至 2019 年 10 月，乐博教育一共在国内布局了 400 个门店，累计服务学员 16 万人，用户规模保持 35% 以上的增长。盛通股份的报告显示，2019 年上半年，乐博教育营收 1.05 亿元，同比增长 19.4%，净利润 664 万元，同比下滑 24.5%，在高速开店的情况下，利润依旧为正。

1.3 竞争形势及策略

盛通股份主要采用产品差异化和集中化战略。产品差异化战略即企业在同类竞争者中拥有独特的产品或服务，有明确的目标市场策略；集中化战略即企业集中服务于某一特定的市场，或聚焦于某一特定的消费群体，使得品牌在短期内能够形成一定规模的策略。盛通股份在综合出版业务方面，定位于出版物和商业印刷的高端市场，主要承印大型高档全彩杂志、豪华都市报、大批量商业宣传资料等快速印品以及高档彩色精装图书。盛通印刷提供综合出版印刷服务，在印刷行业中具有独特性。盛通股份在教育服务行业方面，旗下乐博教育的定位是为3～16岁的青少年提供机器人编程教育，2017年盛通教育参股的编程猫也是提供在线少儿编程教育，根据学员年龄划分，采用合适的课程对学员进行培训。

1.4 核心竞争力

1.4.1 出版服务业务的核心竞争力

（1）全产业链综合服务能力。盛通股份在北京、上海、河北、天津拥有5个生产基地，涉及出版物印刷、包装印刷、商业印刷等多个行业细分领域。公司为客户提供面向出版全产业链的出版综合服务，除了自有产能加工服务，还提供包括创意设计、装帧排版、产能管理、原材料供应链、图书仓配等全产业链综合解决方案。公司通过"出版综合服务云平台"项目在挖掘和聚合出版机构图书产品印制需求和变化趋势的基础上，整合优化生产产能，利用数字化技术进行统一生产调度和质量监控，进行标准化生产，满足出版机构的生产需求，有效简化图书生产流程，提高工作效率，降低生产成本。

（2）丰富的客户、行业资源和不断强化的品牌影响力。公司积累了丰富的客户和行业资源，与国内众多知名出版社建立并保持了牢固的长期合作关系。

（3）健全的质量管理体系。公司搭建了一流的质量管理体系，实现了生产、销售、供应链、质量、财务全平台信息共享的模式，使得生产效率提高，质量管控提升，能够及时为客户提供优质的产品和服务。公司拥有专业高效的核心管理团队及各类人才，公司管理团队从事印刷工作多年，拥有丰富的从业经验及资源优势。公司人力资源丰富，拥有业内一流的技术人才、管理人才、营销人才。

1.4.2 教育培训业务的核心竞争力

（1）完整的课程体系。盛通股份为青少年提供完整的机器人教育课程。课程体系包括适合4～6岁低龄儿童学习的UARO课程、适合小学低年级学生的积木机器课程、适合小学高年级学生的单片机器人及面向初、高中学生的人型机器人课程。

（2）良好的品牌知名度。公司教育业务凭借科学专业的教学方法、完善的课程体系以及出色的教学成果，获得了广大学员家长的认可。在青少年机器人教育市场，公司长期以来保持着较好的美誉度，树立起了自身的品牌声誉。

（3）公司建立了与国家等级测评和赛事全面对接的教学体系。公司与工业和信息化部下属的工信出版传媒集团进行合作，教学体系全面对接国家"青少年人工智能技术水平测试"等测评体系。同时公司积极主办并参与中国青少年机器人竞赛、VEX世界机器人大赛等十余项国际性和全国性的机器人竞赛活动，并在多项赛事中取得了优异的成绩。

（4）快速的渠道拓展。公司采用直营与加盟两种方式，组建的强大队伍在全国主要一二线城市快速布局直营店，运用加盟的模式迅速扩张至一二线城市郊区及三四线城市地区，满足各地区客户对课程的需求，提高对品牌的认知度。截至2019年年末，公司在25个省及直辖市拥有130家直营店和311家加盟店，覆盖全国一线、二线城市，涉及三线、四线发达城市。

（5）优秀的管理团队。公司教育团队管理层拥有多年的教育培训行业销售和管理经验，对教育培训领域拥有高度的敏感性和前瞻性。

1.5 影响发展的主要因素

（1）政策法规。政策法规影响着盛通股份乃至整个印刷行业的发展，一个企业要想发展好，首先要遵守政府规定，近年来国家制定了一系列政策法规来引导和助力印刷行业的健康、绿色发展，为印刷行业提供了政策支持和资金支持。

（2）公司战略规划。公司战略规划也影响着盛通股份的发展，近几年公司试图打造"出版＋教育"的生态圈，盛通股份走向了收购之路，2016年以来收购了乐博教育、编程猫、小橙堡等公司，这些公司为盛通股份带来了一定的利润增长。

（3）资本投入。资本是重要的生产要素之一，资本在产业间的流动既是产业发展和产业结构变化的结果，又是产业发展和产业结构变化的重要决定因素。在印刷业中，民营资本和国外资本、港澳台资本的持续进入是印刷业不断焕发新活力的重要原因之一。

（4）技术水平。当前我国已经成为一个全球生产制造中心，但是，从产业价值链的角度来看，生产制造是资源消耗量大、附加价值低、成本敏感度高、靠规模取胜的环节，一旦成本优势发生变化，产业的发展会受到巨大影响。因此，仅依靠生产制造来发展产业不是长久之计，产业发展的出路在于技术创新。科技创新对我国印刷业发展的影响显著，传统印刷工业和印刷技术在数字技术与计算机网络技术的冲击下，发生了重大变革。依靠科技进步提高印刷业的整体实力和水平仍将是较长一段时间内印刷业发展的主题。

（5）与其他媒体的有效组合。印刷品质量不仅取决于印刷手段本身，还取决于与其他媒体的有效组合。印刷品必须从自身的实际情况出发，支持和辅助其他媒体，并在当代媒体混合市场中找到自己的位置。因此在混合媒体中，印刷媒体所面临的挑战是如何识别自己所具备的独特作用，以及如何迎接新的挑战。

1.6 发展趋势

（1）出版综合服务业务方面，盛通股份坚持以客户为中心，提供一体化的出版服务综合服务解决方案，并不断通过出版服务云平台的持续信息化构建、精细化管理、科学的生产调度、高效的生产运营等手段，坚持绿色、创新的发展理念，推动公司稳定的发展。盛通股份加快出版服务云平台的投入，根据公司出版服务和综合服务的运营管理特点，加快 APS、MES、SCM、CRM 等功能性模块落实，打通公司数据，在外部实现业务流、物流、信息流在产供销三方产业链内的信息贯通，在内部通过信息化及设备智能化，各工厂实现产能共享联动生产满足客户需求，改善以往各环节单独作业，生产过程中通过自动化、标准化提高生产效率及服务能力；发挥产能布局优势，提升生产过程中标准化产品产能投入比例，加快自动化生产方案落实，推进生产产能融入客户供应链，持续开发符合标准化产能的产品，将被动加工转向主动提升标准化产品生产，持续改善现有产能，提高生产稳定输出及生产效率，提升在制品等存货周转率，持续提高公司的运营效率；秉承"以客为尊，质量第一"的客户观，始终以匠人精神做好产品，坚持以匠心做好服务，培养打造专业高效的核心运营团队，完成专业技能人才的培育，培养一流的技术团队及运营管理各类人才，实现公司管理的高效协作；积极应对疫情的影响，加强客户沟通，与团队建立共识，共渡难关，提质增效，打好基础，以创新的思维应对疫情带来的短期影响，积极把握好疫情下的市场需求，最大限度地减少疫情对公司经营发展带来的影响。

（2）教育培训业务方面，一方面盛通股份积极战"疫"，提前实现课程体系 4.0 升级。疫情来临，团队积极应对，从农历大年初一即开始准备线上课程和对教师的线上培训，为疫情期间所有校区采用线上教学系统授课打下了良好的基础。在 3.0 课程体系的基础上，增加了面向学龄前儿童的 ScratchJr 图形化编程课程，面向适龄学生的 Scratch 图形化编程课程、Python 和 C++ 代码编程课程，并进一步优化人工智能课程体系，形成了支持 3～16 岁孩子的完整机器人编程 4.0 课程体系，走在了行业前列。充足的准备保障了学员的学习进度，得到了家长的肯定和好评。另一方面盛通股份 OMO 平台运营模式落地，积极推进千店计划。2020 年在 OMO 新平台运营场景下，公司依托线下门店积累的客户资源及市场影响力，打破传统单一获客模式，同步推进门店招生与网络平台招生，形成线上线下获客场景的新客户双向导流，全国门店双向招生一体化成型。实现学员信息、学员课程内容线上线下同步，同时完善服务质量，促进了在校、在线学员人数的增加。强大的平台支持和良好的服务质量，增加了客户对 OMO 品牌战略升级认知，提升了品牌认可度和在行业的影响力，非常有力地支持了千店计划的推进。

另外，盛通股份进一步提升赛事盈利规模和等级测评体系市场占有率。公司在 2019 年基础上计划进一步提升国内外知名青少年机器人赛事盈利能力，为更多学员提供学以致用和检验学习成果的平台和机会。公司还将持续深耕已有赛事合作，拓展更多国际化的人工智能赛事，进一步完善赛事体系。借助 4.0 平台线上线下各通道优势，线上赛与线下赛相结合，提升赛事盈利规模。2019 年，公司与中国青少年宫协会建立长期战略合作关系，共同推进人工智能在教育教学中的深入应用和快速发展，推进校内外学员能力测评和师资评价体系的推广及赛事举办。并在新 OMO 平台支撑下，拓展合作空间，共同充分发挥线上线下招生情景优势，扩大评测体系的社会影响力。同时建立新平台培训标准，提升员工素养和教学质量。公司将在 2019 年建立的培训基地基础上，充分发挥商学院的能量和 OMO 平台的网络优势，进一步完善员工培训体系，对全国在职员工进行新标准岗位技能培训，不断提升全员业务能力和服务意识，用科技赋能，为未来的发展提供坚实基础。对全国的教师队伍进行人才盘点和赋能提升工作，完善师训体系，提升教师的整体水平，为学员获得更好的学习体验提供强力支撑。最后，盛通股份强化已有教育产业布局，整合现有各个业务板块的优势。公司将充分利用资本工具，强化风控，对已有教育产业资源进行优化整合，利用投资并购、合资经营等方式与更多更优秀的合作伙伴和创业团队合作，完善现有教育品类，全面优化、完善公司教育产业布局。

1.7 行业准入壁垒

伴随行业的发展，客户需求逐渐提高，企业需在各方面进行优化以提升竞争力。客户认证及持续服务能力、出版印刷整体解决方案能力、资本投入与规模经营能力等成为外来者进入和行业内中小企业进一步发展的新壁垒。

1.7.1 政策壁垒

出版印刷是国家目前管制较严格的行业，因此国家在行业准入、生产经营等方面制定了一系列严格的法律法规，以加强对该行业的管理。目前国家对出版物的出版、印刷、复制、发行、进口单位进行行业监管，实施准入和退出管理，未经主管部门批准，不得设立出版物的出版、印刷以及复制、进口、发行单位，或者从事出版物的出版、印刷或者复制、进口、发行业务。另外，外资和非公有资本进入我国出版行业仍有诸多限制，只能在政策限定的范围内与国有资本进行合作。盛通股份的综合出版服务在政策壁垒下击败了一些潜在竞争者。

1.7.2 品牌壁垒

品牌是出版印刷企业生存和发展的重要保障，优秀的出版印刷企业在长期经营过程中逐步建立和积累了良好的社会知名度和市场形象，在品种规模、销售量、知名读物、公司现有技术水平等方面树立了良好的品牌影响力，从而在资源的获取、成本的控制、营销渠道的扩张、优秀人才的培养和引进等方面打下了坚实的基础，对新进入该领域的企业造成较大的竞争压力。盛通股份有着雄厚的资金实力来发展综合出版服务，其较高的研发投入、先进的技术水平、个性化的服务赢得了众多客户的青睐，有着良好的品牌形象。

1.7.3 规模化经营壁垒

出版印刷行业对企业资金和规模实力的要求比较高。对于出版印刷业而言，图书的选题、编辑等环节需要大量的专业编辑人员根据市场情况、作者资源情况进行选择和加工，不是随便就能进行出版、印刷的。在数字印刷大范围推广之前，纸质印刷行业仍有最低开机量的要求。企业只有通过扩大生产规模和加大资金投入，为客户及时提供大批量、高质量的产品，才能成为行业的领先者，获取规模经济的优势，赢得市场的主动权。倘若行业内现有企业和新进入的竞争者市场开拓能力不足、积累的客户数量较少，无法通过规模化经营优化单位产品成本，将面临行业影响力小、单位成本高等多方面发展的制约，难以在市场竞争中取得有利地位，将逐渐被具有规模化经营能力的企业整合和淘汰。2019年盛通股份总资产达到26.7亿元，有着雄厚的资金和规模实力，盛通股份注重研发，2019年研发费用为2602万元，比2018年增长27.72%。

1.7.4 资金壁垒

出版印刷机器设备和技术的研究开发所需要的人力资源和设备投入成本高，同时伴随市场和技术变化，研发的不确定性也加大了研发的整体投入。而高端印刷设备大多价格较高，前期购买设备及后续的生产运营维护等都需要持续大量的资金投入。这些都需要强大的资金实力作为企业保持和强化行业领先技术优势的支撑。经营规模小、资金实力不足的企业在行业整合过程中将被逐步淘汰出局。对行业内大多数中小企业来说，大量的资金投入是其在出版印刷行业发展的一大障碍，对新进入者也形成了较高的行业门槛。

2 公司经营分析

2.1 经营环境分析

2.1.1 外部环境分析

1.政治环境分析

（1）行业监管体系。印刷行业已形成市场化的竞争格局，各企业面向市场自主经营，政府职能部门依法管理。行业的政府主管部门是国家发展和改革委员会及中央宣传部，行业自律组织为中国印刷技术协会、中国印刷及设备器材工业协会和各地方印刷协会等。国家发展和改革委员会主要负责研究拟订整个包装行业的规划、行业法规以及经济技术政策，组织制定行业规章、规范和技术标准等，实施行业管理和监督；中央宣传部主要负责制定新闻出版事业、产业发展规划、调控目标和产业政策并指导实施，指定全国出版、印刷、复制、发行和出版物进出口单位总量、结构、布局的规划，并组织实施、推进新闻出版领域的体制机制改革，负责印刷行业的监督管理；中国印刷技术协会和地方印刷协会作为政府与企业间的桥梁和纽带，为企业技术创新和高科技技术产业化的各种需求提供服务，及时反映会员企业的正当需求，维护会员的合法权益。

（2）产业政策。印刷行业主要法律法规有2016年修订的《印刷业管理条例》（以下简称《条例》），《条例》指出设立从事出版物、包装装潢印刷品和其他印刷品印刷经营活动的企业，应当向所在地省、自治区、直辖市人民政府出版行政部门提出申请，个人不得从事出版物、包装装潢及印刷品印刷经营活动；2015年1月实施的《中华人民共和国环境保护法》规定企业应当优先使用清洁能源，采用资源利用率高、污染物排放量少的工艺、设备以及废弃物综合利用技术和污染物无害化处理技术，减少污染物的产生；2014年12月实施的《中华人民共和国安全生产法》规定加强安全生产监督管理，防止和减少生产安全事故；2012年7月实施的《中华人民共和国清洁生产促进法》规定产品和包装物的设计应当考虑其在生命周期中对人类健康和环境的影响，优先选择无毒、无害、易于降解或便于回收利用的方案；2018年12月修订的《中华人民共和国产品质量法》对于加强对产品质量的监督管理，提高产品质量水平，明确产品质量责任，保护消费者的合法权益作了规定。

（3）行业规范。印刷行业主要的行业支持政策有2017年国家新闻出版广电总局实施的《印刷业"十三五"时期发展规划》，提出"十三五"时期印刷业的发展目标："十三五"期间，国家印刷示范企业、中小特色印刷企业辐射引领能力进一步增强，产业集中度继续提高，到"十三五"期末，规模以上重点印刷企业的产值占印刷总产值的60%以上，培养若干家具有国际竞争力的大型印刷企业集团；2016年12月，工业和信息化部、商务部印发的《关于加快我国包装印刷产业转型发展的指导意见》提出坚持绿色发展、节能减排，初步建立包装废弃物循环再利用体系；2015年9月中国印刷技术协会发布的《中国印刷产业"十三五"发展规划的建议》提出保持印刷业增长速度，推动印刷业向数字化、现代服务业转型，完善绿色印刷体系和绿色检测体系的建设；2013年国家发展和改革委员会发布的《产业结构调整指导目录》（2013年修订）将"高新、数字印刷技术及高清晰度制版系统开发与应用"列为鼓励类；2008年7月财政部发布的《包装行业高新技术研发资金管理办法》指出规范包装行业高新技术研发资金管理，支持包装行业积极开发新产品和采用新技术，促进循环经济和绿色包装产业发展，重点支持符合国家宏观政策、环境保护和循环经济政策的项目；2005年7月《财政部关于包装行业高新技术研发资金有关问题的通知》，为鼓励包装行业积极开发新产品和采用新技术，促进我国包装行业的发展，中央财政决定从 2005 年起，推进包装行业高新技术项目产品研发、技术创新、新技术推广等。

2. 经济环境分析

国民经济的发展带动印刷业的发展。印刷业作为国民经济各部门配套产业，随着国民经济发展水平不断提高，印刷业整体规模会进一步扩大。市场规模的大小由社会购买力决定，而社会购买力的大小取决于经济发展水平以及由此决定的国民平均收入水平。北京市统计局的数据显示，2019 年北京实现地区生产总值（GDP）35,371.3 亿元，按可比价格计算，比上年增长 6.1%，超过全国平均水平。分产业来看，2019 年，全市第三产业增加值比上年增长 6.4%，高于地区生产总值增速 0.3 个百分点，对经济增长的贡献率达到 87.8%；其中，金融、信息服务、科技服务等优势行业持续发挥带动作用。印刷业和教育服务业与经济的发展密不可分。2019 年，全市实现市场总消费额 27,318.9 亿元，比上年增长 7.5%。巨大的消费市场，给盛通股份带来了良好的发展契机。

3. 技术环境分析

印刷行业属综合出版服务行业，正向高度自动化、联动化、数字化、智能化、网络化和多色多功能方向发展。电脑遥控、自动上版、自动套准的数字控制、故障自动监控显示、无轴技术、离子喷涂技术、光纤传导技术已经广泛应用于印刷设备上。当今印刷机可任意增加机组和印后处理单元，实现集胶印、柔印、丝印、上光、UV 仿刻、覆膜、烫金和模切等功能于一机，使设备的生产效能、性能和印刷质量得到较好的提升。自动化与智能化工厂、数字印刷以及一体化包装印刷技术正成为行业技术发展的趋势。随着印刷机械信息化、自动化和智能化程度的提升，自动化仓库、自动机械人、自动检验机等自动化、智能化技术和设备正逐步应用于行业产品生产和质量管理各环节中。在传统印刷业去产能、行业竞争加剧、客户需求变化等多重因素影响下，公司积极推行内生增长策略，利用移动互联网、云计算和工业信息化技术，聚合需求、优化产能，延伸服务链条，打造中国最先进的云印刷综合服务平台，云印刷一般包含终端设备的应用程序、云印刷服务网络、印刷生产设备、物流服务四个构成要素，主打"线上接单+合版印刷"，目前云印刷在国内外获得比较快的发展，衍生出多种商业模式，市场潜力巨大。根据发达国家的成功经验，预计我国云印刷潜在市场规模有望达到千亿元。

4. 社会环境分析

北京作为首都，临近天津、河北，地处环渤海经济区的核心位置，是我国政治、经济、文化中心。人口是构成市场的首要因素。市场是由既有购买欲望又有支付能力的人构成的，人口直接影响市场的潜在容量。2019年年末，北京市常住人口2153.6万人，比2018年年末减少0.6万人。数据显示，2019年北京市城镇人口1865万人，北京常住人口2019年总人口数占常住人口的比重为86.6%；常住外来人口745.6万人，占常住人口的比重为34.6%。常住人口密度为每平方公里1312人，比上年末减少1人。独特的地理位置和人口因素使盛通股份有着广阔的市场。同时云印刷及在线教育的发展，更加满足了居民需求，也使得盛通印刷突破了地域限制，公司发展不仅仅局限于北京地区。

城市生活现代化、居民生活节奏加快以及居民消费习惯的改变等因素也促进了印刷业的发展。随着经济的高速发展，人们对教育的要求更高，出版印刷以及教育服务等业务发展势头越来越好。

2.1.2 内部环境分析

1. 企业资源分析

截至2019年12月31日，盛通股份拥有货币资金3.47亿元，应收账款4.84亿元，存货2.68亿元，固定资产7.2亿元。盛通股份有着雄厚的资金实力，印刷设备较国内同类企业来说较为先进，且盛通印刷每年投入大量研发资金，云印刷项目更是遥遥领先，处于印刷行业龙头地位。近年来，盛通印刷收购、投资的教育培训行业都有着自己先进的技术，如乐博教育的机器人课程、编程猫的少儿编程教学，良好的企业资源为盛通印刷的发展提供了资源、资金、技术支持。

2. 企业文化分析

盛通股份始终坚持"专业、高效、服务、创新"的经营理念，以"为读者奉献最为精美书籍"为宗旨，为客户提供整体出版物印刷服务解决方案，目前公司拥有国际先进的商业印刷设备、严整的印刷工艺流程和精细化管理体系，设备配套能力处于国际领先水平，具备全年全天候连续生产能力。"安全、低碳、健康、环保"是未来印刷发展的主题，盛通股份富有环保意识，2009年6月获得ISO14001环境管理体系认证，首批加入了北京绿色印刷产业技术创新联盟，荣获北京印刷协会2010年"北京节能减排标兵印刷企业"称号。

3. 企业能力分析

为了挖掘云印刷业务的巨大商机，盛通股份于2012年成立全资子公司——商印快线公司，专注于云印刷新业务市场的开拓，2013年10月云印刷电子商务平台正式上线，可以为客户提供便捷的网络服务渠道，实现一站式的数字化印刷需求。另外，公司还通过一系列投资并购项目推进云印刷业务开展，如2013年发布公告拟在上海金山区绿色创意印刷示范园区投资建设云印刷数据处理中心、按需印刷示范基地、电子商务平台等，2016年5月盛通股份发布的重大资产重组及配套融资方案拟将2.29亿元募集资金用于出版服务云平台建设。

盛通股份云印刷业务设计的产品丰富多样，包括名片、单页、海报、折页、画册、宣传册等。与传统的印刷业务相比，云印刷业务为公司带来了一系列的优势，比如在业务推广上采用O2O模式，实现公司印刷业务由B2B模式向B2C模式转型；实现电子媒介与传统媒介优势互补，推动新媒体和传统媒体融合发展，带动公司业务增长；可以满足客户的个性化、定制化、多样化需求，为公司带来"长尾优势"，实现随时下单、快速交货，提升公司印刷生产效率，比传统的独立平版印刷成本降低30%；实现绿色印刷，清洁生产，加快低端、过剩产能出清，提升公司盈利能力。

盛通股份在教育服务行业方面，2019年5月乐博教育推出结合AI技术的"机器人+编程"课程3.0产品线。实现课程、硬件、赛事、服务流程、教学环境五大升级，围绕STEAM教育搭建一个涵盖软硬件、培训平台、竞赛体系的生态闭环。这是盛通股份收购乐博教育后推出的又一重磅产品，也是其推行内生增长与外延扩张共同发展战略收获的成果之一。

2.2　经营战略分析

盛通股份坚持业务的相关多元化布局和发展，将发展战略确定为依托出版文化领域的行业地位、客户基础和核心资源，打造教育、出版文化综合服务生态圈。在教育培训业务方面，以培养青少年具备未来人工智能时代的核心素养为使命，积极实践人工智能与教育的融合。不断提升教研能力和教师培训水平，提升服务质量。重点发展机器人教育和编程教育，实现收入规模的快速扩张，打造国内机器人教育和编程教育的第一品牌。利用出版文化产业资源，建立与赛事体系、等级考试相对接的课程体系。借助资本工具积极整合教育产业优质资产，将盛通打造成为素质教育的综合服务提供商。在出版服务业务方面，盛通股份致力于利用移动互联、云计算和工业信息化技术，聚合需求、优化产能，不断延展服务链条，提升出版综合服务能力。以下小节内容采用SWOT分析法具体分析盛通股份的战略。

2.2.1 优势（Strength）

（1）盛通股份具有多元化优势。经过十七年的市场耕耘，盛通股份现已发展成为集教育、文化出版综合服务生态圈为一体的集团，当前市值约50亿元人民币。盛通股份立足出版物市场，大力布局教育等上下游衍生产业发展，开启多元化发展战略，不断拓展医药包装、商业印刷、云印刷数据处理及电商平台等业务市场的发展空间。盛通在站稳印刷行业市场后，开始拓展公司业务层面，顺应时势，进行公司多元化发展。2014年，盛通创办了亦庄大型少年儿童阅读体验中心——绘本乐园；2016年11月，盛通全资并购了中国儿童机器人素质教育领军企业——乐博教育，成功实现了外延式稳步增长，现代服务产业与教育产业协同发展。未来，盛通股份将利用移动互联、云计算和工业信息化技术，聚合需求、优化产能，不断延展服务链条，提升出版综合服务能力；同时，聚焦教育行业，积极整合教育产业优质资产，延续自身的文化基因，打造教育、出版文化综合服务生态圈。当今时代人们对教育的认可度越来越高，教育服务有着广阔的市场，相比于其他产业单一的印刷类企业，盛通股份有着多元化优势。

（2）盛通股份具有地域优势。盛通股份位于北京大兴经济技术开发区，而北京辖区人口数量达千万，拥有普通高等院校和中小学校1000余所，规模以上工业企业30余万家。随着北京市医药、食品、粮食、酒类等产品的包装印刷和教材、笔记本等商务印刷的业务规模不断加大，盛通印刷包装印刷产业有了稳定的市场来源。由于当地政府在投资环境方面给予投资方最大化、最便利的发展政策，所以吸引了众多企业到此投资。

（3）盛通股份具有产业基础优势。北京地区具备包装印刷产业的发展基础。具有规模以上包装印刷企业几十家，包装印刷园区的建设和发展将进一步增强印包产业的聚集效应，提升北京市印包产业的发展层次。2019年，位于经济技术开发区的北京新华印刷有限公司、北京盛通印刷股份有限公司、北京华联印刷有限公司、鸿博昊天科技有限公司、北京瑞禾彩色印刷有限公司五家企业入围"北京市出版物印刷服务首都核心功能重点保障企业"，这些印刷类企业相互促进，形成聚集效应。盛通印刷市场竞争力较强，在出版综合服务方面，盛通股份为客户提供面向出版全产业链的出版综合服务，荣登"2019 中国印刷包装企业 100 强排行榜"前 20 名企业。

2.2.2 劣势（Weakness）

（1）盛通股份属于传统行业。目前国内对环境保护要求越发严格，企业利润空间进一步被压缩；企业重资产运营，近年来不断进行扩张并购，资产不断做大，但企业盈利能力并没有得到很大改变；原材料和存货管理难度大，存货周转率低，给企业资金流转带来了一定的压力，虽然企业一直在加大对教育行业的投入，但是出版综合服务依然占大部分比重，且原材料价格、工人工资不断增加，出版业税收负担相对较重，主要集中在增值税、企业所得税、个人所得税这三个方面，导致生产成本提高，就 2019 年来说，出版综合服务毛利率仅有 18.59%，较高的税负和原材料、人工等成本制约了企业发展。

（2）盛通股份于 2016 年 4 月 28 日并购乐博教育，开始跨界进入素质教育行业，与新东方、好未来等老牌教育企业相比略显不足，加之盛通股份从未接触过教育服务行业，在对教育服务业进行收购、投资时没有经验，可能会走弯路，想要在教育市场占有一席之地需要进行战略定位与布局。

2.2.3 机遇（Opportunity）

（1）市场和消费需求升级的机遇。从印刷品需求角度来看，中国现有的印刷消费水准仍然处于很低的层次。从印刷品的消费来看，消费市场对产品的外包装要求越来越高，印刷包装的需求量每年以两位数增长，中国潜在的市场巨大。2019 年人均印刷品消费为印刷包装产业发展提供了强劲的动力和良好的机遇。

（2）信息技术应用带来的机遇。信息技术可以应用于设计、排版、制作、加工、营销、管理等各个环节，随着数字印刷与印刷数字化的推进将改变印刷包装的生产模式。目前，盛通股份已认识到数字印刷带给企业的经济价值，购进数码技术，全面推出"出版综合服务云平台"项目，盛通股份自推出出版服务云平台项目以来，云印刷产品收入规模保持在 20% 左右的增长率，给公司的升级提供了全新的机遇。

（3）教育服务行业有着广阔的市场，并且国家出台很多政策支持教育行业发展。随着我国经济的不断发展，人们对于教育的需求不断升级，对教育业提出了新的要求，同时"二胎"政策的出台以及人们"终身教育"理念的不断普及极大地刺激了教育的需求。盛通股份看好教育服务行业，进行战略布局，2016年收购乐博教育和芥末堆，2016年先后投资编程猫（青少年编程培训）、小橙堡（亲子文化艺术服务）、韩国乐博（STEM教具和产品研发）等教育公司。"新课标"改革已经把机器人和编程正式纳入高中必修课，乐博作为机器人教育龙头，将很大程度上受惠于政策利好。牢牢把握市场走向和需求，这对于盛通股份来说是一个好的转型机遇。针对素质教育行业，盛通股份并不是盲目投资，盛通在选择投资对象时会比较看重以下三个方面：能否把握用户需求，商业模式是否清晰；是否具备规模化复制的能力；在企业发展不同阶段能否聚焦有限资源解决现阶段核心问题。

2.2.4 威胁（Threat）

（1）商誉减值风险增加。盛通股份近年来不断收购教育服务企业，扩张公司规模，公司商誉不断增加。以乐博教育为例，2017年，"乐博乐博"扩张提速，当年只完成承诺业绩的98.8%，2016年度至2019年度累计业绩承诺完成率为92.81%，商誉减值风险增加。

（2）劳动力成本及原材料价格上升。由于我国基础投资大，劳动用工增加，且中国人口逐渐老龄化，青壮年劳动力相对较少，无法满足较多的岗位需求，导致一部分岗位无人可用，盛通股份位于北京，工资水平高于二三线城市，劳动力成本较高。盛通股份原材料价格居高不下，原材料供应无法满足出版印刷的需求。而造成原材料需求不断增长的原因主要是消费商品的需求不断增加、电子商务规模不断扩大、工业生产发展对纸张包装产品的需求增加。这些因素使得盛通股份综合出版印刷服务成本居高不下，虽然年销售量不断增加，但销售毛利率依然较低。

（3）出版印刷市场增长受到数字化阅读的影响。近年来，数字化阅读越来越受消费者青睐，2019年中国网络文学市场规模总计达180.5亿元，同比增长17.6%，保持稳步增长状态。这主要是由于2015年作为IP元年，数字阅读衍生市场爆发出了强大的实力，优质的IP提高了用户的付费意愿；而国家出台了一系列打击网络侵权盗版的政策，数字阅读版权得到极大保护，更进一步促进了数字阅读市场规模的快速增长。我国数字化阅读接触率逐步提升，推动数字阅读行业规模稳步增长，移动互联网的普及以及数字化硬件的渗透率提升，我国数字化阅读接触率近年来稳步提升。2019年年底盛通股份库存商品 8381 万元，较高的库存量使得公司的成本无法及时收回，出版印刷市场受到数字化阅读的冲击。

根据 SWOT 方法分析，盛通股份具有一定的发展基础和优势，随着我国医药、食品、农产品、服务等行业的发展，印刷包装市场和教育培训市场前景广阔。盛通股份在 2015 年果断布局 STEAM 教育，面向朝阳行业，拉开了战略转型的序幕。随着无纸化的普及、纸媒原有市场不断萎缩，盛通股份的综合出版服务已达到成熟水平，数字化印刷为盛通带来了一定的利润和市场，盛通在这方面有着独特的行业技术优势，但是劳动力成本及原材料价格上涨使得盛通股份成本居高不下。并且盛通股份面对原本已被瓜分的教育服务市场并没有绝对性优势，但盛通教育培训业务的毛利率要远大于综合出版服务，盛通股份结合已有出版印刷优势，试图打造"出版＋教育"的生态圈，促进公司进一步转型发展。

2.3 主营业务分析

2019 年年报显示，盛通股份实现营业总收入 195,268.97 万元，同比增长 5.87%，归属于上市公司股东的净利润为 14,131.43 万元，同比增长 13.82%，归属于上市公司股东的扣除非经常性损益的净利润 12,650.88 万元，同比增长 41.31%。盛通股份从 2015 年到 2019 年，营业收入不断增加，公司发展势头良好。近年来，盛通股份出版综合服务业务不断提升效率、提高品质，经营管理水平取得了长足进步。公司作为出版物印刷领域的领先企业，积极搭建和构造"出版服务云平台"，利用数字化技术进行统一生产调度和质量监控，进行标准化生产，简化图书生产流程，降低生产成本。盛通股份出版综合服务业务在"数字化、绿色化、标准化、智能化"的发展道路上走得更加坚实。盛通股份加大对素质教育业务的投入和整合力度，夯实管理基础，推动业务升级。

如图 2-1 所示，盛通股份为客户提供的服务可以分为出版综合服务和教育培训服务，2015～2019 年，出版综合服务营业收入稳步上升，教育培训业务也从 2017 年开始增加，占公司总营业收入比重不断加大。盛通股份于 2016 年收购乐博教育和芥末堆，开始跨界进入教育服务业。随着社会经济的发展以及现代教育化水平的提高，人们对出版印刷和教育的需求增加。盛通股份为了实现更多的利润，积极拓展市场。并且教育培训行业有着丰厚的利润，现在教育市场上各种教育培训机构层出不穷，盛通股份看好教育服务业，采用并购的方式，迈向教育服务业。

图 2-1 2015～2019 年盛通股份产品分产品营业收入情况

（数据来源：根据盛通股份 2015～2019 年年度报告整理）

从出版综合服务业来看，2019 年公司出版综合服务业务实现营业收入 162,221.9 万元，同比增长 1.70%，实现净利润 10,237.36 万元，同比增长 32.60%。2019 年盛通股份荣获北京经济技术开发区"高质量发展百强企业""智能制造试点示范企业"称号；2019 年 12 月，盛通股份与天津出版集团签署战略合作协议，两家企业提出将发挥各自优势，在教育培训产业、印刷智能制造、智慧教育等领域展开合作。随后，公司作为战略投资者增资入股新华印务有限公司（天津出版集团下属公司），双方共同在印刷智能制造项目上开展具体合作，实现互惠共赢。公司与天津出版集团的强强联合，彰显了公司在出版综合服务行业的实力，提高了行业影响力，获得了业内的高度评价。盛通股份顺应行业趋势，积极推动印刷业务智能化升级改造，从活件接收到直接制版、智能印刷、自动仓储以及活件交付，完全实现一体化综合服务。盛通股份推进智能印刷生产中心与出版服务云平台无缝对接，为出版企业客户提供更加快速、高效、智能的生产交付服务，获得客户的高度认可。

从教育培训服务业务来看，2017 年到 2019 年教育服务业营业收入飞速增长，意味着盛通股份的战略布局为公司带来丰厚的利润。2019 年教育培训业务实现营业收入 33,047.07 万元，同比增长 32.56%。素质教育获得国家政策的大力支持。近年来，国家出台了一系列支持素质教育发展的政策措施。2019

年 2 月，教育部发布《2019 年教育信息化和网络安全工作要点》，提出实施学生信息素养培育行动，完成义务教育阶段学生信息素养评价指标体系，建立评估模型，启动中小学生信息素养测评。推动在中小学阶段设置人工智能相关课程，逐步推广编程教育。推动大数据、虚拟现实、人工智能等新技术在教育教学中的深入应用。2019 年 6 月，中共中央发布《关于深化教育教学改革 全面提高义务教育质量的意见》，提出坚持"五育"并举，全面发展素质教育。2020 年 1 月，教育部考试中心发布《中国高考评价体系》，在评价模式上，高考评价体系将素质教育评价维度与考查要求对接，创设出能够更加真实地反映出考生素质的问题情境作为考查载体，从而形成三位一体的素质评价模式。近年来，无论是中小学减负，还是中高考改革等方面政策持续落地，都能看出国家大力鼓励素质教育发展的力度不断加强。公司将把握政策机遇，通过内生和外延多种手段，做大做强素质教育业务。截至 2019 年 12 月 31 日，公司拥有 130 家直营店和 311 家加盟店，基本覆盖全国大部分的省会城市和重要地级市。盛通印刷 2019 年在北京、南京、济南、天津、大连等的 20 多家校区完成店面升级，为学生提供更加良好的教学环境，增强了公司的市场竞争力。2019 年 4 月，在"乐博乐博"课程 3.0 发布会上，正式发布了公司线上教学平台，布局了线上少儿编程教育。盛通股份依托线下门店和线上教学平台，初步构建了线上和线下相融合的教学模式，使得整个教学过程线上线下能够及时互通，教学数据能够有效沉淀。

盛通股份产品按地区分为国内和国外，由图 2-2 可以看出在 2015～2019 年间，盛通股份国内市场营业收入不断增加，国内市场份额不断扩大；国外市场营业收入不断减小，国外市场份额不断缩小。2015 年国外市场份额占营业收入的 2.20%，到 2019 年国外市场份额只占营业收入的 0.28%。国外市场营业收入的不断减小，一方面是因为外国印刷行业发展水平较为先进，欧美、日本等一些发达国家印刷产业水平较为成熟，盛通印刷和其相比并不占据优势，且所需成本也较高；另一方面随着中国经济的飞速发展，印刷行业和教育服务行业有着巨大的市场，盛通股份立足于国内市场，不断发展出版综合服务和素质教育，占有一部分市场份额，把资金投入教育服务业和云印刷业务，这样国外市场份额被进一步缩小。

图 2-2　2015～2019 年盛通股份产品分地区营业收入情况

（数据来源：根据盛通股份 2015～2019 年年度报告整理）

2.4　成本分析

由图 2-3 可以看出，2015～2019 年，由于营业收入的增加，相对应的营业成本也在不断增加，出版综合服务在 2018 年营业成本达到最大值 13.51 亿元，2018 年出版综合服务营业收入为 15.95 亿元，2018 年营业成本比去年同期增加 31.27%。原因是 2018 年原材料成本持续增加，其中纸张成本增幅较大，另外随着经济发展，公司人力成本也日益增长。可以采取相应措施应对，如通过市场手段，转嫁成本的增长；推进精益生产，降低生产成本；持续推进设备自动化改善，积极建设智能化工厂，降低用工量。人们生活水平的提高，对环境保护提出了更高的要求，我国提出经济发展的五项基本要求就包括绿色发展，印刷业对于环境保护有重要影响，因此受到了许多政策上的限制与监管，也使得相关企业生产成本增加。

从图 2-4 可以看出，自 2015 年以来，盛通股份不断改进现有生产技术，出版综合服务成本占出版综合服务收入比重呈下降趋势，利润空间从 2015 年的 3% 增加到 2019 年的 19%，这得益于盛通股份 2016 年开始实施的出版服务云平台项目。自 2017 年开始，盛通股份教育培训业务开始运营，从图中可以看到，2019 年教育培训业务成本占教育培训业务收入比重 54%，远远低于出版综合服务的 81%，可见，教育服务行业给盛通股份带来了巨额利润空间。盛通股份近年来发展战略也在一直加大教育投入比重，进一步扩大教育市场份额。

图 2-3　2015～2019 年盛通股份产品成本情况

（数据来源：根据盛通股份 2015～2019 年年度报告整理）

图 2-4　2015～2019 年盛通股份产品成本占收入比重情况

（数据来源：根据盛通股份 2015～2019 年年度报告整理）

2.5　利润分析

2.5.1　盛通股份利润变化统计

由图 2-5 可以看出，盛通股份从 2015 年以来，利润不断增加，盛通股份利润从 2015 年的 2236 万元增长到 2019 年的 17,406 万元，2017 年利润与上年同期相比利润增长率高达 150.53%，2020 年第一季度利润出现负增长，为 -3271 万元。

59

图 2-5 2015～2020年第一季度盛通股份利润变化

（数据来源：根据盛通股份2015～2020年第一季度年度报告整理）

2.5.2 引起盛通股份利润变化的原因

盛通股份作为国民经济的配套服务行业，行业利润水平受到外部宏观经济形势和内部管理技术水平的影响。其中，外部宏观经济形势是影响纸质印刷包装物上游原材料价格波动和下游市场需求变化的系统性因素。一般来说，技术水平较高、生产经验较丰富的纸质印刷包装企业，因其生产工艺更为先进、应对市场变化能力更强，所生产的产品档次更高，盈利能力比低端的纸质印刷包装企业强。在纸质印刷包装企业的成本结构中，纸张成本占原材料成本比例通常在60%以上，纸张价格波动对行业整体利润水平将产生一定的影响。占原材料比例较大的白板纸、白卡纸、瓦楞纸、双胶纸以及铜版纸等原纸制品2016年前三季度价格较为稳定，而自2016年第四季度开始大幅上涨，在一定程度上降低了纸质印刷包装行业的利润水平。随着我国纸质印刷包装行业整体技术水平的不断提升、经营模式的转变以及行业集中度的日益提升，中国纸质印刷包装行业将逐步进入稳定有序的良性发展时期，行业的整体利润水平将日趋稳定。

盛通股份2016年收购乐博教育，开始了横向扩张的并购之路，也打开了投资教育行业的大门。教育服务业发展势头良好，为盛通股份带来了一定的利润。盛通股份立足于综合出版印刷业务，全面推进云印刷，技术的革新为盛通股份带来了新一轮的利润增长空间，同时盛通股份向教育服务行业延伸，依托出版文化领域的行业地位、客户基础和核心资源，充分利用资本工具,利用并购、投资、合资经营等方式与优秀合作伙伴和创业团队精诚合作，增加不同教育品类，不断壮大公司教育产业布局。盛通股份教育培训服务业务也为出版综合服务业务带来了更多、更优质的客户资源。目前，新东方、好未来、粉笔等多家大型教育公司都已成为盛通的客户。随着在线教育的发展，其对于印品和纸张的需求也日益旺盛，直接带动了公司出版综合服务业务的持续发展。现阶段盛通股份两部分业务优势互补，将在发展战略、品牌宣传、技术开发、销售渠道资源等方面实现协同互利发展。盛通将坚持业务的相关多元化布局和发展，公司将发展战略确定为依托在出版文化领域的行业地位、客户基础和核心资源，打造"教育+出版"的文化综合服务生态圈。

2.6 产品与市场开发

2016年以前，盛通印刷产品主要分为云印刷、包装印刷、出版物印刷、商业印刷、印刷物资五大类。2017年以后，盛通印刷产品主要分为出版综合服务、教育培训两大类。主要原因是盛通印刷改进现有生产技术，实施云印刷项目，产品开始走向数字化，且市场消费者的需求日益多样化，单一的印刷服务已经不能满足他们的需要，盛通股份依托互联网技术推进云印刷，在线下单、打印，进行出版综合服务，排版、印刷、装订一体化，云印刷通过网络平台聚合大量订单、利用合版印刷技术、物流配送体系解决了印刷企业和个性化客户需求之间的矛盾，通过互联网大幅度提高了行业运营效率、降低成本，为客户提供快速便捷的服务，迅速吸引了一批消费者。盛通股份不满足于现有印刷市场规模，开始进行市场开发，转型教育培训市场，2016年先后收购乐博教育、芥末堆、编程猫等教育公司，给公司带来了巨额商誉和利润，教育培训行业有着巨大的利润市场，盛通股份紧紧依靠国家政策和独特的投资战略，迅速在教育市场占有一席之地，而同时综合出版服务也保持着稳定增长。

2.7 资本运营与并购

盛通股份投身教育培训行业，2015年参股教育出版，并于当年12月设立5.5亿元产业并购基金，2016年4月全资并购机器人教育领军企业乐博教育。分析其并购动因，主要有以下几点。

推动企业转型，谋求新利润点，分散风险。目前阶段，学术界一般将产业的生命周期划分为"投入—成长—成熟—衰退"四个不同阶段，由于世界上的资源是有限的，无法达到社会平均资本收益率的企业终将被其他企业代替，若企业不想由于衰退而退出市场就必须谋划转型。目前印刷业在绿色印刷、清洁生产以及降低碳排放等环保标准成为常态化要求和产能过剩的双重严峻环境下，洗牌加速以及快速出清将会是行业发展重要特征，行业集中度将进一步提升，规模型企业可能会拥有更大的发展空间和优势，但前景并不明朗。虽然盛通股份是该行业中的龙头企业，倘若其不追求转型，追求新的盈利点，很容易被市场所淘汰。进行企业的转型，追求新的盈利点一般而言有两种方式，一种模式为自身发展扩大规模，在新行业建立公司进行发展，但其可能由于资金回收期长，以及后期行业经验不足、管理水平不匹配等导致企业主业也被拖垮；另一种模式即是通过并购的方式实现转型，从 2015 年开始，盛通股份便在追求业务转型。其于 2015 年便通过参股教育出版，同时以设立产业并购基金等方式追求未来的转型。从企业自身的能力上来说，盛通股份已经是比较成熟的企业，具有相对雄厚的资金实力以及其他经验，通过并购实现转型自然是更好的选择。

政府鼓励产业融合升级。首先，我国十分重视文化产业的整合升级，2013 年中共十八届三中全会明确了文化企业的整合方向，提高文化产业的水平以满足人们对美好生活的需求。"十三五"文化产业规划中提出要促进文化资源与文化产业有机融合。其次，教育业作为文化事业中的重要一环也开始进入人们的视线，随着《社会力量办学条例》的废除，2003 年我国《民办教育促进法》以及后期一系列法律法规的修订，社会力量进入教育业的门槛逐渐降低。同时国家发展教育事业"十三五"规划中，鼓励社会力量进入教育领域，促进教育业市场化、民营化、信息化。由此，资本市场开始有机会进入教育板块。而盛通股份作为大文化行业中的一员、出版印刷界的龙头企业，自然响应国家号召，与文化行业中教育业的一员——乐博教育进行融合，进行产业升级转型。集中可能会进一步增加盛通在印刷业的市场份额，但作为传统企业，目前对于环境保护的要求越发严格，利润空间被压缩，未来形势也不容乐观，一旦出现印刷业行业风险，盛通股份将面临重大危机。因此，盛通根据风险分散的原理，将主要业务扩展到未来发展空间良好并且自身具有转型先发优势的行业中，便是在最小化并购风险的基础之上分散公司经营风险。

从全资收购乐博教育到战略投资编程猫，作为跨界投资素质教育的代表企业之一，盛通比较倾向于在某一细分赛道上进行战略布局。此外，盛通注重投资品牌之间的资源互补，双方能在课程和渠道方面互相借力，进一步拓展市场。

3 公司财务分析

3.1 财务能力分析

3.1.1 偿债能力分析

从图 2-6 可知，公司的流动比率、速动比率整体呈现相同的上升趋势。产权比率在 2016 年达到高值，是因为当年收购乐博教育进行了借款，使得负债增长。从 2015～2019 年流动比率变化趋势来看，盛通股份没有过多的存货积压，或者持有太多现金等经营问题，同时，盛通股份对于流动负债偿还能力较强。当然，我们也发现这五年的速动比率呈上升趋势，速动比率过高会导致流动资产中出现存货，存货可能由于积压过久等原因无法变现或者变现价值远远低于账面价值，待摊费用一般不会产生现金流入。速动比率越高，表明企业未来的偿债能力越有保证。但是速动比率过高，说明企业拥有过多的货币性资产，从而有可能表明企业资金的运用效率不高，该指标值一般为 1 比较合适。从图 2-6 中可以看到，盛通股份从 2018 年开始速动比率就大于 1，说明企业有足够的能力偿还短期债务，但同时也说明企业不能获利的现款和应收账款适中，公司的部分闲置资金得到了充分使用。综上所述，盛通股份这五年短期偿债能力较强，负债较少，与同行业对比来看，长期偿债能力较强，风险较小。为了进一步提高盛通股份的速动比率，加强盛通股份的偿债能力，盛通股份应加强企业的管理，在企业自身能承受风险的范围内，提高闲置资金的利用率，将闲置资金分散放在风险较小、利率较高的项目中。

从 2016 年开始盛通股份积极进行企业并购，加大对教育行业的投入，加之大众对教育服务的需求不断扩大，因而有广泛的盈利空间。对于一家企业来说，一般的资产负债率是在 40%～60%，最好是 45%，但不同行业有不同行业的特点，因而它不是那么绝对的，但对于盛通股份来说，2019 年 34% 的资产负债率虽然使企业的风险降低，但盛通股份没有充分利用负债，没有让财务杠杆发挥最大的作用，而且可能会影响企业的融资和投资能力以及企业未来的发展。因而，盛通股份要尽可能地使负债发挥最大作用，才能使企业的所有者权益达到最大化。

图 2-6　2015～2019 年盛通股份偿债能力分析

（数据来源：根据盛通股份 2015～2019 年年报整理）

3.1.2　营运能力分析

由图 2-7 可知，2018～2019 年盛通股份应收账款周转率数据的变化说明这一时期存货的周转速度降低，存货资产变现的能力也有了一定程度的下降。虽然五年间盛通股份总资产的周转率一直在缓慢上升，但总资产周转率小于 1，说明盛通股份的资金周转速度较慢，销售能力较弱，资金的利用效率不高。综上所述，盛通股份的资金周转率出现了缓慢增长甚至下降的趋势，资金的利用效率也出现了降低的现象，在一定程度上也说明了盛通股份在提升本公司销售能力上还有巨大的潜力与空间，可以通过薄利多销的方法，加速资产的周转，带来利润绝对额的增加。

图 2-7　2015～2019 年盛通股份营运能力分析

（数据来源：根据盛通股份 2015～2019 年年报整理）

盛通股份存货周转率的变化，原因是该企业在 2018～2019 年生产及销售能力上升，导致存货周转率出现了一定程度的降低。同时，我们发现 2018～2019 年应收账款周转率出现下降的趋势，是因为近年来盛通股份资产规模快速扩大，收购其他公司花费了盛通股份一部分现金，而募集资金的投入需要一定的时间，导致净资产收率下降。随着公司经营规模的扩大，同时受到备货周期因素影响，存货周期增长，导致存货周转率有所下降，应收账款变现能力减弱，这也进一步证明了盛通股份实行宽松的销售政策，对此我们需要更加关注盛通股份的坏账准备，全面综合地看待该公司的业绩。

对于盛通股份来说，提高企业的运营能力，需要提升企业的核心技术水平并提高企业的竞争力，加大培养企业的高新技术人才，为企业未来可持续发展提供必要的条件，增强企业的创新能力。盛通股份 2019 年研发费用为 2601.75 万元，比 2018 年增加了 27.72%，说明盛通股份已经开始关注并且注重提高自身核心技术的研发，同时，盛通股份更应关注国家的方针政策，加大对科技创新项目的投入。

3.1.3　盈利能力分析

如图 2-8 所示，在 2015～2019 年，盛通股份盈利能力稳中求升，保持较好企业盈利能力。但毛利率在这几年中先升后降，而且下降比率低于上升比率，原因是盛通股份在 2018 年时也许出现了采购成本的上升，或者效率降低等问题，但是由于它下降的幅度很小，波动不大，该现象在高速经济发展时代比较常见。2019 年毛利率显著增加到 23.18%，说明盛通股份经营良好，有着较高的市场竞争力。这五年间盛通股份净资产收益率稳步上升，与盛通股份的战略布局有着密切联系，盛通股份作为国内第一家出版综合服务上市公司，在保持原印刷业务的情况下，积极开拓市场，跨界进军教育行业，自 2016 年以来，盛通股份不断通过并购来扩大自身产业链，实现公司利润的增长。

从盛通股份业务构成中可以看出，盛通股份并购乐博教育之前，印刷业的毛利率已经开始出现下滑，而并购之后，营业收入出现了大幅度的上升，同时由于教育业的毛利率远远大于印刷业的毛利率，其利润出现增长，拥有一个新的利润点。同时从教育业收入与总收入对比可以看出，自从并购教育业后，营业收入中均有超过 10% 的收入来自教育培训，说明盛通教育不仅仅把乐博教育作为一种利润点，更是未来企业转型的方向。

图 2-8　2015～2019 年盛通股份盈利能力指标变化趋势

（数据来源：根据盛通股份 2015～2019 年年报整理）

3.1.4　成长能力分析

图 2-9　2015～2019 年盛通股份成长能力分析

（数据来源：根据盛通股份 2015～2019 年年报整理）

从数据分析法的角度来看，如图 2-9 所示，盛通股份营业收入增长率的变化说明从 2015 年开始盛通股份更加关注营业收入。需要特别注意的是，2017～2018 年出现了大幅度的下降趋势，说明当时盛通股份在原有的主营业务方向有所放缓，企业减弱了培养客户发展的能力以及在一定程度上降低了市场开拓力。近几年总资产增长率出现了先上升后下降的趋势，对于一家企业来说，总资产增长率应当保持在一个稳定的水平下，但研究盛通股份的数据发现该企业的成长力出现了一定程度的减弱，而且盛通股份的未来发展能力有下降的趋势。

2017年，盛通股份营业收入增长率较上年同期上升46.12%，上升比率如此之高主要在于两个方面：一是与上一年度相比，环保政策引发"供给侧结构性改革"，低端出版印刷产能不断出清，出版服务行业集中度提升，盛通股份作为出版印刷龙头企业受益于市场竞争格局的改善。盛通股份2017年全面推行"出版服务云平台"项目，适应图书产品多品种、小批量、个性化的趋势，提升服务能力，也带动了出版业务的增长。同时，盛通股份通过不断优化产能布局和运行效率，提升出版业务盈利能力。二是盛通股份2016年收购乐博教育，2017年乐博为盛通股份实现营收。但到2018～2019年，盛通股份营业收入增长率很低，说明本行业竞争激烈，盛通股份竞争能力不足，发展能力出现减弱的倾向。

从2015～2019年盛通股份成长能力数据来看，该企业已经明显出现了发展能力减弱的趋势，盛通股份原有的主营业务明显放缓，降低了市场开拓力。对此，盛通股份在不断研究高新技术的同时，应积极探索独特的、具有创新精神而且符合国家发展方针的优质产品。当然，从实际来说，盛通股份需要在加强核心创新能力基础上，外延发展各种高新技术产品，为企业的发展开辟新的营销方向，形成企业新的经济增长点。

3.2 杜邦分析

根据杜邦财务分析体系，运用连环替代法，分析盛通股份2019年的销售净利率、总资产周转率和权益乘数变动对净资产收益率的影响（盛通股份各相关指标数据见表2-1），据此分析公司通过何种途径来提高其净资产收益率。

表2-1 2019年及基期盛通股份各相关指标数据

	销售净利率	总资产周转率	权益乘数	净资产收益率
基期	6.73%	0.77	1.54	7.98%
分析期	7.24%	0.77	1.51	8.42%

（数据来源：根据盛通股份2019年年报整理）

连环替代：净资产收益率 = 销售净利率 × 总资产周转率 × 权益乘数
分析对象：8.42%-7.98%=0.44%
替代：
第一次替代销售净利率：7.24% × 0.77 × 1.54=8.59%
第二次替代总资产周转率：7.24% × 0.77 × 1.54=8.59%
第三次替代权益乘数：7.24% × 0.77 × 1.51=8.42%
分析：
销售净利率发生变动对净资产收益率的影响：8.59%-7.98%=0.61%
总资产周转率发生变动对净资产收益率的影响：8.59%-8.59%=0
权益乘数发生变动对净资产收益率的影响：8.42%-8.59%=-0.17%
检验分析结果：0.61%+0-0.17%=0.44%

总体分析：该公司的销售净利率、权益乘数较基期都有增加，总资产周转率有所减少，三者合计使净资产收益率增加了 0.44%。

根据杜邦财务分析体系，以同行业东风股份为依据，对盛通股份的 2019 年综合财务能力进行比较分析（公司及同行业东风股份各相关指标数据见表 2-2），据此分析公司是否充分利用了行业特点来提高其净资产收益率。

表 2-2　2019 年公司及同行业东风股份各相关指标数据

	销售净利率	总资产周转率	权益乘数	净资产收益率
公司值	7.24%	0.77	1.51	8.42%
同业值	12.98%	0.53	1.44	9.91%

（数据来源：根据盛通股份、东风股份 2019 年年报整理）

连环替代：净资产收益率 = 销售净利率 × 总资产周转率 × 权益乘数
分析对象：9.91%-8.42%= 1.49%
替代：
第一次替代销售净利率：12.98% × 0.77 × 1.51=15.09%
第二次替代总资产周转率：12.98% × 0.53 × 1.51=10.39%
第三次替代权益乘数：12.98% × 0.53 × 1.44=9.91%
分析：
销售净利率发生变动对净资产收益率的影响：15.09%-8.42%=6.67%
总资产周转率发生变动对净资产收益率的影响：10.39%-15.09%=-4.7%

权益乘数发生变动对净资产收益率的影响：9.91%-10.39%=-0.48%

检验分析结果：6.67%-4.7%-0.48%=1.49%

总体分析：盛通股份的总资产周转率和权益乘数大于同行业平均值，但销售净利率小于同行业平均值，可见盛通股份的盈利能力需要提高；相互作用下该公司的净资产收益率低于同行业平均值1.49%。盛通股份虽然营业收入增加，但利润增长空间不大，说明营业成本随营业收入的增加而增加，盛通股份应提高公司资源使用效率，加大数字化绿色出版印刷，顺应市场需求，进一步扩大教育服务业比重，提高销售净利率。权益乘数较同行业平均值低，说明盛通股份负资产使用效率较高，销售能力较强。

3.3 风险与建议

3.3.1 风险

宏观经济波动风险。国内新冠肺炎疫情尚未完全结束，社会经济发展面临着诸多不确定因素，其对公司业务造成了一定程度的冲击，给公司的业务发展带来较大的不确定性。

原材料价格波动的风险。原材料成本在公司的成本构成中占有较大比例，原材料价格的波动对公司经营稳定有较大影响。

出版服务行业市场竞争风险。出版物综合服务市场行业相对比较分散，行业壁垒较低，行业内部竞争激烈。

3.3.2 建议

积极应对疫情的影响，加强客户沟通，提质增效，积极把握好疫情下的市场需求，大力推行OMO平台运营模式的落地，最大限度减少疫情对公司经营发展带来的影响。

为了应对原材料价格波动的影响，公司应不断进行规模化集中采购，同时在备料过程中紧盯主要材料供应商的产能利用及客户需求端市场的变化，建立与客户在重要产品上的长期稳定合作，保持价格在一定周期内的稳定性。首先，强化产品销售定价和成本控制，加大研发投入；其次，加强公司的采购管理，提高成本转移的能力；最后，加快生产周期、销售和物流周期的管理，提高公司的运营效率。

为应对市场的竞争，公司通过持续加大出版服务平台建设以及标准化产品运营，不断提升自动化生产在生产过程中的应用，加强智能化、信息化技术在运营过程中的使用，用科技创新手段构建核心竞争力，持续提升服务能力及运营效率。

3.4 结论

综上所述，盛通股份资金周转速度变慢，偿债能力变弱，营运能力逐年下降，创造效益能力下降，综合出版服务已达到成熟水平，其虽然为盛通股份带来一定的利润和市场，但是盛通在此行业投入较多，机器设备、研发投入、劳动力成本这些较高的成本抑制了利润的增长。盛通股份及时转型，跨界教育培训，教育培训有着特有的政策支持、广阔的市场、较高的利润，盛通股份在出版综合服务方面已经处于行业领先地位，但是成本依然占据较高比重；教育培训业务近年来不断扩大规模，利润率高，给盛通股份的转型带来了良好机遇。虽然盛通股份于2017年才开始教育培训业务，但是较高的毛利率依然给盛通股份带来了巨额利润。盛通股份利用现有出版印刷优势，试图打造"出版＋教育"的生态圈。

第三篇 合兴包装经营与财务分析

1 公司简介

合兴包装，全称厦门合兴包装印刷股份有限公司，创建于1993年5月，现拥有61家全资子公司或控股子公司。公司主营业务是中高档瓦楞纸箱、纸板及缓冲包装材料的研发与设计、生产、销售及服务。公司主要产品为纸箱、纸板、缓冲包装材料。公司在纸箱包装行业已经有多年的发展历史，依靠内生性增长和外延式扩张相结合的方式，公司生产规模迅速发展壮大，目前已拥有近50个生产基地，生产规模位居国内同行业前列。

2 公司发展历程

合兴包装发展历程如表3-1所示。

表 3-1 合兴包装发展历程

时间	重要事件
1993～2001年	厦门合兴包装印刷有限公司注册成立 厦门合兴包装印刷有限公司正式投产 厦门新厂区建成并投入使用

续表

时间	重要事件
2006~2008年	福建长信纸业有限公司、南京合兴包装印刷有限公司、湖北合兴包装印刷有限公司相继注册成立投产，公司开始异地建厂，跨区域经营 2007年1月公司完成股份改制工作，公司整体变更为"厦门合兴包装印刷股份有限公司"。同年，成都合兴包装印刷有限公司成立，子公司增至6家 2008年5月8日合兴包装A股在深圳证券交易所成功上市，成为厦门地区时隔六年后又一家上市公司，也是厦门地区率先在深圳证券交易所中小板上市的公司。同年，公司的子公司数量由上市前的6家迅速增至14家
2009~2011年	上市次年，公司即启动再融资，开始筹备非公开发行股票。同年，公司继续对外扩张，子公司增至20家 2010年4月公司非公开发行A股票的申请获中国证监会发审委审核通过，公司实现上市后首次再融资。同年，公司的子公司增至23家 公司收购爱尔德斯（厦门）塑胶有限公司剩余30%股权，并在滁州等地区设立子公司，子公司增至27家
2012~2015年	2012年7月公司发行公司债券的申请获中国证监会发审委审核通过。公司的子公司增至32家，基本实现全国布局 公司2015年营业收入28亿元，市场占比2%，成为瓦楞纸箱行业的龙头企业
2016~2020年	2016年公司推出两个新项目——IPS（智能包装集成服务）和PSCP（包装产业供应链云平台）。将客户产品包装全过程整合，给客户提供"一站式"各种需要的包装物及服务，并使成本、质量、时间满足客户的需求 2020年与美国惠普公司就开拓中国数字包装印刷技术市场签署了战略合作协议

（资料来源：公司年报，公司官网）

整个包装行业规模大约有2400多亿元，其中瓦楞纸箱属于细分行业，市场规模为400亿元左右，行业门槛低，区域性强，有众多小微企业甚至家庭作坊参与，市场竞争激烈。而公司2015年营业收入28亿元，市场占比2%，已成为瓦楞纸箱的行业龙头企业，可见该行业的市场集中度不高。针对行业市场大而门槛低、地域性强等特性，公司决心进行战略转型，加快行业的整合。

2016年，公司提出"百亿制造、千亿服务"的发展战略，同年5月上市"千亿服务"主打平台"联合包装网"。2016年公司推出两个新项目——IPS[①]（智

---

① IPS指Intelligent Packaging Service，即智能包装集成服务，是通过智能包装设备完成客户在产品包装环节的自动化包装；通过智能包装技术打通客户产品从生产制造、包装、仓储、物流、用户之间的联结；通过包装集成服务实现客户在所有包材的设计、生产、采购、运输、管理、质量等方面的一体化服务。

能包装集成服务）和 PSCP①（包装产业供应链云平台）。IPS 项目，相当于企业包装部门生产外包，对客户导入自动化生产线，降低人员成本，统一采购各类包装耗材，降低损耗和采购成本。目前公司已成功推进两个项目——好孩子和泰普森，项目推进有一定难度，但是一旦推动合作签约，则可以深度捆绑客户，形成独家供应商。而 PSCP 项目，通过线下认证各类包装企业，可解决众多中小微包装企业的各类痛点，如原材料议价能力、客户服务问题、电子化跟单问题等，实现线上互联网可视化，数据资源共享。PSCP 项目于 2016 年 1月在平台正式运营，已有 100 多家合作厂商入驻平台。同时解决了公司在推进IPS 项目时，需要寻求其他包装材料的优质供应商的问题（具体见表 3-1）。

根据公司 2018 年年报数据显示，2018 年公司包装制造业务实现营业收入93.3 亿元，接近达成百亿目标。公司包装产业供应链云平台（PSCP）目前正处于高速放量起始阶段。由于纸包装行业高度分散，行业下游有较多规模不大、对包装环节付费意愿不强的企业，同时上游有诸多规模分散的材料供应商受制于信息获取渠道而无法及时获取订单。PSCP 旨在深化与包装上下游产业链合作，满足客户多元化的需求，抓住供应商业态痛点，实现线上集群效应的价值变现。

制造与服务一体，提升产业链集群效应与附加值。合兴包装的联合包装网共有五大模块，分别是着力订单整合与分配的订单宝、实现产能整合与共享的创客通、加速产能扩张与品牌力打造的创业通、成本控制与库存管理导向的集采通和客户资源共享型的优财通。联合包装网旗下产品有助于公司跨越地域和产能限制，通过包装互联网模式实现虚拟产能扩张，提升产业链集群效应的同时，为客户与合作伙伴提升服务附加值。

目前合兴包装公司的客户分布在众多领域，如家电、IT、食品饮料、日化、医药等。公司主要客户有格力、美的、英博百威、青岛啤酒、海尔、伊利、联合利华等，此外公司还拥有电商及快递类客户如京东、唯品会、当当、顺丰等。2020 年与美国惠普公司就开拓中国数字包装印刷技术市场签署了战略合作协议。根据协议约定，公司在未来 5 年内将作为惠普公司在中国大陆的喷墨预印瓦楞纸包装的独家供应商，助力惠普数字印刷技术在中国大陆市场的应用拓展。

---

① PSCP 指 Packaging Supply Chain Platform，即包装产业链云平台，立足于包装行业的 B2B服务，以互联网为技术基础，以产业链管理为纽带，为包装企业和客户提供订单管理、物流管理、风险控制、资金管理的资源整合及共享平台。

3 公司业务核心及经营模式

3.1 公司主要业务、产品及用途

公司主要从事中高档瓦楞纸箱、纸板及缓冲包装材料的研发与设计、生产、销售及服务，是一家集包装制品设计、制造、服务为一体的大型综合性包装企业。公司的瓦楞纸箱以其优越的使用性能和良好的加工性能，逐渐取代了传统的木箱等运输包装容器，成为现代包装运输的主要载体。公司的产品依靠卓越的质量水平及先进的工业设计理念，不仅实现保护商品、便于仓储、装卸运输的功能，还起到美化商品、宣传商品的作用，同时能够减少损耗及包装空间，属于绿色环保产品。公司在纸包装行业深耕多年，目前在全国拥有5个大区共30个生产基地，生产规模位居国内行业前列，公司将继续从制造环节到上下游产业链延伸等多维度协同推进，不断提升公司实力。

按照合兴包装的规划，"包装制造行业"的目标是，在原有业务基础上，通过并购扩张，达到百亿量级的制造规模。"产业链服务"板块，则希望以客户价值挖掘为手段，进行包装产业链整合，达到"千亿服务"的目标。联合包装网基本的运作逻辑与一些印刷电商颇为类似：通过聚合包装订单与产能，连接客户、包装企业及原辅材料供应商，形成产业生态，其自身扮演的则是交易与服务平台的角色。

表 3-2 2016～2019 年合兴包装前五大客户收入占比

客户排序	2016 年	2017 年	2018 年	2019 年
第一名	9.94%	6.92%	4.27%	4.02%
第二名	8.04%	6.69%	4.21%	3.62%
第三名	5.41%	4.70%	3.90%	3.12%
第四名	4.06%	3.85%	2.20%	2.13%
第五名	3.54%	2.92%	2.04%	2.08%

（数据来源：公司年报，同花顺数据）

合兴包装在"集团化、大客户"的蓝海战略下，逐渐形成品牌效应，存量

客户与增量客户共同推动收入增长。根据公司年报显示，合兴包装已积累了海尔、美的、格力、海信、宝洁、蓝月亮、立白、HP、富士康、戴尔等知名企业客户，随着客户规模的扩张，公司凭借生产管理方面的优势，快速配合客户的发展布局进行业务扩张，与客户协同发展。另外，近年来国内环保政策收紧、原材料成本上升，包装行业资源整合加剧，小微企业迫于成本压力纷纷退出，行业龙头效应带来的规模优势与议价能力更加明显，包装行业下游企业更愿意转而选择与稳定的大厂合作，同时合兴包装利用智能包装、供应链云平台等一系列创新业务，赢得了新客户青睐。由表3-2可以看出，2016年到2019年前五大客户收入占比的变化情况，随着公司规模不断扩大、业务结构的不断完善，客户集中度逐年下降，有利于降低对大客户的依赖程度。

3.2 公司的主要经营模式

3.2.1 采购模式

公司采取"统分结合"的采购模式，在母公司设立采购中心，负责大宗原料和设备采购的定价和管理。对于供应商的选择，采购中心根据公司的产品材料需求及供应商发出的供货意向对备选供应商进行综合评价、材料测试，确定几家核心供应商，一是为了保证货源充足，质量稳定；二是降低采购成本。对于金额较大（或需求较多）的大宗原料和设备，主要由采购中心负责采购的集中谈判、定价和管理。同时，公司在业内率先与主要供应商均签署了"供应保障"条款，确保供应商按时交货，提升了公司运营资金使用效率。

3.2.2 生产模式

公司采用"标准化工厂"的生产模式，已建立一整套标准化的生产流程，包括厂房、生产线、机器设备、仓库的设计和布局以及员工的生产技能培训设计方案，使公司可以在最短的时间内实现布点、建设、投产和生产。"标准化工厂"除有利于快速复制外，也有利于人员培训和总部对工厂管理的指导。通过标准化管理，各项生产和管理指标在横向及纵向上进行对比，不断提升标准化水平。

3.2.3 销售模式

公司销售采取"产品直销、以销定产"的销售模式，同时根据"合格供应商"评审制度，制定了专业、规范的客户开发流程，具体流程如图3-1所示。

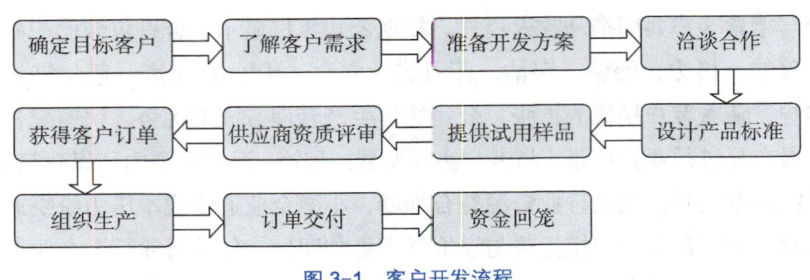

```
确定目标客户 → 了解客户需求 → 准备开发方案 → 洽谈合作
                                                    ↓
获得客户订单 ← 供应商资质评审 ← 提供试用样品 ← 设计产品标准
    ↓
组织生产 → 订单交付 → 资金回笼
```

图 3-1　客户开发流程

公司以"交货及时、品质保障"为基本准则,持续研究客户对于包装的需求,提供有附加值的包装物流设计服务,通过 VMI[①] 模式和 CPS[②] 模式的综合运用,使得公司与客户结为相互依赖的伙伴关系。同时在母公司设立供应链管理中心,负责统一公司的销售制度、营销策略、人员考核、市场开拓,以加强公司对"集团化、大客户"的服务。

3.2.4　产业链运营模式

公司通过产业链运营整合各地客户资源,利用"合兴"品牌影响力获取订单,并与部分优质的合作伙伴共同设立合资公司;各地包装材料供应伙伴企业在产业链平台发布产能信息,在公司未开设工厂的业务区域或需求旺季产能不足时,将订单分包给其他包材供应商,实现整合各地产能;利用原纸集中采购价格低、信用期长的优势,通过产业链平台获取中小型包材供应商的原纸需求订单,进一步增强自身采购优势,一方面获取贸易差价,另一方面降低自身采购成本。

4　公司核心竞争力

4.1　管理优势

4.1.1　标准化工厂的建设管理优势

公司经过多年的标准化生产经营,结合自身的情况形成一套标准化的建厂

---

① VMI 指 Vendor Managed Inventory,是一种以用户和供应商双方都获得最低成本为目的,在一个共同的协议下由供应商管理库存,并不断监督协议执行情况和修正协议内容,使库存管理得到持续的改进的合作性策略。
② CPS 指 Comprehensive Packaging Solutions,即整体包装解决方案。

及生产流程,对于瓦楞纸箱生产中厂房、生产线、机器设备、仓库的设计和布局,工人的安排及生产都进行量化和标准化,形成较强的可复制性的标准化工厂建设流程,从而减少新建工厂和安装生产线的时间,使得公司运营成本降至最低。当公司挖掘到新的市场热点区域并作出建厂决策后,可以利用成熟的业务流程在短时间内作出具体、完整的操作方案,以低成本和高质量地完成投产、生产、销售整个过程,使得公司更快地切入新的市场区域中,迅速占领市场。

4.1.2 集团化、精细化管理优势

随着公司规模不断扩大,公司已形成集团化、精细化管理模式。公司借助现代化的网络系统,根据实际情况和运营特征,自行开发设计了符合企业经营管理的系统集成,将原料采购、生产组织、销售开发、客户关系、人事行政、财务统筹以及物流配送按照模块化的原则集中在统一的ERP系统平台。同时,公司建立了KPI指标管理体系,对各子公司的财务数据、生产统计数据(产品合格率、原纸消耗、主要生产辅料淀粉/油墨消耗、燃料蒸汽消耗、水电消耗)等相关关键数据进行收集、整理、对比、分析,比照同行业的水平,将生产过程中影响成本的数据进行量化,能随时监控各项运行指标的变化情况,出现异常情况能迅速处理。通过集团化、精细化的管理模式,公司实现了子公司经营的"高效"和规模化发展的"集约"有机结合。

4.2 品牌优势

十多年来公司专注于瓦楞纸包装行业发展,已经建立起能够满足客户对于质量、环保、安全的包装需求的品牌,"合兴"的品牌效应在公司与其他企业的竞争过程中已成为重要的优势之一。特别是在"集团化、大客户"的蓝海战略下,公司已积累了海尔、美的、格力、海信、宝洁、蓝月亮、立白、HP、富士康、戴尔、冠捷、联想、小米、飞利浦、伊利、蒙牛、雀巢、银鹭、康师傅、达利、旺旺、百威、英博、青岛啤酒、华润、京东商城、当当网、唯品会、顺丰、菜鸟物流等知名企业客户,随着上述客户规模的扩张,公司凭借可复制的业务模式及整体解决方案的服务模式,能够快速配合客户的发展布局进行业务扩张,与客户协同发展。

4.3 技术、创新优势

4.3.1 技术优势

在多年的经营中，公司一直重视研发的投入，在瓦楞包装方面具有较强的技术和研发实力。公司研发创新中心建立了包装技术创新中心和柔印技术创新中心，其中，包装技术创新中心的包装安全检测实验室通过了 ISTA（国际安全运输协会）实验室认证。国际安全运输协会是包装行业最权威的认证机构，通过该实验室认证出具的报告具有国际通用性。同时，公司是 8 项瓦楞行业的国家标准修订的主要起草单位，也突出了公司在技术研发上的优势。

4.3.2 创新优势

公司的创新优势主要是业务模式不断创新。虽然公司最终产品是以瓦楞纸箱等形式提供，但是凭借多年积累的行业经验，几年前公司就实现了从产品导向到服务导向的业务升级。无论是公司刚开始提出的 CPS 模式，还是近年提出的 IPS 模式，都是将包装服务的理念贯穿到经营的每一环节，以包装服务作为切入点了解客户的需求痛点，进行生产工艺改进，持续为客户解决包装难题。业务模式的不断创新不仅使得公司能保持自己独特的竞争优势，得到客户认同并实现公司的经济效益，同时能为客户提供更高的价值，提高了客户的满意度，加强了客户的忠诚度和依赖度。

4.4 人才优势

公司专注于纸箱包装行业 20 多年，从原有的 4 家工厂，发展到现在在全国拥有近 50 家生产基地，在公司经营规模从小到大的发展过程中，公司各级人员不断吸收和积累经验，逐步形成了具有自身特色的经营理念、管理体系，并积累了一批专业技术和管理人才，为公司未来发展提供了坚实的基础。

4.5 规模优势

公司在纸箱包装行业已经有多年的发展历史，依靠内生性增长和外延式扩张相结合的方式，公司生产规模迅速发展壮大，目前已拥有近 50 个生产基地，生产规模位居国内同行业前列。

公司规模上的优势大大提高了公司抵御风险的能力。首先，规模优势提高了公司在原纸等材料采购中的议价能力，有利于控制和降低生产成本；其次，规模优势使公司研发、采购、生产、销售以及服务等各个环节协同效应高，在快速满足客户需求上具有明显优势；最后，规模优势使得公司能够对大客户新投产的地区进行快速服务，与集团化大客户共生形成网络效应，构建经营壁垒，增强了下属各子公司区域化的竞争力。

5 公司发展战略

5.1 战略布局

5.1.1 并购整合成功，综合实力提升

2018年，公司收购的合众创亚项目，无论是从客户结构还是内部生产协同方面来看，对于公司综合实力均有明显提升。从生产布局的角度看，合众创亚项目包含的18家子公司，增强了公司在长三角地区、西部地区、京津冀地区的供应能力，弥补了公司辽沈、呼和浩特等区域的产能空白。此外，公司在东南亚的4家工厂为公司满足东南亚新兴市场的发展提前布局。从服务客户的角度看，合众创亚工厂涉及的客户与公司原有客户存在差异，合众创亚项目的并入丰富了公司的客户结构，公司服务的客户更为全面，服务的综合水平显著提高。

需求创造价值，合作成就共赢。2018年，国内外经济环境相对趋紧，国际形势变化对以出口业务为主的生产加工企业产生影响，与此同时，国家坚定推动产业升级，人民生活水平提升，新的经济环境对瓦楞纸箱包装行业提出了新的考验。作为传统的绿色环保包装行业，瓦楞纸箱包装运用广泛，国内年产值超3000亿元人民币，然而与国外行业集中度较高的情况不同（欧美、大洋洲等地多为行业前5名占市场份额80%以上），该行业在国内集中度一直较低。公司2018年实现销售121亿元，仅占市场份额约3%。在经济环境变化、产业升级的推动下，瓦楞纸箱行业存在整合、提升的必要性和可能性。

5.1.2 融资渠道产品多元化，资产管控结构合理化

公司积极建立多层次多渠道融资方式，一方面，积极申报公开市场发行可转债；另一方面，在中国银行间市场交易商协会申请并注册发行超短期融资券。与此同时，公司与银行等金融机构保持良好的沟通，在稳健的财务政策之下，

严格管控资产结构、质量，结合产业链发展模式，结合国家新的产业政策、金融政策，积极探讨新型的产业链金融合作模式。目前，融资渠道较为通畅，并能够较好地服务产业链发展。

5.1.3 重视信息披露质量，加强投资者关系管理

公司通过构建公平透明的信息披露机制，做好投资者信息传递和沟通交流，维护健康良好的投资者关系。主动通过多渠道与投资者进行交流互动，认真对待投资者提问。报告期内，公司接待机构投资者调研 19 场，对于投资者在深圳证券交易所互动平台的提问进行及时有效的回复，回复率 100%，与投资者保持良好沟通；最近五年，公司均获得深圳证券交易所信息披露考评 A 级。同时，公司高度重视股东回报，继续实施年度现金分红政策，保障全体股东的利益。

5.1.4 可转债顺利发行，产能持续扩张

公司于 2019 年 6 月获得中国证监会关于公司公开发行可转债的核准批文，并于 2019 年 8 月向社会公开发行面值总额为 59,575 万元的可转换公司债券。本次公开发行可转债募集资金将用于环保包装工业 4.0 智能工厂项目和青岛合兴包装有限公司纸箱生产建设项目。这两大项目建成后，公司能够扩大纸箱产品生产产能，提升产品层级，进一步满足客户的需求；同时，公司根据发展需要在战略布局区域建设智能工厂，实现公司生产流程升级，提高生产效率，降低生产成本，为公司利润增长贡献新的增长点。

5.1.5 内生外延同步驱动，全面实现公司战略升级

公司收购合众创亚项目后，填补了公司地缘空白产能区，丰富了公司的客户结构。该项目在报告期内整合情况良好，在扩大公司经营规模和增加产能的同时，将合众创亚的研发、采购、生产、销售、服务以及财务等方面皆纳入公司统一管理体系，有效提高了经营效率，释放了盈利能力，实现了协同效应。

公司制定了打造"百亿制造、千亿服务的包装产业资源整合及共享平台"的战略目标，公司作为瓦楞纸包装行业的龙头企业，在战略规划及客观情况下，积极探索产业链整合模式，营造了开放的产业合作平台，合作产品推陈出新，合作伙伴与日俱增，包装联合网产业生态初见规模。2019 年 1 月，公司"联合包装网"网络系统 2.0 版正式上线，通过为合作伙伴提供生产、系统、

研发、财务等全产业链服务，推动公司 PSCP 项目的深度发展，提升了公司的包装服务和供应能力，提高了产业效率和行业价值，加快了公司战略升级落地。截至报告期末，PSCP 平台拥有客户约 1716 家，实现销售收入超 34 亿元，产业链整合基础坚实。在 IPS 项目方面，公司 2019 年与深圳景田食品饮料有限公司（以下简称景田）签署合作协议，公司向景田提供自动化包装流水线 27 条，合作期限为 2019 年 7 月 19 日至 2024 年 7 月 10 日。合作期内，公司在满足景田包装材料要求的前提下，每年景田公司的采购总份额不低于 50%，5 年累计采购总额不低于 10.85 亿元。通过 IPS 项目加强了公司与客户合作的紧密性。

5.1.6 重视投资者关系管理，持续分红回馈股东

公司通过投资者来电、互动交易平台、投资者关系活动、网上业绩说明会等多种形式加强与投资者特别是社会公众投资者的沟通和交流，及时解答投资者关心的公司业绩、公司治理、发展战略、经营状况、发展前景等问题，切实保障投资者公平获取信息的权利。

同时，公司高度重视股东回报，继续实施年度现金分红政策，保障全体股东的利益。报告期内公司制定并实施了 2018 年年度权益分派方案，以公司现有总股本 1,169,516,948 股为基数，向全体股东按每 10 股派发现金红利 0.5 元，占可分配利润的 30.49%。

5.1.7 规范公司运作，完成高层换届工作

报告期内，公司持续开展内部控制建设工作，结合相关法律法规的新要求和自身实际，对公司章程的相关内容进行了修订，进一步完善了公司制度体系，防范风险，保护投资者的权益和公司利益。同时，公司上一届董事、监事任期届满，公司严格遵守相关法律法规及内部章程规定，先后召开了董事会专门委员会、董事会、监事会、股东大会，选举产生了公司新一届董事、监事会成员，董事、监事会会议选举产生董事长、副董事长、监事会主席，并聘任了新一届高级管理人员，顺利有序地完成了换届工作，新老董监事会顺利交接，保证公司治理结构的完整，促进公司规范、健康、稳定发展。

5.2 战略模式分析

合兴包装的战略模式是通过并购、供应链新模式多方位整合下游客户。合兴包装供应链新模式将加速对行业内小产能的整合，促进市场集中度的提

升，从而增强对产业链的议价能力。表 3-3 为合兴包装近年进行并购的具体情况。

产业链话语权较弱，行业承压提供整合契机。对比上下游来看，我国纸包行业的集中度相对较为分散，因而话语权较弱，对上游原材料的涨价只能被动接受，传导至下游客户的滞后期较长。2016 年年底至今，产业上游的包装纸价大幅上涨，尤其是箱板纸等在废纸原料进口限制的背景下预期价格或持续处于高位，叠加下游对接的消费电子、食品制造等行业增速放缓，拖累了中游箱板包装纸企业尤其是中小企业的盈利能力，客观推动行业洗牌。同时，消费升级下客户对包装产品的品质要求也持续提升，为合兴包装公司提供了整合契机。

表 3-3　合兴包装近年并购情况

公告日	交易标的	标的方行业	对价 / $\times 10^2$ 万元	收购类型
2018 年 6 月 7 日	合众创亚东南亚 4 家公司 100% 股权	纸包装	6	横向
2018 年 3 月 27 日	合众创亚 100% 股权	多领域控股	718	横向
2016 年 9 月 26 日	大庆华洋 70% 股权；包头华洋 70% 股权	建筑产品	92	跨界
2015 年 8 月 14 日	维康科技 19.64% 股权	互联网	2	跨界
2015 年 4 月 30 日	千层纸 40% 股权	纸制品	14	纵向
2015 年 4 月 30 日	佳信明华 100% 股权	商业印刷	2	纵向
2015 年 2 月 6 日	北京金鹰 61.6% 股权	纸包装	—	横向
2014 年 4 月 1 日	千层纸 60% 股权	纸制品	12	纵向
2014 年 4 月 1 日	雄峰印刷 100% 股权	纸制品	19	纵向
2013 年 4 月 9 日	天津兴汇聚 100% 股权	纸包装	34	横向

（资料来源：公司年报，公司官网）

资本积累是核心痛点，纵向延伸节奏缓慢。纵向产业延伸是抵御上游周期风险的有效手段，但相对于上游的造纸及纸浆产业，我国纸包装产业的资本积累相对薄弱，因此对上游纸厂的布局并不充分。长期来看，上市包企依赖于多种融资平台及规模优势，有望强者恒强，合兴包装对上游的布局进度要保持关注。

横向扩张加密布局，持续吸收客户、产能。合兴包装于2018年6月以7.18亿元对价完成对合众创亚的收购（此前在产业基金孵化），实现客户和产能的跨区域覆盖。企业的并购整合客观推动了产业份额持续集中。

合兴包装供应链新模式的整合潜力大。并购驱动的扩张模式对公司的资金实力要求较高，尚难驾驭譬如WRK的野蛮外延扩张方式。合兴包装率先推出PSCP（包装产业供应链云平台）和IPS（智能包装集成服务），为客户提供性价比较高的集成服务的同时对下游客户需求、上游包材及第三方包装供应商进行整合。根据2019年年报，公司供应链运营业务合作客户已达1200多家，实现交易额11.95亿元（同比增加289.32%），轻资产运营模式下持续放量。合兴包装供应链新模式将加速对行业内小产能的整合，促进市场集中度的提升，从而增强对产业链的议价能力。

5.3 战略优势

5.3.1 供应链的新模式

外延持续拓展，供应链新模式初显成效，业绩高速增长。2016年，公司提出了"百亿制造，千亿服务"的战略规划，一方面，做强自身制造主业；另一方面，积极探索产业整合方式。经过前两年的经验探索，2018年，公司聚焦伙伴需求，本着为产业链上伙伴挖掘需求和解决问题的态度，除了原有的"四通一宝"，公司还为伙伴提供了更为灵活的合作方式，争取为伙伴输出包括生产管控、系统服务、集中采购、研发设计等多项灵活的服务种类。同时，通过合作，提升产业效率，创造价值。截至2018年年末，产业链运营业务所拥有合作客户已达1300多家，实现交易额28亿多元，产业链整合基础坚实。公司优质新客户开拓力度较大（客户集中度由31%下降至25%），供应链服务收入同比增长397.31%至11.36亿元，同时传统包装业务同比增长56.52%，迎来业绩高速增长。

5.3.2 坚持内生增长和外延发展

2018年参与并购基金收购合众创亚，合兴包装横向扩大产业规模，公司坚持内生增长和外延发展并重战略，在着力打造公司核心竞争力、纵向延长产业链的基础上，积极参与海外并购，横向扩大产业规模，提高市场份额。根据公司年报显示，公司于2016年参与设立产业并购基金厦门架桥合兴股权投资合伙企业，收购国际纸业在中国和东南亚的瓦楞包装箱业务。2018年6月，根据公司公告显示，合兴包装以7.18亿元收购合众创亚包装服务（亚洲）有限公司100%的股权，通过收购，公司实现了东北、华北、华东、西南、华南、华中等区域布局的扩大，产能的增加，进一步巩固公司的龙头地位。

5.3.3 布局新业务，纵向融合行业上下游资源

公司于2016年开始打造智能包装集成服务（Intelligent Packaging Service，IPS）和包装产业供应链云平台（Packaging Supply Chain Platform，PSCP）。IPS项目意在通过智能包装设备完成客户在产品包装环节的自动化包装，在IPS项目方面，公司2019年与深圳景田食品饮料有限公司签署合作协议，公司向景田提供自动化包装流水线27条。合兴包装通过IPS项目加强了公司与客户合作的紧密性。根据公司2019年年报显示，2019年1月，公司"联合包装网"网络系统2.0版正式上线，通过为合作伙伴提供生产、系统、研发、财务等全产业链服务，推动公司PSCP项目的深度发展，提升了公司的包装服务和供应能力，提高了产业效率和行业价值，加快了公司战略升级落地。截至报告期末，PSCP平台拥有客户约1716家，实现销售收入超34亿元，产业链整合基础坚实。后续合兴包装将继续利用PSCP和IPS项目的协同效应，全面深化公司综合包装服务。

6 公司财务分析

6.1 行业经营状况

6.1.1 行业背景

包装产业是我国国民经济的重要组成部分，也是判断商品经济发展程度高低的重要标志性行业之一。纸包装行业作为包装产业的重要细分市场，在整个包装产业中发挥着举足轻重的作用。纸包装是目前市场上运用最广泛的包装，主要用于下游的食品、烟酒、快递、电子电器、日化用品等终端消费行业，应用领域广泛。根据下游客户的需求，包装纸产品又可以被细分为三类：一是易携带、较为轻薄，主要应用于日化用品与快速消费品食品等领域的轻型包装；

二是强度高、缓冲性能好，主要应用于家电电器等工业领域的重型包装；三是做工精致、图案精美、针对高端客户群，主要用于礼盒、奢侈品、高档烟酒等领域的精品包装。轻型包装和精品包装与经济发展有着密切关系，当人们生活水平提高时，对这些物品的消费会增加，相应地增加包装用纸需求；重型包装的需求则可以通过电子商务的规模进行衡量。

造纸工业是指制造各类纸制品的工业，属于国民经济中重要的基础原材料行业，从上下游关联看，涉及林业、农业、资源再利用、机械制造、化工、电气自动化、交通运输、环保等多个产业。造纸行业具有技术密集、工艺复杂、资源消耗量大、生产过程中排污多的特点。随着经济的发展，造纸行业终端产品的种类也日趋多样化，包括纸浆、机制纸及纸板、加工纸、手工纸等。从发达国家的历史经验看，随着其国内生产总值的持续增长，纸产品消费量也基本保持了正相关的增速，并且在美国、加拿大、芬兰、瑞典、日本等国家，造纸工业亦成为其国民经济的重要支柱制造业之一。随着科技的进步，现代造纸工业日益成为技术、资金、资源、能源密集型产业，生产的规模效益明显，且在资源循环利用方面走在了诸多制造业前列。从产品用途看，中国约92%的纸产品作为生产原料用于印刷、出版、传播、商品包装和其他工业领域，约7%用于人们日常生活消费。由于造纸行业关联度大，对上下游产业经济有一定的拉动作用，主要工业国均将造纸行业作为国民经济中重要的基础原材料行业进行布局，同时，纸产品的生产和消费水平，也成为衡量国家工业现代化水平的指标之一。

就定义层面而言，纸是通过将来自木材、碎布或草等纤维素纸浆的纤维材料压在一起并将其干燥成柔性片而生产的一种薄材料，其用途包括书写、印刷、包装等。广义上纸可以分为纸和纸板，主要通过定量和厚度两个维度区分，参照国际组织标准，通常将定量小于225g/m^{2}或厚度小于0.1mm的统称为纸，定量大于225g/m^{2}或厚度大于0.1mm的统称为纸板（或板纸）。纸和纸板的物理特性包括一般特性（厚度、紧度、定量等），表面属性（平滑度、粗糙度等），光学特性（透明度、色泽度等），机械强度特性（抗张强度、撕裂度、耐折度、伸缩率等）。

造纸的过程主要分三个环节，如表3-4所示，分别是纸浆制造、制纸和纸制品制造。其中，纸浆是造纸业基础，与林业、农业等基础产业关联度较高。因此，造纸业是典型的长链条、重资产、需求多样的长周期型行业。

表 3-4　造纸工业流程

类别	具体内容
纸浆制造业	指经机械或化学方法加工纸浆的生产活动。包括：造纸木浆；非木材纤维物质的造纸纸浆；造纸棉籽绒浆、造纸布浆；废纸浆的制造
制纸业	指用纸浆或其他原料悬浮在流体中的纤维，经过造纸机或其他设备成型，或手工操作而成的纸及纸板的制造活动
纸制品制造业	指用纸或纸板为原料，进一步加工成纸制品的生产活动

（资料来源：行业研究报告）

具体到造纸工艺方面，即原材料经过多道工序转换成纸或纸板的过程，其中最重要的两道工序就是制浆段以及造纸段。

（1）制浆段：制浆即将木材或废纸等原料通过化学法、机械法、化学机械法、生物法等方法制成浆的过程。

（2）造纸段：造纸即将调制好的纸浆经过打浆、施胶、加填填料调制后成型，再通过压榨、干燥、压光、整理形成纸或纸板。造纸过程中主要设备包括制浆机、打浆机、造纸机等。

按用途来分，纸主要可分为文化纸、包装纸、生活用纸、特种纸四大类。

①文化纸。包括涂布印刷纸、未涂布印刷书写纸、新闻纸等，其中涂布印刷纸主要以铜版纸为主；未涂布印刷书写纸包括胶版纸、书写纸、轻型纸、静电复印纸等。

②包装纸。包括箱板纸、瓦楞纸、白卡纸、白板纸等。

③生活用纸。包括卫生纸、面巾纸、手帕纸、餐巾纸、厨房纸巾、纸尿裤等。

④特种纸：按产量来看，主要包括特种包装纸（食品、医用包装纸）、装饰原纸、无碳复写纸、热敏纸等。

根据上述分类，从下游拉动行业来看，文化纸主要与文教印刷、新闻出版行业相关，一定程度上受到无纸化趋势的冲击；包装纸则主要受零售行业、出口拉动，即主要与食品饮料、家电、电子、日化、快递等行业相关；生活用纸则与消费者日常生活的各方面息息相关；特种纸作为造纸行业的高技术产品，需要特殊工艺满足客户的特定用途，因此下游由各特定细分行业拉动。

纸制品包装与印刷行业作为包装装潢与印刷的重要组成部分，具有易加工、成本低、适于印刷、环保、可回收等优势，是市场上运用最广泛的包装，产值约占包装印刷行业整体产值的三分之一。十多年来，得益于产品自身优势以及下游需求持续旺盛，纸包装行业一直保持着持续增长，但随着全球经济下滑、环保压力倍增、纸价全面上涨以及市场竞争加剧，纸包装企业面临着成本上涨、绿色环保、转型升级等多方面压力，微利化势头不减。对此，纸包装企业管理者必须审时度势、把握机遇、提升自我、备战未来。

6.1.2 行业发展

造纸术作为我国古代四大发明之一，早在东汉时期，纸已经能成批量制作。自东汉时期蔡伦改进造纸技术之后，纸制品十分盛行，不仅广泛应用于书画艺术领域，改变书画创作的方式，而且更为关键的是推动了纸包装的发展，为包装的生产从容器领域逐步分离提供了新材料的保障。唐宋元时期，造纸技术和印刷技术得到发展，不仅使得纸包装在社会生产、生活中被广泛地运用，而且使包装真正作为一种商品的附属品被应用于商品交换领域。到了明清时期，纸包装进入全面繁荣的发展阶段，纸包装不仅在宫廷受到青睐，在民间使用也十分普遍。在民间，纸包装的商业性、广告性等功能得以完全彰显，印制有产品属性的纸包装广泛使用，促成了独立性质的商品包装的出现。

如今，纸包装印刷已经发展为我国包装印刷行业的一个重要分支。近二十年来，中国经济快速增长，纸包装业务收入也快速增加。尽管近年来中国经济增速放缓，但是我国经济增长速度在全球范围内仍然属于高速增长，经济增长对包装纸需求的拉动作用还在继续。在经济发展的大背景下，中国的电商快递业务从无到有，尤其是 2008 年以来，快递业务的收入规模和快递数量都呈现出井喷式增长，即便近年来增速有所放缓，但是也还是维持在 20% 以上的超高增长速度，属于行业从初期的野蛮式增长到逐渐成熟阶段的自然过渡。电商业务的快速发展离不开与之相配的线下物流和快递配送，受电子商务、快递物流快速发展的拉动，中国的纸包装业务收入在三种主流包装形式（纸包装、塑料包装、金属包装）中一枝独秀，也呈现出井喷式增长的态势。

根据国家新闻出版署发布的《2018 新闻出版业基本情况》，2018 年我国包装装潢印刷营业收入达 10,686.45 亿元，结合多年来包装印刷行业发展数据，以纸制品包装与印刷行业 34% 的占比进行测算，可估算出 2018 年我国纸制品包装与印刷行业的营业收入在 3633.4 亿元左右，同比增长 5.05%。2018 年我国包装装潢印刷利润总额为 637.09 亿元，结合裕同科技、美盈森等代表性优势企业毛利率情况，以 34% 的比例计算，可估算出 2018 年我国纸制品包装与印刷行业的利润总额在 216.6 亿元左右，同比微降 0.16%。

2019 年我国包装纸板的三大主要纸种——白纸板、箱纸板和瓦楞原纸的生产量和消费量较 2018 年均有所增长，扭转了 2018 年包装纸板行业出现负增长的趋势。2019 年包装纸板的行业集中度进一步提高，有利于行业健康发展。2019 年包装纸板行业受到国内外经济形势的影响，竞争更加激烈，在原料供给受限的大环境下，基本保持产销总量平稳。2019 年包装纸板行业产品价格下降，主要原料价格上涨，使包装纸板行业毛利率及盈利水平降幅较大。从进出口情况来看，近年来我国纸和纸板容器制造业一直呈贸易顺差状态，出口额在绝对值和增长率方面都显著大于进口额。2019 年我国纸和纸板容器制造业出口额达到 63.54 亿美元，同比增长 16.02%；而进口额仅有 1.55 亿美元，同比增长 2.62%。

6.1.3 纸制品包装行业的市场行情

1. 包装纸制品的生产量和消费量

（1）白纸板

如图 3-2 所示，2019 年白纸板生产量 1410 万吨，同比增长 5.62%；消费量 1277 万吨，同比增长 4.76%。2010～2019 年生产量年均增长率 1.35%，消费量年均增长率 0.20%。

图 3-2　2010～2019 年白纸板生产量及消费量变化趋势

（2）箱纸板

如图 3-3 所示，2019 年箱纸板生产量 2190 万吨，同比增长 2.10%；消费量 2403 万吨，同比增长 2.47%。2010～2019 年生产量年均增长率 1.71%，消费量年均增长率2.37%。

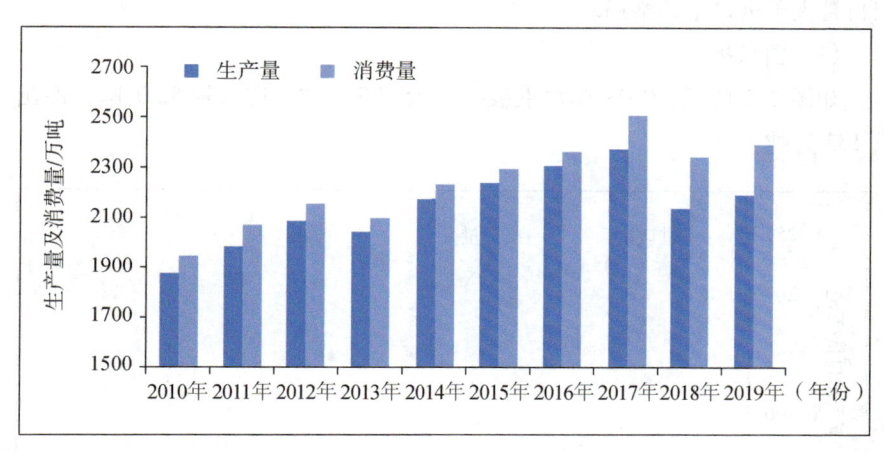

图 3-3　2010～2019 年箱纸板生产量及消费量变化趋势

(3) 瓦楞原纸

如图 3-4 所示，2019 年瓦楞原纸生产量 2220 万吨，同比增长 5.46%；消费量 2374 万吨，同比增长 7.28%。2010～2019 年生产量年均增长率 1.92%，消费量年均增长率 2.57%。

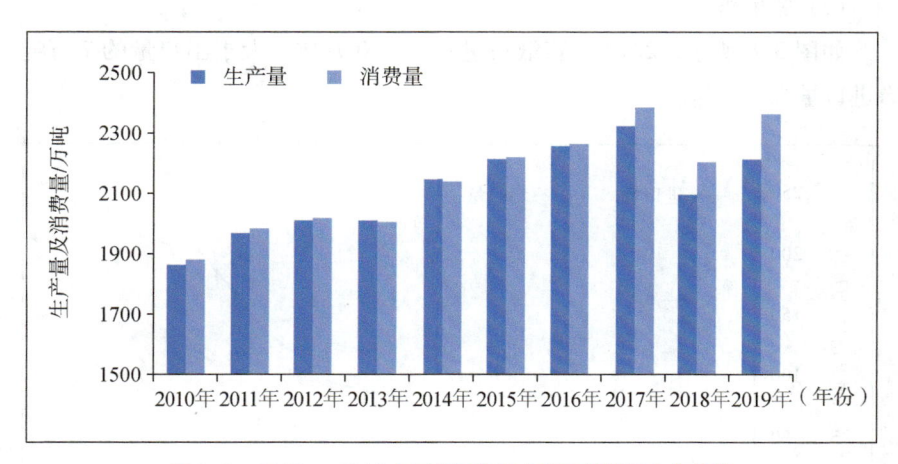

图 3-4　2010～2019 年瓦楞原纸生产量及消费量变化趋势

2. 包装纸板进出口量

2019 年包装纸板三大纸种中，箱纸板和瓦楞原纸的进口量持续增长，分别达到 220 万吨和 156 万吨，同比分别增长 6.28% 和 40.54%，白纸板维持了出口量大于进口量的格局。

(1) 白纸板

如图 3-5 所示，2019 年白纸板出口量 185 万吨，进口量 52 万吨，净出口量 133 万吨。

图 3-5　2010～2019 年白纸板进口量及出口量变化趋势

(2) 箱纸板

如图 3-6 所示，2019 年箱纸板进口量 220 万吨，大于出口量的 7 万吨，净进口量 213 万吨。

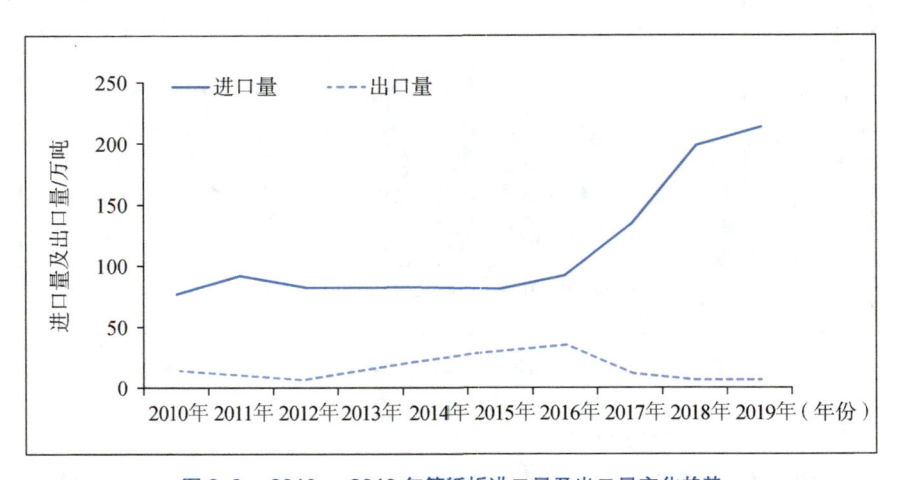

图 3-6　2010～2019 年箱纸板进口量及出口量变化趋势

（3）瓦楞原纸

如图 3-7 所示，2019 年我国瓦楞原纸的进口量为 156 万吨，出口量 2 万吨，净进口量 154 万吨。

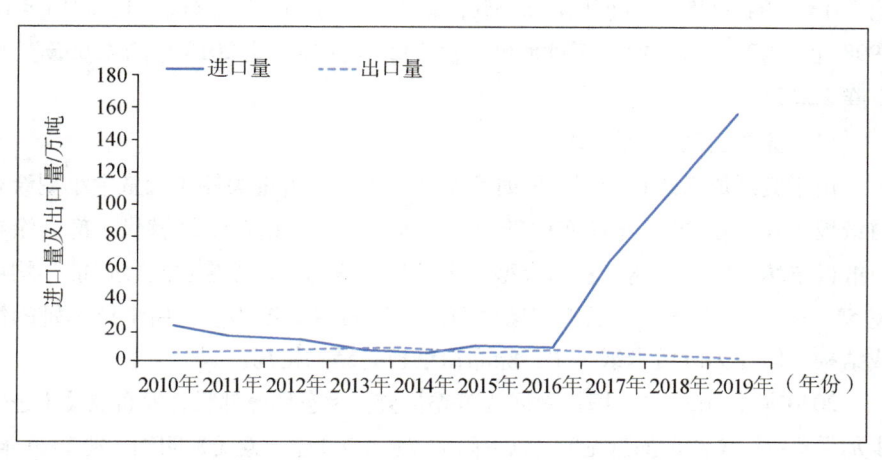

图 3-7　2010～2019 年瓦楞原纸进口量及出口量变化趋势

如图 3-8 所示，2019 年包装纸板的生产量和消费量占纸及纸板总生产量及总消费量的比重分别为 54.07% 和 56.56%，比 2018 年分别增长了 0.55 和 1.22 个百分点；如果加上包装用纸，包装用纸和纸板的占比分别为 60.52% 和 63.09%。

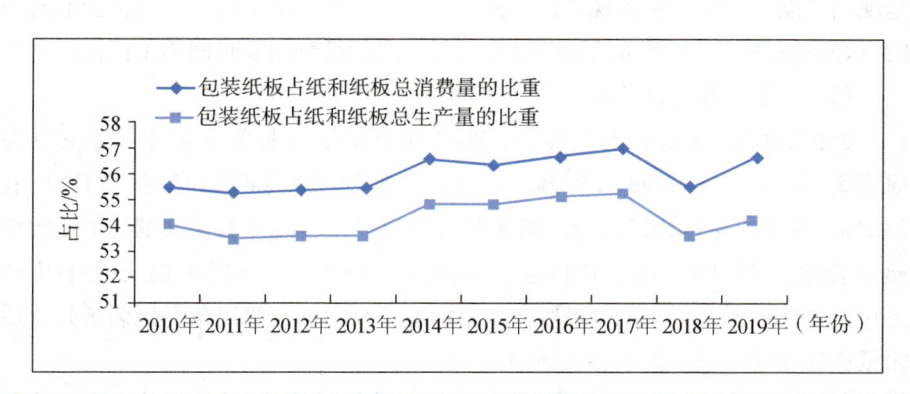

图 3-8　2010～2019 年包装纸板生产量和消费量占纸及纸板总生产量及总消费量的比重变化趋势

3. 包装纸板的价格趋势

根据公开数据整理，2019 年包装纸板价格大幅降低，涂布白纸板均价 4314 元 / 吨，比 2018 年的 4623 元 / 吨下降 6.68%；白卡纸均价 5609 元 / 吨，比 2018 年的 5975 元 / 吨下降 6.13%；箱纸板均价 4182 元 / 吨，比 2018 年的 4998 元 / 吨下降 16.33%；瓦楞原纸均价 3329 元 / 吨，比 2018 年的 4306 元 / 吨下降 22.69%。

（1）涂布白纸板 / 白卡纸

由于废纸原料进口受限，同时考虑环保因素，各地关停了大量中小型涂布白纸板企业，使 2019 年涂布白纸板产量大幅下滑，由白卡纸替代了部分涂布白纸板市场。同时新建工程以大型白卡纸生产线为主，新建白卡纸产能年均增速 5%～7%。因此，白纸板市场由原来以涂布白纸板为主、白卡纸为辅的组成结构，转变为以白卡纸为主、涂布白纸板为辅的格局。

2020 年 1 月 20 日，国家发展改革委员会、生态环境部联合发布《关于进一步加强塑料污染治理的意见》（以下简称《意见》）。《意见》明确，到 2020 年，率先在部分地区、部分领域禁止和限制部分塑料制品的生产、销售和使用。纸制品具备环保、轻量化且成本较低的优势，可用来替代日用塑料制品。在食品领域，受外卖行业快速成长和禁塑令的影响，食品卡纸、口杯纸、液包纸等食品用纸的需求将会增加。随着中小涂布白纸板产能的淘汰、国家禁塑令的影响以及生产集中度的进一步提升，白纸板市场已形成白卡纸为主、涂布白纸板为辅的格局，呈现出产能大型化、装备现代化、控制智能化，产品质量提升，环保控制有力的良好市场环境。同时市场竞争更加激烈，产能过剩需要时间逐步消化。

（2）箱纸板和瓦楞原纸

据国家邮政局公布数据显示，2019 年全国快递服务企业业务量累计完成 635.2 亿件，同比增长 25.3%；业务收入累计完成 7497.8 亿元，同比增长 24.2%。我国快递包装以瓦楞纸箱和塑料袋为主，2018 年我国共消耗纸质类快递包装材料 856.05 万吨，占快递包装材料的 90.95%；塑料类包装材料 85.18 万吨，占快递包装材料的 9.05%。受国家禁塑令影响，快递塑料包装被禁止后箱纸板和瓦楞原纸的需求将会增加。

如图 3-9 所示，2019 年我国箱纸板和瓦楞原纸进口量分别为 220 万吨和 156 万吨，同比分别增长 6.28% 和 40.54%。从 2017 年开始，由于原料供给受限和环保政策趋严等因素影响，箱纸板和瓦楞原纸进口量大幅增长。我国包装纸板企业海外项目，目前已建成投产的箱纸板和瓦楞原纸产能约 205 万吨/年，在建和计划建设项目产能约 730 万吨/年，进口包装纸板的总量将继续增长。

图 3-9 2010～2019 年箱纸板和瓦楞原纸进口量

2019 年我国箱纸板和瓦楞原纸新建项目投产时间均有延后，也有项目取消，部分项目投产时间延至 2020 年上半年，2020 年全年确定将投产至少 600 万吨的产能。值得关注的还有，2019 年由于市场原因，部分瓦楞原纸生产线转产文化用纸，随着市场的变化也可以转回生产瓦楞原纸。

可见，随着快递包装需求的快速增长、国家禁塑令的影响、原料受限以及海外箱纸板和瓦楞原纸工程的逐步建成投产，我国箱纸板和瓦楞原纸市场将会加速淘汰落后产能，市场供需基本平稳。

6.2 合兴包装经营环境分析

1. 行业空间巨大

根据中研网数据显示，纸包装行业 9521 亿元的市场体量，仍以每年 10% 的速度增长，其中瓦楞纸包装行业接近 4000 亿元的体量，但 CR5（五个最大企业市场集中率）仅 6.7% 的市场集中度显示出该行业龙头公司成长空间巨大。

2. 瓦楞纸包装成本稳定

面对进口成品纸渠道的逐步开拓成熟，叠加进口废纸政策导致的低成本原材料外流的趋势，很难再出现暴涨暴跌大幅波动的局面。

3. 赋能型整合模式

行业中大中小企业规范成本近年出现并轨趋势，加强大厂竞争力。合兴供应链云平台解决扩张痛点，整合全国零散中小产能。

在行业趋势逐步有利于大厂扩张的大环境下，合兴包装的赋能型整合模式，以其资产轻、阻力小、可复制的特点强有力地加持了其自身的规模扩张速度。在其规模扩张过程中，其净资产收益率将得到明显改善。其中可控产能布局加密，涵盖客户种类增多，提高了现有产能利用率，助力资产周转率及销售净利率的提升；业务规模扩大，增加其对上游原材料采购的议价能力，能有效改善公司现金流及降低采购成本以提升销售净利率；随着赋能型整合平台日渐成熟，前期资本输出的扩张模式有望向管理输出升级，推升利润率持续提升。

并购合众创亚填补地缘空白产能区，纳入合兴体系经营效率提升，盈利能力释放。收购合众创亚，公司在长三角、西部地区及京津冀地区供应能力强化，辽沈、呼和浩特等区域产能空白得到填充，公司原有30个工厂与合众国内14个工厂实现订单、生产协同。合众订单结构优于公司传统订单，伴随其纳入合兴体系，精简架构，复制高效生产模式，合众创亚盈利能力有望释放。

6.3 公司资产结构分析

6.3.1 资产构成基本情况

合兴包装2019年资产总额为651,230.58万元，其中流动资产为433,199.05万元，主要分布在应收账款、存货、货币资金等环节，分别占企业流动资产合计的58.41%、24.98%和11.82%。非流动资产为218,031.54万元，主要分布在无形资产和递延所得税资产，分别占企业非流动资产的24.89%、4.62%。合兴包装资产构成如表3-5所示。

表3-5　2017~2019年合兴包装资产构成

项目名称	2019年 数值（万元）	百分比（%）	2018年 数值（万元）	百分比（%）	2017年 数值（万元）	百分比（%）
总资产	651,230.58	100.00	701,360.35	100.00	476,467.12	100.00
流动资产	433,199.05	66.52	483,595.58	68.95	327,892.94	68.82

续表

项目名称	2019年 数值（万元）	百分比（%）	2018年 数值（万元）	百分比（%）	2017年 数值（万元）	百分比（%）
长期投资	6407.64	0.98	10,957.72	1.56	17,479.07	3.67
固定资产	0	0.00	129,747.26	18.50	87,738.34	18.41
其他	211,623.9	32.50	77,059.8	10.99	43,356.78	9.10

（数据来源：公司年报，同花顺）

6.3.2 流动资产构成情况

流动资产主要包括货币资金、交易性金融资产、应收票据及应收账款、应收款项融资、预付账款、其他应收账款、存货、合同资产、持有待售资产、一年内到期的非流动资产以及其他流动资产科目。如表3-6所示，合兴包装2019年的流动资产主要包括应收账款、货币资金以及存货，各项分别占比为58.41%、11.82%和24.98%。企业流动资产中被别人占用和应当收回的资产数额较大，约占企业流动资产的58.41%，企业应当加强应收款项管理，关注应收款项的质量。

表3-6　2017～2019年合兴包装流动资产构成

项目名称	2019年 数值（万元）	百分比（%）	2018年 数值（万元）	百分比（%）	2017年 数值（万元）	百分比（%）
流动资产	433,199.05	100.00	483,595.58	100.00	327,892.94	100.00
存货	108,222.22	24.98	119,626.45	24.74	94,873.98	28.93
应收账款	253,043.74	58.41	268,069.69	55.43	168,059.37	51.25
其他应收账款	0	0.00	4470.83	0.92	2284.39	0.70
交易性金融资产	0	0.00	0	0.00	0	0.00
应收票据	0	0.00	5530.59	1.14	3202.31	0.98
货币资金	51,193.2	11.82	79,774.57	16.50	49,953.84	15.23
其他	20,739.88	4.79	6123.45	1.27	9519.65	2.90

（数据来源：公司年报，同花顺）

6.3.3 非流动资产构成情况

非流动资产主要包括债权投资、其他债权投资、长期应收款、长期股权投资、其他权益工具投资、其他非流动金融资产、投资性房地产、固定资产、在建工程、生产性生物资产、油气资产、使用权资产、无形资产、开发支出、商誉、长期待摊费用、递延所得税资产、其他非流动资产科目。合兴包装2019年的非流动资产主要包括固定资产、无形资产以及递延所得税资产，各项分别占比为57.02%、24.89%和4.62%。

6.3.4 资产的增减变化原因

以下项目的变动使资产总额增加，包括无形资产增加2390.06万元，其他非流动资产增加2382.52万元，预付款项增加1196.49万元，递延所得税资产增加931.56万元，其他流动资产增加508.97万元，共计增加7409.6万元；以下项目的变动使资产总额减少，包括长期待摊费用减少163.67万元，其他应收账款减少4470.83万元，长期投资减少4550.08万元，应收票据减少5530.59万元，在建工程减少5796.57万元，存货减少11,404.23万元，应收账款减少15,025.94万元，货币资金减少28,581.37万元，固定资产减少129,747.26万元，共计减少205,270.54万元。增加项与减少项互相抵销，使资产总额下降197,860.94万元。

6.4 负债及所有者权益结构分析

6.4.1 负债及所有者权益基本构成情况

如表3-7所示，合兴包装2019年总负债金额为322,032万元，所有者权益总额为329,197.61万元，其中资本金为116,951万元，资产负债率为49.45%，在负债中，流动负债为262,771.53万元，占负债和所有者权益总额的40.35%；非流动负债为59,261.44万元，短期借款为73,300万元，非流动负债占负债和所有者权益总额的9.10%，金融性负债占资金来源总额的20.36%。

表3-7 2017～2019年合兴包装负债及权益构成

项目名称	2019年 数值（万元）	2019年 百分比（%）	2018年 数值（万元）	2018年 百分比（%）	2017年 数值（万元）	2017年 百分比（%）
负债及权益总额	651,230.58	100.00	701,360.35	100.00	476,467.12	100.00
所有者权益	329,197.61	50.55	302,388.43	43.11	245,681.28	51.56
流动负债	262,771.53	40.35	367,793.52	52.44	230,716.48	48.42
非流动负债	59,261.44	9.10	31,178.4	4.45	69.36	0.01

（数据来源：公司年报，同花顺）

6.4.2 流动负债基本构成情况

流动负债主要包括短期借款、交易性金融负债、衍生金融负债、应付票据、应付账款、预收款项、合同负债、应付职工薪酬、应交税费、其他应付款、应计负债、持有待售负债、一年内到期的非流动负债和其他流动负债科目。合兴包装2019年的流动负债主要包括短期借款、应付票据以及应付账款，各项占比分别为50.36%、40.98%和40.98%。企业短期融资性负债所占比例较大，约占流动负债的50.36%，表明企业的偿债压力较大。

6.4.3 所有者权益基本构成情况

所有者权益部分主要包括实收资本（或股本）、其他权益工具、资本公积、库存股、其他综合收益、专项储备、盈余公积、未分配利润、少数股东权益科目。2019年合兴包装的所有者权益部分主要包括未分配利润、实收资本（或股本）以及资本公积，各项占比分别为39.17%、35.53%和12.90%。

6.4.4 负债的增减变化原因

公司负债变动情况参见表3-8。2019年负债总额为322,032.98万元，与2018年的398,971.92万元相比有较大幅度下降，下降19.28%。2019年企业负债规模有较大幅度的减少，负债压力有较大幅度的下降。以下项目的变动使负债总额增加，包括应付债券增加50,709.25万元，应付职工薪酬增加1071.52万元，应付股利增加279.7万元，应付利息增加35.3万元，递延所得税负债增加32.5万元，共计增加52,128.27万元；以下项目的变动使负债总额减少，包括预收款项减少217.5万元，应交税费减少1408.09万元，一年内到期的非流动负债减少7000万元，其他应付款减少8620.77万元，应付账款减少11,016.3万元，长期借款减少24,500万元，应付票据减少38,396.18万元，短期借款减少48,128.59万元，共计减少139,287.43万元。增加项与减少项相互抵销，使负债总额下降87,159.16万元。

表3-8 2017～2019年合兴包装负债变动情况

项目名称	2019年 数值（万元）	2019年 增长率（%）	2018年 数值（万元）	2018年 增长率（%）	2017年 数值（万元）	2017年 增长率（%）
负债总额	322,032.98	-19.28	398,971.92	72.88	230,785.84	—
短期借款	73,300	-39.64	121,428.59	65.28	73,470	

续表

项目名称	2019年 数值（万元）	2019年 增长率（%）	2018年 数值（万元）	2018年 增长率（%）	2017年 数值（万元）	2017年 增长率（%）
应付账款	107,695.88	-9.28	118,712.18	38.08	85,972.91	—
其他应付账款	0	-100	8620.77	110.71	4091.37	—
非流动负债	59,261.44	90.07	31,178.4	44,848.97	69.36	—
其他	81,775.65	-31.3	119,031.99	77.18	67,182.2	—

（数据来源：公司年报，同花顺）

6.4.5 权益的增减变化原因

公司所有者权益变动参见表3-9。2019年所有者权益为329,197.61万元，与2018年的302,388.43万元相比有所增长，增长8.87%。以下项目的变动使所有者权益增加，包括未分配利润增加19,208.32万元，盈余公积增加1624.03万元，资本公积增加427.05万元，共计增加21,259.4万元；以下项目的变动使所有者权益减少，包括其他综合收益减少275.77万元，共计减少275.77万元。增加项与减少项相抵，使所有者权益增长26,809.18万元。

表3-9 2017～2019年合兴包装所有者权益变动情况

项目名称	2019年 数值（万元）	2019年 增长率（%）	2018年 数值（万元）	2018年 增长率（%）	2017年 数值（万元）	2017年 增长率（%）
所有者权益合计	329,197.61	8.87	302,388.43	23.08	245,681.28	0
资本金	116,951.69	0	116,951.69	0	116,951.69	0
资本公积	42,450.79	1.02	42,023.74	0.07	41,993.96	0
盈余公积	7479.21	27.74	5855.18	23.82	4728.67	0
未分配利润	128,933.91	17.51	109,725.59	73.5	63,241.83	0

（数据来源：公司年报，同花顺）

6.5 公司利润分析

6.5.1 净利润分析

如表3-10所示，2019年合兴包装的净利润为29,036万元，与2018年的28,537万元相比上升了1.75%。

表 3-10　2015～2019 年合兴包装净利润变动趋势

年份	净利润（万元）	同比增长率（%）
2015	12,314	—
2016	12,493	1.45
2017	20,088	60.79
2018	28,537	42.06
2019	29,036	1.75

（数据来源：公司年报，同花顺）

6.5.2　营业利润分析

如表 3-11 所示，2019 年合兴包装的营业利润为 36,369 万元，与 2018 年的 35,550 万元相比上升了 2.30%。

表 3-11　2015～2019 年合兴包装营业利润变动趋势

年份	营业利润（万元）	同比增长率（%）
2015	15,357	—
2016	12,664	−17.54
2017	25,700	102.94
2018	35,550	38.33
2019	36,369	2.30

（数据来源：公司年报，同花顺）

6.5.3　利润总额分析

如表 3-12 所示，2019 年合兴包装的利润总额为 35,876 万元，与 2018 年的 35,635 万元相比上升了 0.68%。

表 3-12　2015～2019 年合兴包装利润总额变动趋势

年份	利润总额（万元）	同比增长率（%）
2015	15,988	—
2016	15,706	−1.77
2017	25,780	64.14
2018	35,635	38.23
2019	35,876	0.68

（数据来源：公司年报，同花顺）

6.5.4 成本费用分析

如表 3-13 所示，成本和费用总额包括营业成本、税金及附加、销售费用、管理费用、研发费用和财务费用科目。2019 年合兴包装的成本及费用总额为 1,080,811 万元，其中营业成本、销售费用以及管理费用占比分别为 89.29%、4.52% 和 3.76%。

表 3-13　合兴包装成本费用构成

项目名称	2019 年 数值（万元）	百分比（%）	2018 年 数值（万元）	百分比（%）	2017 年 数值（万元）	百分比（%）
成本及费用总额	-1,080,811	100.00	-1,177,082	100.00	-606,537	100.00
营业成本	-965,093	89.29	-1,064,032	90.40	-545,044	89.86
税金及附加	-5125	0.47	-6259	0.53	-3371	0.56
销售费用	-48,806	4.52	-48,144	4.09	-26,413	4.35
管理费用	-40,682	3.76	-35,025	2.98	-25,629	4.23
研发费用	-13,698	1.27	-11,720	1.00	0	-0.00
财务费用	-7404	0.69	-11,900	1.01	-6078	1.00

（数据来源：公司年报，同花顺）

合兴包装 2019 年盈亏平衡点为 770,986.42 万元。从营业安全水平来看，企业承受销售下降打击的能力较强，经营业务的安全水平较高。企业负债经营为正效应，增加负债有可能给企业创造利润。

6.6　公司现金流量分析

6.6.1　经营活动、投资活动及筹资活动现金流分析

如表 3-14 所示，2019 年合兴包装的经营现金流量净额为 39,106 万元，与 2018 年的 55,805 万元相比下降了 29.92%；投资活动现金流净额为 -19,863 万元；筹资活动现金流净额为 -34,568 万元。

表 3-14　2015～2019 年合兴包装经营、投资及筹资活动现金流净额

年份	经营活动现金流净额（万元）	投资活动现金流净额（万元）	筹资活动现金流净额（万元）
2015	16,030	−26,180	23,021
2016	39,125	−17,985	−19,345
2017	−27,504	−12,655	45,287
2018	55,805	−25,307	−24,510
2019	39,106	−19,863	−34,568

（数据来源：公司年报，同花顺）

企业通过销售商品、提供劳务所收到的现金为 961,129.63 万元，它是企业当期现金流入的最主要来源，约占企业当期现金流入总额的 78.09%。企业销售商品、提供劳务所产生的现金能够满足经营活动的现金支出需求，销售商品、提供劳务使企业的现金净增加 39,106.90 万元。2019 年合兴包装投资活动需要资金 19,863.84 万元，经营活动创造资金 39,106.90 万元，投资活动所需要的资金能够被企业经营活动所创造的现金净流量满足。2019 年合兴包装筹资活动需要净支付资金 34,568.86 万元，但经营活动所提供的资金不能满足投融资活动对资金的需要。总体来看，当期经营、投资、融资活动使企业的现金净流量减少。

6.6.2　现金流入结构分析

如表 3-15 所示，2019 年合兴包装现金流入总金额为 1,230,798 万元，其中经营活动现金流入为 989,582 万元，占现金流入总额的 80.40%；投资活动现金流入为 7929 万元，占现金流入总额的 0.64%；筹资活动现金流入为 233,287 万元，占现金流入总额的 18.95%。

表 3-15　2017～2019 年合兴包装现金流入构成

项目名称	2019 年 数值（万元）	2019 年 百分比（%）	2018 年 数值（万元）	2018 年 百分比（%）	2017 年 数值（万元）	2017 年 百分比（%）
现金流入总额	1,230,798	100.00	1,339,457	100.00	658,824	100.00
经营活动现金流入小计	989,582	80.40	1,058,638	79.03	440,874	66.92
投资活动现金流入小计	7929	0.64	3307	0.25	1034	0.16
筹资活动现金流入小计	233,287	18.96	277,512	20.72	216,916	32.92

（数据来源：公司年报，同花顺）

如表 3-16 所示，2019 年合兴包装经营活动现金流入小计中，销售商品/提供劳务收到的现金为 961,129 万元，占经营活动现金流入小计的 97.12%；收到的税费返还为 1657 万元，占经营活动现金流入小计的 0.17%；收到其他与经营活动有关的现金为 26,795 万元，占经营活动现金流入小计的 2.71%。

表 3-16　2017～2019 年合兴包装经营活动现金流入构成

项目名称	2019 年 数值（万元）	2019 年 百分比（%）	2018 年 数值（万元）	2018 年 百分比（%）	2017 年 数值（万元）	2017 年 百分比（%）
经营活动现金流入小计	989,581	100.00	1,058,638	100.00	440,874	100.00
销售商品/提供劳务收到的现金	961,129	97.12	1,038,698	98.12	426,800	96.81
收到的税费返还	1657	0.17	1643	0.16	1093	0.25
收到其他与经营活动有关的现金	26,795	2.71	18,297	1.73	12,981	2.94

（数据来源：公司年报，同花顺）

如表 3-17 所示，2019 年合兴包装投资活动现金流入小计中处置固定资产/无形资产和其他长期资产收回的现金净额为 1468 万元，占投资活动现金流入小计的 18.52%；处置子公司及其他营业单位收到的现金净额为 6460 万元，占投资活动现金流入小计的 81.48%。

表 3-17　2017～2019 年合兴包装投资活动现金流入构成

项目名称	2019 年 数值（万元）	2019 年 百分比（%）	2018 年 数值（万元）	2018 年 百分比（%）	2017 年 数值（万元）	2017 年 百分比（%）
投资活动现金流入小计	7928	100.00	3307	100.00	1034	100.00
收回投资收到的现金	0	0.00	60	1.81	136	13.20
取得投资收益收到的现金	0	0.00	0	0.00	169	16.41
处置固定资产/无形资产和其他长期资产收回的现金净额	1468	18.52	1141	34.52	419	2.94
处置子公司及其他营业单位收到的现金净额	6460	81.48	2105	63.66	309	29.88

（数据来源：公司年报，同花顺）

如表 3-18 所示，2019 年合兴包装筹资活动现金流入小计中吸收投资收到的现金为 2987 万元，占筹资活动现金流入小计的 1.28%。其中子公司吸收少数股东投资收到的现金为 2987 万元，占筹资活动现金流入小计的 1.28%；取得借款收到的现金为 171,964 万元，占筹资活动现金流入小计的 73.71%；收到其他与筹资活动有关的现金为 58,334 万元，占筹资活动现金流入小计的 25.01%。

表 3-18　2017～2019 年合兴包装筹资活动现金流入构成

项目名称	2019 年 数值（万元）	2019 年 百分比（%）	2018 年 数值（万元）	2018 年 百分比（%）	2017 年 数值（万元）	2017 年 百分比（%）
筹资活动现金流入小计	236,272	100.00	298,508	100.00	217,274	100.00
吸收投资收到的现金	2987	1.28	6999	2.52	60,597	27.94
子公司吸收少数股东投资收到的现金	2987	1.28	6999	2.52	0	0.00
取得借款收到的现金	171,964	73.71	270,512	97.48	156,317	72.06
收到其他与筹资活动有关的现金	58,334	25.01	0	0.00	0	0.00

（数据来源：公司年报，同花顺）

6.6.3　现金流出结构分析

如表 3-19 所示，2019 年合兴包装现金流出总额为 1,246,122 万元，现金流出总额中经营活动现金流出小计为 950,475 万元，占现金流出总额的 76.27%；投资活动现金流出小计为 27,792 万元，占现金流出总额的 2.23%；筹资活动现金流出小计为 267,855 万元，占现金流出总额的 21.50%。

表 3-19　2017～2019 年合兴包装现金流出构成

项目名称	2019 年 数值（万元）	2019 年 百分比（%）	2018 年 数值（万元）	2018 年 百分比（%）	2017 年 数值（万元）	2017 年 百分比（%）
现金流出总额	−1,246,122	100.00	−1,339,468	100.00	−653,695	100.00
经营活动现金流出小计	−950,475	76.27	−1,002,833	75.20	−468,379	71.65

续表

项目名称	2019年 数值（万元）	2019年 百分比（%）	2018年 数值（万元）	2018年 百分比（%）	2017年 数值（万元）	2017年 百分比（%）
投资活动现金流出小计	−27,792	2.23	−28,614	2.15	−13,689	2.09
筹资活动现金流出小计	−267,855	21.50	−302,021	22.65	−171,627	26.26

（数据来源：公司年报，同花顺）

如表3-20所示，2019年合兴包装经营活动现金流出小计中购买商品/接受劳务支付的现金为783,483万元，占经营活动现金流出小计的82.43%；支付给职工以及为职工支付的现金为91,392万元，占经营活动现金流出小计的9.62%；支付的各项税费为38,756万元，占经营活动现金流出小计的4.08%；支付其他与经营活动有关的现金为36,843万元，占经营活动现金流出小计的3.87%。

表3-20 2017～2019年合兴包装经营活动现金流出构成

项目名称	2019年 数值（万元）	2019年 百分比（%）	2018年 数值（万元）	2018年 百分比（%）	2017年 数值（万元）	2017年 百分比（%）
经营活动现金流出小计	−950,474	100.00	−1,002,833	100.00	−468,379	100.00
购买商品/接受劳务支付的现金	−783,483	82.43	−833,531	83.12	−372,417	79.51
支付给职工以及为职工支付的现金	−91,392	9.62	−82,624	8.24	−45,174	9.64
支付的各项税费	−38,756	4.08	−45,358	4.52	−21,298	4.55
支付其他与经营活动有关的现金	−36,843	3.87	−41,318	4.12	−29,488	6.30

（数据来源：公司年报，同花顺）

如表3-21所示，2019年合兴包装投资活动现金流出小计中购建固定资产/无形资产和其他长期资产支付的现金为26,302万元，占投资活动现金流出小计的94.64%；取得投资收益收到的现金为1490万元，占投资活动现金流出小计的5.36%。

表 3-21 2017～2019 年合兴包装投资活动现金流出构成

项目名称	2019 年 数值（万元）	2019 年 百分比（%）	2018 年 数值（万元）	2018 年 百分比（%）	2017 年 数值（万元）	2017 年 百分比（%）
投资活动现金流出小计	-27,792	100.00	-28,614	100.00	-13,689	100.00
购建固定资产/无形资产和其他长期资产支付的现金	-26,302	94.64	-27,392	95.73	-13,689	100.00
取得投资收益收到的现金	-1490	5.36	-1222	4.27	0	-0.00

（数据来源：公司年报，同花顺）

如表 3-22 所示，2019 年合兴包装筹资活动现金流出小计中偿还债务支付的现金为 251,593 万元，占筹资活动现金流出小计的 93.93%；分配股利/利润或偿付利息支付的现金为 15,041 万元，占筹资活动现金流出小计的 5.62%；支付其他与筹资活动有关的现金为 1221 万元，占筹资活动现金流出小计的 0.45%。

表 3-22 2017～2019 年合兴包装筹资活动现金流出构成

项目名称	2019 年 数值（万元）	2019 年 百分比（%）	2018 年 数值（万元）	2018 年 百分比（%）	2017 年 数值（万元）	2017 年 百分比（%）
筹资活动现金流出小计	-267,855	100.00	-302,021	100.00	-171,627	100.00
偿还债务支付的现金	-251,593	93.93	-220,910	73.14	-159,677	93.04
分配股利/利润或偿付利息支付的现金	-15,041	5.62	-17,621	5.83	-11,926	6.95
支付其他与筹资活动有关的现金	-1221	0.45	-63,489	21.02	-22	0.01

（数据来源：公司年报，同花顺）

从长期投资和融资情况来看，企业长期投融资活动能为企业提供 170,427.52 万元的营运资本，投融资活动是协调的。从企业经营业务的资金协调情况来看，企业经营业务正常开展，需要企业提供 251,568.48 万元的流动资金。但企业投融资活动没有为企业经营活动提供足够的资金保证，经营活动是不协调的。从绝对值来看，资金紧张状况并不严重。

6.7 公司财务指标分析

6.7.1 偿债能力分析

如表 3-23 所示，从短期偿债比率来看，合兴包装 2019 年的流动比率、速动比率及现金比率分别为 164.86%、123.67% 和 19.48%。

2019 年流动比率为 1.65，与 2018 年的 1.31 相比有较大增长，增长了 0.34。2019 年流动比率比 2018 年提高的主要原因是，2019 年流动资产为 433,199.05 万元，与 2018 年的 483,595.58 万元相比有较大幅度下降，下降 10.42%。2019 年流动负债为 262,771.53 万元，与 2018 年的 367,793.52 万元相比有较大幅度下降，下降 28.55%。流动资产下降速度慢于流动负债的下降速度，致使流动比率提高。

表 3-23　2016～2019 年合兴包装流动比率、速动比率及现金比率

年份	流动比率（%）	速动比率（%）	现金比率（%）
2016	130.39	87.62	24.80
2017	142.12	101.00	21.65
2018	131.49	98.96	21.69
2019	164.86	123.67	19.48

（数据来源：公司年报，同花顺）

2019 年速动比率为 1.24，与 2018 年的 0.99 相比有所增长，增长了 0.25。2019 年速动比率比 2018 年提高的主要原因是，2019 年速动资产为 324,976.83 万元，与 2018 年的 363,969.13 万元相比有较大幅度下降，下降 10.71%。2019 年流动负债为 262,771.53 万元，与 2018 年的 367,793.52 万元相比有较大幅度下降，下降 28.55%。速动资产下降速度慢于流动负债的下降速度，致使速动比率提高。速动资产充足，速动比率合理。

企业短期偿债能力有所提高，这种提高是在资产的盈利水平有所提高但资产的周转速度并没有提高的情况下取得的，是可靠的。从短期来看，企业经营活动的资金主要依靠短期借款全部偿还短期债务本息会有一定困难。

如表 3-24 所示，从整体的资产负债率和产权比率指标来看，2019 年合兴包装的年资产负债率和产权比率分别为 49.45% 和 97.82%。

表 3-24　2016～2019 年合兴包装资产负债率与产权比率

年份	资产负债率（%）	产权比率（%）
2016	53.85	116.69
2017	48.44	93.94
2018	56.89	131.94
2019	49.45	97.82

（数据来源：公司年报，同花顺）

从盈利情况来看，企业盈利对利息的保障倍数为 5.85 倍；从实现利润和利息的关系来看，企业盈利能力较强，利息支付有保证。

6.7.2　营运能力分析

如表 3-25 所示，2019 年合兴包装的存货周转率为 8.47 次，2018 年为 8.80 次，2019 年比 2018 年下降了 0.33 次。

表 3-25　2016～2019 年合兴包装存货周转率

年份	存货周转率（次）
2016	4.94
2017	6.52
2018	8.80
2019	8.47

（数据来源：公司年报，同花顺）

如表 3-26 所示，2019 年合兴包装的应收账款周转率为 4.11 次，2018 年为 4.72 次，2019 年比 2018 年下降了 0.61 次。

表 3-26　2016～2019 年合兴包装应收账款周转率

年份	应收账款周转率（次）
2016	3.85
2017	4.59
2018	4.72
2019	4.11

（数据来源：公司年报，同花顺）

如表 3-27 所示，2019 年合兴包装的总资产周转率为 1.64 次，2018 年为 1.81 次，2019 年比 2018 年下降了 0.17 次，周转速度放慢。企业资产规模有较大幅度的增长但营业收入却没有相应的增长，表明企业总资产的周转速度有较大幅度的下降。

表 3-27　2016～2019 年合兴包装总资产周转率

年份	总资产周转率（次）
2016	1.06
2017	1.49
2018	1.81
2019	1.64

（数据来源：公司年报，同花顺）

从存货、应收账款、应付账款三者占用资金数量及其周转速度的关系来看，企业经营活动的资金占用有较大幅度的增加，营运能力明显下降。

6.7.3　盈利能力分析

反映企业盈利能力的指标主要有销售毛利率、销售净利率、净资产收益率和总资产收益率。2019 年合兴包装的销售毛利率为 13.03%，销售净利率为 2.62%，总资产报酬率（ROA）为 3.94%，净资产收益率（ROE）为 8.45%。

如表 3-28 所示，2019 年合兴包装的销售毛利率为 13.03%，2018 年为 12.54%，2019 年比 2018 年上升了 0.49 个百分点。

表 3-28　2016～2019 年合兴包装销售毛利率

年份	销售毛利率（%）
2016	16.98
2017	13.80
2018	12.54
2019	13.03

（数据来源：公司年报，同花顺）

如表 3-29 所示，2019 年合兴包装的销售净利率为 2.62%，2018 年为 2.35%，2019 年比 2018 年上升了 0.27 个百分点。

表 3-29　2016～2019 年合兴包装销售净利率

年份	销售净利率（%）
2016	3.53
2017	3.18
2018	2.35
2019	2.62

（数据来源：公司年报，同花顺）

如表 3-30 所示，2019 年合兴包装的净资产收益率（ROE）为 8.45%，2018 年为 8.04%，2019 年比 2018 年上升了 0.41 个百分点。

表 3-30　2016～2019 年合兴包装净资产收益率（ROE）

年份	净资产收益率（ROE）（%）
2016	6.20
2017	7.39
2018	8.04
2019	8.45

（数据来源：公司年报，同花顺）

如表 3-31 所示，2019 年合兴包装的总资产报酬率（ROA）为 3.94%，2018 年为 3.46%，2019 年比 2018 年上升了 0.48 个百分点。

表 3-31　2016～2019 年合兴包装总资产报酬率（ROA）

年份	总资产报酬率（ROA）（%）
2016	3.08
2017	3.63
2018	3.46
2019	3.94

（数据来源：公司年报，同花顺）

企业实际投入企业自身经营业务的资产为 643,644.98 万元，经营资产的收益率为 5.65%，而对外投资的收益率为 50.06%。从企业内外部资产的盈利情况来看，对外投资的收益率大于内部资产收益率，内部经营资产收益率又大于企业实际贷款利率，说明对外投资的盈利能力是令人满意的，对外投资业务的盈利能力明显提高。

6.7.4 成长性分析

反映企业成长性的指标主要有资产扩张率、营业总收入同比增长率、营业利润同比增长率、净利润同比增长率和净资产增长率。2019 年合兴包装的资产扩张率为 –7.15%，营业总收入同比增长率为 –8.79%，营业利润同比增长率为 2.30%，净利润同比增长率为 1.75%，净资产同比增长率为 8.87%。

如表 3-32 所示，2019 年合兴包装的资产扩张率为 –7.15%，2018 年为 8.54%，2019 年比 2018 年下降了 15.69 个百分点。

表 3-32 2016～2019 年合兴包装资产扩张率

年份	资产扩张率（%）
2016	24.25
2017	28.55
2018	8.54
2019	–7.15

（数据来源：公司年报，同花顺）

如表 3-33 所示，2019 年合兴包装的营业总收入同比增长率为 –8.79%，2018 年为 39.08%，2019 年比 2018 年下降了 47.87 个百分点。

表 3-33 2016～2019 年合兴包装营业总收入同比增长率

年份	营业总收入同比增长率（%）
2016	24.19
2017	78.51
2018	39.08
2019	–8.79

（数据来源：公司年报，同花顺）

如表 3-34 所示，2019 年合兴包装的净利润同比增长率为 1.75%，2018 年为 50.15%，2019 年比 2018 年下降了 48.4 个百分点。

表 3-34　2016～2019 年合兴包装净利润同比增长率

年份	净利润同比增长率（%）
2016	1.45
2017	60.79
2018	50.15
2019	1.75

（数据来源：公司年报，同花顺）

如表 3-35 所示，2019 年合兴包装的营业利润同比增长率为 2.30%，2018 年为 36.20%，2019 年比 2018 年下降了 33.9 个百分点。

表 3-35　2016～2019 年合兴包装营业利润同比增长率

年份	营业利润同比增长率（%）
2016	−17.54
2017	91.21
2018	36.20
2019	2.30

（数据来源：公司年报，同花顺）

如表 3-36 所示，2019 年合兴包装的净资产同比增长率为 8.87%，2018 年为 9.17%，2019 年比 2018 年下降了 0.3 个百分点。

表 3-36　2016～2019 年合兴包装净资产同比增长率

年份	净资产同比增长率（%）
2016	6.19
2017	43.63
2018	9.17
2019	8.87

（数据来源：公司年报，同花顺）

2019年企业新创造的可动用资金总额为29,036.73万元。在没有外部资金来源的情况下，企业用于投资发展的资金如果不超过这一数额，则不会给企业经营业务活动带来不利影响；反之，如果企业的新增投资规模超过这一数额，则在没有其他外部资金来源的情况下，必然占用经营业务活动资金，引起营运资本的减少，将会引起经营活动的资金紧张。在加速企业流动资产周转速度方面，如果使企业流动资产周转速度提高0.05次，则流动资产周转天数由148.71天缩短为145.7天，由此而节约资金9276.37万元，可用于企业未来发展。

6.7.5 公司经营状况分析

1. 2018年总体业绩符合预期，高增长延续

2018年，在董事会的领导和战略规划的指引下，公司成为第一家销售额过百亿元的包装公司，平台业务相比2017年实现业绩翻番。为保障未来的发展，公司在项目、人才、金融合作等多方面深挖渠道，提前储备，以期为战略目标的实现保驾护航。2018年实现营业收入1,216,672.76万元，比去年同期增长39.08%；利润总额35,635.39元，比去年同期增长35.86%；归属于母公司所有者的净利润23,305.52万元，比去年同期增长64.49%。近五年（2013～2018年）主营业务收入复合增长率（CAGR）为37.9%，公司实现归母净利润2.33亿元，同比增长64.1%，近五年归母净利润CAGR为19.7%。公司2018年毛利率为12.5%，同比下滑1.8个百分点。净利率同比提升0.2个百分点至2.4%。收入拆分方面，2018年，公司纸板业务实现营收25亿元，同比增长51%；纸箱业务营收75.2亿元，同比增长88.8%。分行业看，公司供应链服务业务收入由2016年的2.3亿元迅速提升至2018年的28.4亿元，其中2018年供应链服务营收同比增长150%，占主营业务收入比重由5%大幅提升至23.3%。2018年公司经营性现金流合计5.58亿元，为近五年来最优。分季度看，2018年四个季度较上年同期现金流均有改善。

我国纸包装市场规模大，但行业分散，环保监管力度增大、供给侧结构性改革的推动使得原先中小型包装企业得以发展的环境不复存在，市场集中度提升成为大势所趋。合兴包装从异地自建工厂到轻资产扩张，通过PSCP平台打通中国市场集中度提升之路。早期合兴包装曾通过异地自建工厂、管理输出完成全国布点，具备全国服务能力后，2016年起公司开始探索以产业链服务为核心的轻资产扩张模式，公司制定了打造"百亿制造、千亿服务的包装产业资源整合及共享平台"的 5 年战略目标。推出 PSCP 平台联结客户与行业内中小企业，通过产能合作、订单合作，以及公司管理能力输出，一直以来成效明显，既能无资本消耗扩大公司产能规模，提高市占率，又能实现客户、合作包装厂与平台企业三方共赢。近三年来，公司积极探索产业链整合的模式，与涉及包装产业的机构尝试了多样的合作。目前，平台稳健运营，业务模式不断推陈出新，合作方式多样化，产业生态已初具规模。

外延并购助力产能整合以及区域平衡发展。公司收购国际纸业中国及东南亚业务，扩大产能，拓展客户，抢滩新兴市场。公司于 2016 年设立并购基金收购国际纸业中国及东南亚业务（合众创亚），2018 年上半年完成对合众创亚（亚洲）100% 股份收购，提高公司营业收入近 1 倍，增厚盈利并带来客户资源，其中 4 个东南亚布点还为公司抢滩国外市场奠定基础。经营情况显著改善，"低毛利+高周转"构成壁垒，珍视低利率环境下企业股价弹性，维持"强烈推荐-A"评级。与 2017 年相比，公司资产结构、经营情况和经营效率指标显著改善；公司毛利率较低，但周转率较高，使公司 ROE 弹性大。对合众的合并可实现两家公司的优势区域互补，合兴的优势区域在华南、华中，通过整合合众创亚，公司在华东、华北、西南和东北等区域的产能布局和销售情况显著改善，四个区域占总营收的比例分别上升了 2pp[①]、2.3pp、2.7pp 和 1.1pp，公司区域布局更加合理，市场地位将得到进一步的增强。并购整合也带动公司包装业务实现稳健增长，2018 年全年实现收入 93.3 亿元，同比增长 22.5%，IPS/PSCP 项目持续推进，战略转型进展顺利。

2. 纸箱纸板同步加速放量，供应链服务延续高增长

公司收入拆分方面，2018 年，公司纸板业务实现营收 25 亿元，同比增长 51%，2013～2018 年公司纸板营收 CAGR 为 68.9%。另外，公司纸箱业务自 2015 年增长触底后快速回升的势头继续维持，2018 年纸箱业务营收 75.2 亿元，同比增长 88.8%，2013～2018 年公司纸箱营收 CAGR 为 29.4%。

由于公司根据证监会于 2018 年 8 月发布的《2017 年上市公司年报会计监管报告》对 2017 年和 2016 年的营收利润进行了追溯调整，公司 2017 年基数上调以及将收购合众创亚（亚洲）产生的 2.96 亿元的营业外收入调整至 2016 年，因此 2018 年年报增速较 2018 年半年报和季报中的数据相差较大，但公司原有

---

① pp：百分点。

包装业务稳健发展，供应链服务高速扩张，整体业绩表现符合预期。原材料涨价压力下降，运营能力持续提升。分业务看，包装服务实现收入93.3亿元，同比增长22.5%；供应链服务实现收入28.4亿元，同比增长149.9%。公司全年实现毛利率12.5%，同比下降1.3pp，一是因为低毛利率的供应链服务销售占比提升，二是因为主要原材料瓦楞纸2018年均价较2017年上涨约5%。瓦楞纸价从2018年第四季度开始显著回落，当前价格相对于2018年高点回落约32%，公司毛利率有向上的修复空间。公司全年三费率为8.9%，同比下降0.4pp，主要是公司持续推进标准化工厂的建设以及精细化的管理体系，运营效率得到提升。公司2018年全年计提商誉减值损失5809.8万元，主要原因是大庆华洋（子公司）经营能力下滑，资产重估后计提了约5164万元商誉减值损失。公司目前账面商誉剩余总额约为1723万元，总量较小，后续将不会给公司净利润造成太大影响。现金流方面，公司2018年全年经营性现金流同比增加344%，达到5.6亿元，主要受益于客户回款好、公司扩大了集中采购规模同时增加票据结算。

公司持续推进"千亿服务"的战略，产业供应链云平台（PSCP）和智能包装集成服务（IPS）于2018年继续爆发。供应链服务2018年全年实现营收28.4亿元，同比增长150%，并随着规模上升，供应链服务的毛利率也显著改善，2018年实现毛利率4.5%，同比大幅提升1.7pp。IPS目前已和捷普、好孩子等多家客户签约，投入十多条包装生产线。目前正处于设备采购阶段，项目进展符合预期。PSCP项目目前签约客户已达到1400家，较2017年年末增加了700家，仍在高速发展，后续若实现和IPS互相协作，将全面增强公司的包装服务和供应能力。PSCP平台有望为合兴包装打通行业集中度提升空间：我国纸包装行业呈现高度分散的格局，企业因格局分散、运输半径受限、盈利能力不佳等原因投产意愿低，企业实际建厂投资模式依靠重资产运营，导致行业集中度难以快速提升，PSCP平台可以有效解决包装行业这一痛点。通过整合资源，赋能中小企业，达到双赢效果。从2018年经营数据来看，我们认为合兴包装PSCP平台有望逐渐起航的原因在于：

（1）大客户集中度呈现逐年降低趋势，2016～2018年公司前五大客户集中度分别为31%、25%、16%，表明公司在开发中小客户方面初具成效；

（2）2017～2018年，合兴包装ROE由6.29%提升至8.79%，资产周转率提高是ROE上行的核心原因，改变传统包装重资产运营模式，在做大销售的同时降低资本开支是资产周转率提升的核心原因。

PSCP平台打造客户端竞争壁垒：在PSCP平台的运营模式中，合兴包装通过向合作的包装企业提供资金和资源支持，通过产业集群效应降低采购成本，来换取营收和市占率的快速提升，实现成本的降低和平台流量变现。通过为产业上（订单规模提升）、中（资源匹配、成本管理、库存管理、资金支持）、下游（服务水平提升、订单匹配效率）提供增值服务，实现产业集群价值延伸，从而在包装产业链中实现收入和利润价值再分配。

3. 2018年原材料价格大幅上涨与结构性调整导致毛利率下滑

公司毛利率水平在2013～2015年基本保持平稳，但2016年至今毛利率经历了大幅下滑，公司综合毛利率由2015年的19.7%降至2018年的12.5%。分业务看，公司纸箱毛利率逐年下滑，由2015年的20.2%降至2018年的13.7%，纸板和缓冲包装业务毛利率则分别由9.5%和17.7%降至5.3%和8%。

公司近年毛利率下滑的主要原因有两点：

（1）上游原材料价格大幅上涨。受国家由环保政策发起的供给侧结构性改革影响，上游造纸行业先后经历了中小产能加速出清、外废进口配额限制等因素的冲击，纸价自2016年第四季度开始持续走高，并在2018年上半年高位震荡。由于公司纸箱和纸板成本中原材料成本占比约为70%，纸价持续高位运行叠加公司向下游提价的时滞因素导致毛利率承压。

（2）公司结构性调整。由于2016～2018年公司供应链服务模块高速放量，导致供应链服务在公司营收中的占比由5%提升至23.3%，由于供应链服务毛利率较传统包装制造业务低，导致公司总体毛利水平下滑。但我们认为，后续伴随上游造纸业周期红利下行以及PSCP平台规模效应提升，毛利率下行趋势有望放缓。

4. 2019年行业弱景气，毛利率稳中有升

2019年宏观经济形势较为严峻，国际经济形势紧张、环保要求趋严、供给侧改革、废纸政策变化等多重政策影响国内经济增速持续放缓，在行业下游消费品需求不足的形势下，公司净利润实现稳步增长。2019年营业收入1,109,678.26万元，比去年同期减少8.79%；利润总额35,876.36万元，比去年同期增长0.68%；归属于母公司所有者的净利润26,679.94万元，比去年同期增长14.48%。公司在完成可转债发行后，净资产为302,296.50万元，比去年同期增加10.69%。受益原材料价格下行，2019年公司综合毛利率同比增加0.5

个百分点至 13.0%。包装制造业务和 PSCP 平台毛利率同比分别提升 1.8 个百分点和 0.1 个百分点至 16.8% 和 4.6%。主营业务盈利能力均提高，费用率有所上行。2019 年费用方面，期间费用率同比上升 1.19 个百分点至 9.97%，其中，销售、管理、研发、财务费用率分别同比变化 0.44 个百分点、0.79 个百分点、0.27 个百分点、−0.31 个百分点至 4.40%、3.67%、1.23%、0.67%。盈利能力方面，2019 年公司毛利率、净利率分别同比上升 0.49 个百分点、0.27 个百分点至 13.03%、2.62%。费用方面，期间费用率同比上涨 1.92 个百分点至 10.75%，其中，销售、管理、研发、财务费用率分别同比变化 0.46 个百分点、0.77 个百分点、0.16 个百分点、0.53 个百分点至 4.15%、4.15%、1.21%、1.24%。行业景气偏弱拖累营运能力，2019 年应收账款周转天数同比增长 12 天至 86 天，应付票据周转天数同比减少 11 天至 22 天，致使公司经营性现金流同比下降 29.9% 至 3.9 亿元；报告期内借款规模缩小，筹资性现金流净额同比减少 41.0% 至 3.5 亿元。盈利能力方面，公司毛利率、净利率分别同比下降 0.70 个百分点、0.18 个百分点至 11.92%、2.09%。

5. 2019 年传统业务受需求影响承压，PSCP 平台平稳运行

国际经济形势趋紧影响箱板瓦楞包装行业下游需求，进而影响到包装企业的订单量。分业务看，2019 年公司包装制造业务实现营收 76.9 亿元，同比下滑 17.5%。公司 PSCP 平台平稳扩张，产业链服务迎来收获期。分业务看，2019 年包装制造行业取得收入 76.93 亿元，同比下降 17.5%。产业链服务取得收入 34.03 亿元，同比增加 19.9%，较去年占营收比例大幅提升。包装制造经营维持稳健，2019 年第四季度包装纸价回升修复业绩，2019 年第四季度箱板纸均价较三季度每吨上涨 118 元；瓦楞纸第四季度均价较第三季度每吨上涨 102 元。从中长期看，由于进口废纸供应的减少，在需求增加的情况下，纤维材料可能偏紧，废纸价格有望上行。目前废纸价格处于低位，国废平均价格为 1885 元/吨，我们认为在未来外废严格控制的情况下，纸厂均有涨价的意愿，加上公司新产能的投放，箱板纸营收将有较大的增长。产业链服务：新平台和新技术蓬勃发展，赋予公司向上动能。截至报告期末，PSCP 平台拥有客户约 1716 家，实现销售收入超 34 亿元。

6. 切入阿里供应链，中长期市占率有望逐步提升

公司全资子公司与杭州菜鸟签订采购协议，为其国内主要口岸的第三方仓

储服务商提供包装材料。公司此次切入阿里供应链，锁定大客户，是推进"集团化大客户"战略的体现，2020年在国内外整体需求承压背景下，公司订单有望保持平稳向上。中长期看，公司为纸包装行业规模最大企业（以中国包装联合会预估的纸质包装业产值测算，公司2019年市占率预计为1.2%），未来有望凭借"制造+服务"持续提升在纸包装行业的市场份额。

总之，合兴包装目前公司各募投项目稳步推进，产能持续扩张，有望贡献增量利润。塑料污染治理力度加强，纸包装需求有望得到提振，利好产业龙头发展。持续加码供应链平台战略，新技术和新平台赋予公司蓬勃向上的发展动能，长期看行业竞争格局不断改善，预计未来依旧维持高增速。

7 合兴包装未来发展潜力与风险

7.1 公司发展潜力

7.1.1 瓦楞纸包装成本下滑，合兴包装估值提升

在未来相当长一段时间内，国内箱板瓦楞纸价格再难出现大涨大跌现象，原因在于过去两年持续高位的箱板瓦楞纸价格已经迫使国内原纸贸易商及大型纸板厂开拓了较为成熟的原纸进口渠道。进口原纸价格将成为国内箱板瓦楞纸价格的压制线。进口原纸价格的趋势也将呈总体平稳下行的趋势。

进口纸价压制叠加其他国家外废降价流回国内，致使箱板瓦楞纸价难以大幅波动。首先，若国内原纸价格再次上涨至进口原纸价格之上，贸易商及大型纸板厂将启动进口，平抑价格上涨趋势。对比进口箱板瓦楞纸价和国内售价，可以观察到进口纸价对国内纸价的压制作用。其次，由于进口废纸将逐步被中国挡在门外，美国废纸和欧洲废纸等外废将大量流入东南亚及南亚国家，我们判断国内大型纸厂将会逐步启动东南亚及南亚国家原纸产能布局。当地产能将获得较为低价的原材料，以降低生产成本，使得出口到中国的原纸价格有一定的降低空间。因此预计原纸价格总体平稳或向下，虽然不一定能完成兑现到瓦楞纸包装产业的利润中，但在股权投资层面，市场对瓦楞纸包装成本端的周期

性预期将会下滑，将有利于该行业上市公司估值提升。

合兴包装是国内收入体量最大的瓦楞纸包装公司，在前端行业整合趋势及自身赋能型整合平台的合力下，公司收入利润高速增长的同时，成本端周期属性减弱成为本书推荐合兴包装的有利理由。

7.1.2 扩张业务规模，实现并购与资源整合

最近几年，合兴包装不断地在全国各地与不同自然人合资成立公司。最主要的原因可能是，这些自然人掌握了一定的客户、市场或订单资源，通过合作将其纳入上市公司的体系，以快速做大体量，并以此为基础探索更多的商业可能。

纸质包装行业规模庞大，需求稳定增长，瓦楞纸箱市场以中低档需求为主。目前瓦楞纸箱市场格局极为分散，受纸价上涨及环保形势影响，中小产能出清加速，我们判断大厂供应稳定性优势明显，将受益于原材料涨价带来的集中度提升。参照国外成熟市场经验，我国目前行业发展阶段与美国20世纪90年代阶段类似，行业下游集中度不断提升，纸包装企业开始兼并收购，包装行业集中度提升的趋势明显。市场空间广阔、格局极为分散的包装行业在纸价的催化下，目前已进入加速整合阶段。瓦楞纸包装接近4000亿元的市场规模仍有增长，龙头相对于行业增速超额增长，且市场份额提升空间巨大。行业经历了从高毛利的蓝海到目前低毛利的红海历练，充分竞争已是现状，新进入玩家减少，未来行业参与者核心竞争力在于效率与规模。客户品牌升级诉求下，对包装供应质量及稳定性要求不断加强，与龙头公司能力匹配，2B的纸包装行业正在出现品牌溢价。

7.1.3 盈利能力提高，PSCP业务迎来收获期

合兴包装PSCP赋能型整合平台加速整合进程，供应链云平台解决扩张痛点，整合全国零散中小产能。在收入快速增长的过程中，资产负债表和现金流量表出现稳步优化，表明平台扩张具备持续性和改善性。当前市场对合兴包装价值存在明显低估，主要来源于PSCP平台，平台目前利润贡献较低，营收增速远超利润增速，当前估值方式没有体现平台价值。平台内含合作产能及客户增加的边际成本增长有望由负转正，且平台潜在盈利点将随流量提升逐步凸显，平台未来盈利提升具备较大空间。加之平台规模增长为集团提升上下游议价能力及产能利用率贡献巨大，但公司目前估值体系为PE估值，平台当前利

润贡献较少，平台在当前估值方式中未享有合理估值。

7.1.4 减税红利来临，公司有望大幅受益

2019 年 3 月 5 日发布的政府工作报告中指出，"深化增值税改革，今年将制造业等行业现行 16% 的税率降至 13%，将交通运输业、建筑业等行业现行 10% 的税率降至 9%；保持 6% 一档的税率不变，但通过采取对生产、生活性服务业增加税收抵扣等配套措施，确保所有行业税负只减不增"。

合兴包装净利润有望增长 3.5%～28.6%。基于 2018 年年报数据，对合兴包装主业受增值税影响进行了情景分析。考虑包装行业的整体弱势及合兴包装作为龙头的相对强势地位，我们认为最终合兴包装受益于增值税的净利润增厚区间为 0.08 亿～0.67 亿元，增幅区间为 3.5%～28.6%，净利率提升区间为 0.1%～0.7%。若产业链利润分配均衡，即含税买卖价均不变，则合兴包装净利润有望增厚 0.67 亿元，净利率提升 0.7%。若产业链利润分配向终端客户集中，即含税买卖价均降低，则合兴包装净利润有望增厚 0.08 亿元，净利率提升 0.1%。

7.1.5 禁塑令刺激快递业务，瓦楞纸需求增长

根据环保组织"绿色和平""摆脱塑缚"与中华环保联合会联合发布的《中国快递包装废弃物产生特征与管理现状研究报告》调查数据显示，2018 年，中国快递包装主要以瓦楞纸箱和塑料袋为主。其中瓦楞纸箱占 44.0%（按件数），塑料袋占 33.5%。

按照材质类型，可将快递包装材料分为纸质类和塑料类。2018 年我国共消耗纸质类快递包装材料 856.05 万吨，占快递包装材料的 90.95%；消耗塑料类包装材料 85.18 万吨，占快递包装材料的 9.05%。其中纸质包装以瓦楞纸为主，占比高达 96.18%。

近几年，电商业务飞速增长，中国快递业务蓬勃发展。2013～2016 年，中国快递业务总量增速保持在 50% 以上。2017～2019 年，增速虽有下降，但仍保持在 20% 以上的增长速度。2018 年全年快递服务企业业务量完成 507.1 亿件，同比增长 26.6%。2019 年，我国快递业务总量累计达到 635.2 亿件，同比增长 25.3%。根据近几年中国快递业务量增速测算，到 2025 年，中国快递业务量将达到 1349 亿件，年复合增长率为 13.4%。

根据《关于进一步加强塑料污染治理的意见》规划，到 2022 年，全国重

点省市快递塑料包装将禁用不可降解塑料，到 2025 年全国快递禁用不可降解塑料。取代不可降解塑料的材料一是纸质包装（主要为瓦楞纸），二是可降解塑料，假设取代不可降解塑料材料中，有 30% 由纸质材料替代，70% 材料由可降解塑料替代，则到 2022 年，塑料包装快递量占比下降至 35.2%，到 2025 年下降至 28.8%。

纸质包装快递中，瓦楞纸使用占比为 96.18%，按单件纸质包装快递为 288.08 克，按照单件塑料包装 40.87 克进行测算，2025 年，受禁塑令影响，用于快递包装的瓦楞纸潜在需求增量为 459.66 万吨，可降解塑料潜在需求增量为 158.78 万吨。相对于 2019 年（按占比测算），受禁塑令影响将导致 2025 年纸质包装快递潜在需求增加 165.9 亿件，采用可降解塑料的塑料包装快递潜在需求增加 388.5 亿件。

7.2 风险预判

7.2.1 原材料价格大幅上涨风险

公司纸箱和纸板业务成本中原材料成本占比较高，若未来政策趋严，可能出现因废纸稀缺性提升导致的包装纸涨价，进而影响公司业绩。

7.2.2 业务拓展不达预期风险

公司未来营收关键增长点之一在于供应链服务模块放量，若未来该业务拓展未达预期，可能影响公司业绩表现。

7.2.3 行业竞争加剧风险

公司所处传统纸包装行业产能分散，企业众多，且进入门槛不高。若未来发生行业竞争加剧状况，可能影响公司产品销售价格，并对收入和利润产生影响。

8 总结

限塑令催化＋产能扩张＋商业模式创新，继续看好公司未来卓越表现。政策方面，塑料污染治理力度加强，利好纸包装产业龙头企业。2020 年 1 月

16 日发布的《关于进一步加强塑料污染治理的意见》指出，到 2020 年年底我国将率先在部分地区、部分领域禁止、限制部分塑料制品的生产、销售和使用；到 2022 年年底，一次性塑料制品的消费量明显减少，替代产品得到推广。可转债顺利发行，募投项目稳步推进，有望贡献增量利润。公司于 2019 年 8 月公开发行总额 59,575 万元可转换公司债券，用于环保包装工业 4.0 智能工厂项目和青岛纸箱生产建设项目。项目年生产力预计可达 2 亿平方米包装制品，以及 6000 万平方米三层和 9000 万平方米五层中高档纸箱，预计总销售额达 11.7 亿元。未来公司致力于产业链整合，PSCP 打造的产业生态圈持续扩张。包装产业链云平台（PSCP）持续发挥着整合行业的关键性作用，以轻资产的拓展方式及线上线下互动模式，整合包装生产能力，带动中小企业产能合作，加强产业协同。公司坚定推进供应链平台战略，积极探索产业链整合模式，包装联合网产业生态规模有望持续扩张。

第四篇 劲嘉股份经营与财务分析

1 公司简介

劲嘉股份，即深圳劲嘉集团股份有限公司，创立于1996年10月14日，2007年12月5日在中国A股主板上市（简称劲嘉股份，代码002191），2008年5月成为中小板指数样本股。

劲嘉股份是我国烟标印刷行业的领军企业。公司已形成了完整的烟标印制包装的产业链，拥有世界先进的印刷设备，在生产规模和生产工艺技术上都具有很大的优势，能够满足各种型号和类别的烟标生产需求。公司进入行业较早，与全国大部分的烟草生产企业有着密切的合作关系，在烟标印刷行业拥有十余年的经验。

劲嘉股份在烟标印刷行业拥有很高的市场占有率，烟标产品的销售量位居全国第一，目前烟标产品已经成功进入印度尼西亚和俄罗斯，逐渐打开了国际市场，属于国内烟标印刷行业的龙头企业。

公司主营业务为高端包装印刷品和包装材料的研发生产，主要产品是烟标、酒盒、高端电子产品及生活用品的包装及相关配套材料。在行业率先推出创意设计和包装整体解决方案，成功研发了激光全息转移防伪纸和转移膜等新型材料，突破运用于包装印刷领域；与国内80%的省级中烟公司保持长期的战略合作关系，烟标销售量位居行业前列，其他产品也占有较大市场份额。

2 公司所处行业分析

2.1 行业发展历程

烟标印刷行业是包装印刷行业的一部分。从 20 世纪末开始，烟标印刷行业进入了迅速发展时期。为了满足下游烟草生产商多品牌产品的包装需求，烟标印刷企业通过创新，不论是包装材料还是印刷工艺都取得了很大的进步。印刷材料从最初的铜版纸到白卡纸，再后来发展成复合纸，而现在已经使用彩虹全息膜；生产工艺也经过了很大的改进，从最初的单色印刷发展成现在精美的多色印刷；印刷油墨也从普通油墨升级成固化油墨，到目前已经使用了水性油墨技术。

烟标印刷行业的发展初期，行业处于刚刚起步阶段，只有少数企业从事烟标印刷，因此技术和材料的更新和改进比较慢。随着改革开放的不断深入，国内市场经济快速发展，烟标企业从规模和数量上都不断发展壮大，烟标产业结构也逐渐形成了面向中高低档不同层次。现阶段，烟标印刷工艺技术都在不断发展升级，烟标印刷行业在各个方面都产生了激烈的竞争。

我国包装企业数量多而规模小，行业集中度不高，重复建设的现象较为严重，行业核心竞争力不强，相对于发达国家而言，我国的纸质印刷包装行业的产业结构和技术水平仍较为落后。纸质印刷包装行业中，低端包装领域竞争尤为激烈；而在高端领域，拥有高端品牌客户、高精生产技术、高服务质量的优质大型企业相对较少，行业集中度相对于国内低端包装领域略高，但相较于发达国家包装行业集中度而言仍偏低。

2.2 行业特点及发展趋势

逐渐走向集中化。随着国家相关政策的实施，国内卷烟品牌集中度不断上升，从而对企业生产能力产生了巨大推动，客观上促进了烟标印刷企业领军者的产生。同时，从全球烟草行业的发展规律来看，烟草产业不断集中，到最后形成几家大型企业是一种必然趋势。这也带动了上游的烟标行业逐渐走向集中化。

规模趋势明显。近几年，随着国家法规和发展战略的确定实施，烟草生产企业对烟标印刷企业的各种能力提出了更高的要求。这种高要求给烟标企业自身实力带来了巨大考验，大部分小企业将跟不上这种趋势而被逐步淘汰。烟标印刷行业在以后的发展进程中，产业规模化趋势明显。

重环保和防伪性能，行业产业链上游反向整合趋势加大。随着我国烟标印刷行业逐渐走向集中化、规模化，烟标印刷企业为保证产品达到环保要求，对原材料的选择日益严格。为了进一步贯彻"卷烟上水平规划"的口号，卷烟产品将不断进行产业结构转型，防伪性作为烟标生产的一部分需求也将不断升级。从整体来看，随着烟标产品的生产要求不断提高，烟标印刷行业进行产业链整合的趋势也不断加大。

纸质印刷包装行业是下游消费产品的配套行业，根据下游行业的经营情况及需求情况等，呈现相应的周期性、区域性。随着国家经济的增长，国民生活条件的改善，消费者对消费类电子产品、精品烟酒、高档化妆品的需求也在不断升级，作为展现品质、传递品牌价值的重要载体，纸质包装产业也将逐步向高端化、精品化演进。

随着健康安全意识和绿色发展理念提升，国内外对于烟草产品及其包装都提出了更高的要求，通过改进烟标印刷技术及管理实现绿色环保节能要求成为新的发展趋势。烟标提供厂家越来越了解到研发与加工绿色烟标的迫切性。例如，真空加铝纸、激光转向纸、水化油墨、新一代绿色油墨等已经成为烟标产业的主要研究方向。烟标印刷行业通过对烟标关键原料的选取与研究，联合烟标印刷的特色做出开发革新，让烟标包含的苯等散发性化学物质能够得到控制，使此类化学物质参数达成或者小于我国规定水平。

2.3 上下游行业及影响

2.3.1 上游行业对烟标印刷行业的影响

烟标印刷行业产业链上游主要包括造纸及纸制品加工业、油墨制造业、转移纸复合纸制造业及其他辅助原材料行业，其下游主要面向卷烟行业。

目前，我国造纸及纸制品制造业和油墨制造业还处于充分市场竞争状态，行业发展处于初级阶段，具有很多不同水平的供货商。由于原材料市场具有激烈的竞争性，因此烟标印刷公司在原料采购上具有较高的议价能力。同时，烟标印刷行业的技术领先型公司，拥有很强的长期技术研发能力，这种研发能力经过推广，逐步应用转移到产品，从而使其在原料的选择上有了更大的选择空间。膜品中的基膜材料属于石油产业的下游产品，因此会受到国际原油价格波动的影响，这种情况造成了企业成本不可控，使烟标印刷行业的成本存在一定的不可控因素。

2.3.2　下游行业对烟标印刷行业的影响

本行业下游主要面向卷烟行业，因此，卷烟行业的发展规模、发展空间和结构调整都会从不同层面上对本行业产生较大的影响。

1. 下游行业结构性变化推动高端烟标需求量的较快增长

国家烟草专卖局通过多次调整卷烟分类标准来进一步深化卷烟产品结构，从而促进中高档卷烟产品的生产，我国卷烟行业不断进行结构转型，产量逐渐从"金字塔形"向"橄榄形"过渡。这些调整将推动高端香烟的销量增长，从而推动高端烟标的需求。

2. 下游行业品牌整合政策推动优势供应商做大做强

烟标印刷行业的下游行业为烟草生产行业。21世纪初，我国烟草生产行业品牌集中度较低，随着行业内的不断重组整合，全国烟草生产企业数量持续减少。而这种资源整合，直接推动了烟草行业的结构调整，有力地促进了行业的可持续发展。下游行业的资源整合对烟标印刷企业在一定程度上有着推动的作用，提供了更好的发展机遇。卷烟行业的品牌集中使得大型烟标印刷企业进一步提升了自身的竞争优势。预计未来几年，烟标印刷行业市场将进一步向优势企业集中。

2.4　烟标行业主要壁垒

1. 技术壁垒

一方面，烟标属于高端印刷包装产品，对产品的生产技术要求很高，因此进入行业有很大的技术困难。另一方面，由于烟草生产企业对烟标印刷的要求很严格，烟标印刷企业必须不断地与烟草生产企业进行交流，通过长时间地适应其配套产品工艺，才能达到其技术要求。

2. 长期服务壁垒

卷烟生产企业为保证产品品质，要求烟标印刷企业必须进行后期的技术支持，通过紧密联系保持后期的服务。上下游产品之间，必须经过长期的技术积累和反复实践，最终才能形成一定的默契。同时，由于我国烟草市场不断集中，中高端卷烟品牌会不断加快产品外包装的整体防伪结构并且进行频繁更新，从而保证产品的防伪性能。这一特点对企业要求较高，从而对烟标印刷行业新进入者构成很强的壁垒。

3. 生产规模和资金实力壁垒

烟标印刷因产品生产工艺极为复杂，技术水平要求较高，而且只有不断进行资金和技术人才投入，才能在将来形成一定的回报。目前烟标生产主要依靠进口国外设备，具有很高的成本。同时，由于产品生产规模化的要求，企业必须拥有强大的生产能力，这要求新进入本行业的公司需要一次性投入大量的初始资金。因此，烟标印刷行业对初始投资规模要求较高，属于资金密集型行业，这就构成生产规模和资金实力的壁垒。

4. 环保壁垒

随着我国烟草行业不断进行体制改革，烟草产品也开始从量变转化为质变。"卷烟上水平"规划对烟草产品的环保要求促使烟标产品对环保要求的不断提高。产品环保性的提升属于高科技，对企业提出了很高的要求，这包括烟标设计人员必须深入理解烟草生产商的需求，并且保证使用环保性较高的原材料等。因此，行业高标准以及公司的强劲实力是烟标印刷企业达到环保要求需要具备的条件。

2.5 影响行业发展的有利因素和不利因素

2.5.1 有利因素分析

1. 产业政策保证了市场需求的稳定

我国烟草产业在政策上依然实行控制总体产量，扩大销售面积，稳定产品价格，增加整体经济效益的方针。方针要求各卷烟企业在国家计划组织生产和经营的条件下，通过各种基本保障，保持卷烟产销基本平衡。因此，烟草产业的市场容量出现大幅波动的可能性不大，将继续保持平稳增长的趋势。下游产业积极的产业政策给烟标印刷行业带来了一定的需求保障，从而使得烟标印刷行业市场需求量保持稳定。

2. 下游产业结构升级

在烟草产业积极政策的推动下，烟草产业将进行资源整合，同时实行结构性升级。随着中国经济的快速增长，我国居民消费水平显著提高，消费能力也不断增强，这种经济的大环境进一步推动了烟草产业的发展趋势，促使其施行中高档化进程。在这种大环境的作用下，烟标产品作为卷烟产品中的一部分，将从下游产业结构性升级中获得很大的发展机会。

3. 下游产品环保化趋势

近年来，环保一直是我国经济发展中的一个重要概念，烟草产业也不例外。随着我国不断推进烟草产品的降害化，我国烟草产业在环保、减害、降焦中取得了明显的进步。而作为卷烟产品的外包装，烟标产品的环保性将会受到更多的关注，这将在不同层面上使我国烟标印刷行业的发展更加规范。

4. 国际卷烟业竞争格局变化所带来的市场机会

由于中国实施了改革开放，在经济层面上越来越多地与国际接轨，烟草产业链也变得更加趋于国际化。国际烟草商已经开始在中国采购烟标产品，这将是一个更大的市场，国内的烟标生产企业如果获得国际烟草商的烟标订单，那么将会拓展国际市场，带来更多的利润收入。

2.5.2 不利因素分析

（1）随着环保健康的概念越来越流行，人们将会增强健康意识，同时《烟草控制框架公约》的实施，也在一定程度上对烟草的消费造成不利影响，下游烟草行业的市场发展趋势将会对烟标印刷企业带来一定程度的冲击。

（2）近年来，随着绿色消费理念的不断深入，限制商品过度包装必将成为一种发展趋势。而防止过度包装将会在一定程度上导致中高档商品不得不放弃高档的包装材料或降低包装的美观和防伪要求，这在一定程度上会对包装生产企业产生不利影响。

（3）由于原材料在很大程度上属于石油的下游产品，这种原材料的组成受国际大宗商品价格波动的影响。公司产品的生产成本将会受到一定的波动，从而对企业利润造成一定影响。

2.6 行业利润水平的变动趋势及原因

烟标印刷行业的利润水平从大的方面分析，主要受以下三个方面的影响，其中包括原材料价格波动的影响、产品的生产技术和工艺水平的影响以及下游行业对产品质量要求的影响等，具体情况如下。

（1）原材料价格波动的影响

烟标产品生产成本的主要部分由原材料成本所产生，其成本占生产成本的 50% 以上。受纸品、油墨价格的影响以及国际大宗商品（主要是国际原油）价格波动的影响，烟标印刷公司的生产成本将会有很大的不确定性，从而对企业利润造成一定影响。

（2）产品的生产技术和工艺水平的影响

产品的生产技术和工艺水平对产品质量起到了决定性的作用。在卷烟产品的所有生产成本中，包装材料的成本只占一个很小的比重，而烟标印刷企业作为包装材料的提供者，往往不会对烟草企业的利润造成太大的影响。因此客户对烟标的售价敏感度较低，但是并不代表烟草企业不重视产品包装，烟草企业对烟标的质量要求较高，而高质量的产品在售价上自然就会得到提高。因此，产品的生产技术和工艺水平的变化对烟草企业来说也属于比较重要的因素，从而对烟标企业的利润水平造成影响。

（3）下游行业对产品质量的要求

烟标产品的下游行业是烟草生产企业。烟草生产企业对烟标的生产往往会提出自己的意见，进行产品的定制。定制产品不是标准化产品，因此其利润水平必然受到烟草生产企业对产品要求的直接影响。从目前情况来看，高要求一般都会带来高的利润，烟草生产企业对烟标产品的要求越高，烟标产品在技术及工艺方面的技术含量也就越高，这最终导致产品的利润水平也就越高。

同时，在整个烟标印刷行业内，企业的盈利能力将出现两极分化的情况，技术水平、管理水平越高的企业将会不断扩大自己的优势，提高产品的毛利率，从而取得高于行业平均水平的利润，而小企业则会一步步被淘汰。此外，由于烟标市场的需求增大，产品的生产也会逐步走向批量化，这一趋势也会造成烟标行业内公司盈利状况的分化。生产规模大、成本控制得当的企业将有能力获得高于行业平均水平的利润，而小规模的企业则逐渐失去市场地位。

2.7　行业的经营模式及周期性、区域性

1. 行业的经营模式

烟标印刷企业与下游行业的关系十分紧密，需要与烟草生产企业长期合作

适应才能形成与其配套卷烟生产相对应的工艺。因此，对于烟标供应商的选择，烟草生产企业往往会比较慎重，会经过多方选择才能最终确定。同时，烟标产品特殊，其需求客户特定，只能销售给特定的客户。

上述烟标行业的行业特点决定了烟标印刷企业的经营模式。烟标印刷企业在生产时，必须完全按照客户的订单来展开，然后由生产部门根据以销定产的原则制订合适的生产作业计划，从而进行后续的一系列生产程序，保证生产计划的顺利实施，最终生产出需要的产品。

烟标生产企业在销售模式上通常采取直接销售，产品不经过经销商，直接送达烟草生产企业，按照订单组织销售，这一销售特点是由于烟标产品的特殊性所决定的。直接销售的模式经济且有效，一方面为烟草生产企业提供直接的相关服务，另一方面直接快速获得客户的意见反馈，从而对销售市场有一个很好的把握。

2. 行业的周期性与区域性

烟标印刷行业属于烟草行业的上游行业，其发展与卷烟行业的发展具有很大的相关性，其自身属于弱周期行业，并没有明显的周期性。烟标作为卷烟产品的配套产品，而卷烟企业对稳定的质量、及时的供货、先进的技术等因素都要进行考虑，因此在选择供应商时，不仅要适当考虑烟标企业的地理位置，即区域性因素，也要更多考虑烟标企业的综合能力，综合能力较强的烟标印刷企业往往会受到青睐。

3 公司经营分析

3.1 经营战略分析

劲嘉股份在烟标印刷行业拥有很高的市场占有率，烟标产品的销售量位居全国第一，目前烟标产品已经成功进入印度尼西亚和俄罗斯，逐渐打开了国际市场，属于国内烟标印刷行业的龙头企业。公司重点经营计划主要有以下几方面内容。

1. 坚持"市场为根，创新为魂"的发展方针，持续巩固行业龙头地位

把握烟草行业稳中求进的向好趋势，坚持以"市场为根，创新为魂"为发展方针，对烟草行业相关规划、发展动态及客户的需求等信息进行收集、整理、分析，围绕和立足烟标主营业务，贴近市场和客户需求，持续加强设计创意、工艺、新材料运用、产品开发等各方面的创新，不断挖掘增长潜力；积极把握烟草行业"调结构、上水平"的客观规律，全面进行营销机制改革，积极调整产品结构，积极参与招投标工作，加大新产品开发力度，为客户提供包装一体化解决方案、一站式服务，并通过自身的技术优势、资源优势、规模优势、市场优势、产业链优势对优质标的进行整合，持续巩固行业龙头地位。

2. 不断推进发展战略，公司规模持续扩大

劲嘉股份一方面进行市场稳固，通过自身优势不断提升现有烟标市场的占有率；另一方面进行企业并购，近几年收购了许多优质企业，进一步扩大了集团的总体市场规模，巩固和加强了公司在烟标印刷市场的领先地位。

2017年，劲嘉股份通过收购申仁包装29%的股权，与茅台集团技术开发公司签署战略合作协议，进入白酒包装市场。茅台集团技术开发公司是中国贵州茅台酒厂有限责任公司下属子公司，申仁包装为茅台集团技术开发公司下属子公司，主要为中国贵州茅台、国酒茅台定制营销等提供主要产品包括茅台的包装彩盒、外包装纸箱、手提袋及酒标等。劲嘉股份和茅台集团技术开发公司将共同推动申仁包装在白酒包装等领域的发展及布局。劲嘉股份通过对外投资与合作，获取了茅台这样的优质客户，有利于未来进一步扩展市场和客户。而2018年，除了继续拓展酒包领域客户如劲牌、红星二锅头、江小白等，劲嘉股份还与云南中烟达成战略合作关系，同时获得新型烟草制品公司麦克韦尔、英美烟草、雷诺烟草、菲莫国际等的合格供应商资格，积极布局新型烟草领域。

3. 积极拓展非烟标市场，寻找新的利润增长点

劲嘉股份积极拓展非烟标市场，一方面，通过合资的方式建立新企业，重点开发生产功能性的高端包装产品；另一方面，公司在酒标、精品包装、药品包装等非烟标领域进行市场拓展，逐渐实行多元化经营模式，积极寻找新的利润增长点。

劲嘉股份生产除了出售烟标、新型烟草制品商品外，还生产中高端纸质印刷包装产品，这类产品以原纸为主要原材料，通过印刷、黏合、拼装等加工程序后制成用于保护、说明及宣传被包装物的一种产品。劲嘉股份将此类产品主要运用于电子产品包装、化妆品包装、消费类产品个性化定制包装及精品烟酒外包装。在现有的新型包装产业基础上，公司积极探索技术多元化路径，力求通过在包装产品中应用更多前沿的RFID、大数据物联网等技术，使包装成为

互联网、物联网的重要组成部分，促使公司产品技术和业务模式不断向智能化纵深领域拓展。

4. 拓宽大包装业务发展路径，携手酒包装合作方树立发展标杆

在大包装业务的市场拓展、产品研发、设计创意、新材料供应、生产销售等方面实行统一领导和管理，以"提升产能效能"为主抓手，深化统筹资本、生产管理等资源，紧跟市场和客户需求，持续提升精品彩盒的产品种类、生产自动化水平、生产工艺和产能效率，加大RFID、物联网、大数据等前沿技术在彩盒包装的深度应用，促进客户产品价值、品牌文化的延伸。与战略合作方深度配合，加大投资力度，提升管理效率，推进酒包产能扩张和生产智能化水平的提升，扩产提效多管齐下，树立酒包发展标杆。利用公司在大包装产业链上拥有的设计研发、智能化生产、业务拓展等综合优势，扩大服务对象的同时，通过项目并购、参股等合作方式，拓展彩盒包装的市场份额，大幅拓宽大包装业务发展路径，提升公司整体盈利能力。

5. 技术创新取得突破，实力显著增强

劲嘉股份一直对技术保持钻研的态度，近年来一直进行大量的研发投入，通过改进生产工艺等方式，在印刷技术创新方面取得了多项突破。在行业内具有技术研发和品牌效应的竞争优势。

截至2019年期末，公司已累计获得专利授权669件，其中发明专利105件，外观设计10件。如表4-1所示，自2015年至2019年，劲嘉股份对新技术、新产品的研发投入持续增加，继续保持公司在行业中的领先地位和竞争优势。

表4-1　2015～2019年劲嘉股份研发投入金额

年份	研发投入（万元）
2019年	17,546
2018年	14,031
2017年	12,660
2016年	13,731
2015年	10,681

（资料来源：2015～2019年劲嘉股份公司年报）

6. 企业内部优化管理，资源配置日趋合理

公司进一步健全和强化集团公司的内部管理，调整企业管理结构，完善企

业制度，通过制度的创新等方式，使得企业资源配置日趋合理，从而进一步保证了公司业务能够更加高效和规范地运作以达到健康持续性发展。

3.2 经营风险及对策分析

1. 产业政策管控风险

目前，我国政府对"三公消费"实施了严格控制，并要求领导干部率先示范公共场合禁烟。烟草消费中的高端烟草消费部分，政府消费占据相当比例，这一要求对高端烟草销售有负面影响。虽然烟草具有成瘾性，但是预计仍会有一定冲击，对公司的收入和盈利造成负面影响。

对策：在大包装产业方面，公司将继续推进产品和产业转型，拓展非烟标市场和大健康等新产业，在执行过程中，将科学论证、充分调研、合理布局，积极应对烟标产业的政策风险；在新型烟草行业方面，公司将密切关注国内外对于新型烟草制品的相关政策、标准等，在合规的前提下开展业务。

2. 新产品市场开拓风险

公司在进行新产品转型过程中，将面对新产品市场的激烈竞争，市场开拓能否成功具有一定的风险。

对策：公司将对新产品的市场进行充分调研和论证，结合各子公司实际的设备、产能、技术情况和新产品的区域市场情况，积极拓展、科学布局。此外，将通过技术创新，提升在新产品市场的竞争能力。

3. 外延并购风险

劲嘉股份在收购方面存在效果未达预期风险。虽然在卷烟三产退出、卷烟材料公开招标等影响下，烟标行业的集中度呈上升趋势，但是控烟力度如果超预期加强，行业政策可能推行较缓，公司收购后的产量增长可能低于收购时的预期，协同整合难度也可能加大，外延式扩张的进展可能会低于预期。

对策：对并购标的进行深入调研、精挑细选，在并购谈判中进行充分论证和科学决策，总结多年的并购整合经验，加强对并购项目的科学管控，防范并购风险。

4. 原材料价格上升和烟标产品价格下降影响毛利率风险

由于全球经济波动和人民币汇率的变化，原材料价格有可能上升，同时由于烟草行业新的竞争格局和烟标行业全国公开招标和对标的推行，将对烟标价格产生压力，影响公司的毛利率水平。

对策：通过规模化生产、集中采购、提升管理水平和降低生产成本，将原材料产品的价格变化对毛利率的影响减少到最低程度。

5. 跨行业经营风险

劲嘉股份近年来顺应时势，不断拓展新型烟草等新型产业，虽然有利于发挥公司的资源优势，延伸公司的产品业务和产业链条，但与公司目前的主营业务存在较大差别，存在经营经验不足以及未来行业市场不确定等风险，公司面临跨行业经营风险。

对策：公司将继续壮大专业团队队伍，整合优质资源，与更多国内外专业机构展开合作，推动新型烟草等新型产业的稳健发展。

3.3 核心竞争力分析

1. 市场竞争优势

全国卷烟产品结构不断优化，重点品牌发展态势良好。公司作为烟标行业的领军企业，在烟草重点区域的市场布局已经显现成效，在安徽、云南、贵州、四川、重庆、江西、江苏的下属子公司生产的烟标基本覆盖了国内烟草行业的规模品牌，具备明显的竞争优势；公司彩盒包装的客户开拓情况良好，彩盒包装产能持续扩张及智能生产自动化的应用，为公司彩盒包装的拓展奠定基础；新型烟草领域，公司与云南中烟等企业达成深度合作，在符合法律法规的前提下，不断加强研发、设计、生产及销售等工作，不断推动产业链纵深化发展，丰富公司产业战略的布局。

2. 技术领先优势

劲嘉股份在行业内具有技术研发和品牌效应的竞争优势。截至2019年年末，公司（含合并报表范围内子公司）已累计获得专利授权669件，其中发明专利105件，外观设计专利10件。公司继续保持在行业中的领先地位和竞争优势。

3. 生产规模优势

随着烟草行业的高质量发展，烟草客户对烟标配套生产企业提出更高的要求，具有规模化的烟标生产企业将具备更强的竞争优势。公司生产规模、生产工艺、生产能力均具有领先优势，且不断提高生产效率，降低成本，以获取较好的规模效益。

4. 人才优势

公司的发展，凝聚了一批具有较高忠诚度、专业性和开拓性的高层经营管理团队、核心技术人员和市场销售人员，建立了公司的人才优势，公司灵活拓宽招聘渠道，并成立了"劲嘉管理学院"自主培养管理、技术、市场等专业人才，不断推进公司人才的建设，为公司的长远发展储备丰富的后备力量。

5. 成本控制优势

面对卷烟生产企业控制生产成本的要求，具有规模化竞争优势的企业，可以通过规模化生产和集中采购降低生产成本。公司将充分利用在生产规模上的优势，通过集中采购、管理体系的各项优化措施，积极降低生产成本，同时积极推行供应链金融服务，保持竞争优势。

3.4 公司经营情况分析

1. 顺应发展夯实主业，烟标业务稳步增长

根据国家统计局数据，截至2019年年末卷烟产量累计增长1.2%；根据国家烟草专卖局数据，2019年烟草行业实现工商税利总额12,056亿元，同比增长4.3%，上缴财政总额11,770亿元，同比增长17.7%，税利总额和上缴财政总额创历史最高水平。

公司紧抓烟草行业稳定发展的机遇，继续发挥主营烟标产品在新产品开发及设计的优势，积极把握产品结构调整的市场机会，紧密围绕客户及市场变化需求，在与原有客户深度合作的基础上，积极拓展新客户、开发新产品，实现烟标销售收入比上年同期增长8.42%，继续保持行业领先地位。

2. 大包装战略加速推进，彩盒包装持续放量

在彩盒产品方面，公司通过不断优化产能效率、实施精细化管理、加大市场开发力度等综合举措，在精品烟酒包装、电子产品包装、快消品包装等彩盒包装领域呈现业绩持续增长的良好态势，取得英美烟草、雷诺烟草、菲莫国际、悦刻等知名品牌的新型烟草产品包装的供应商资格，并拓展了多家知名酒企的包装业务。

3. 多维布局细分市场，酒包业务蓄势待发

中高端白酒复苏回暖趋势较为显著，结合国家和地方政府对白酒包装的扶持政策及公司的综合优势，公司稳步发展以酒包装为主的其他彩盒产品包装。

2019年，经茅台集团党委会议及公司董事会等机构审议通过，各股东同意对申仁包装进行生产改扩建项目，通过不断增强酒类包装创意设计实力和水平，实现申仁包装在精品酒类包装的扩展及延伸，同时通过品质提升、产品创新等手段，更好地满足客户的需求，预定的建设规模为年产满足 15 万吨白酒的纸质包装品以及 20 万箱烟标，该生产改扩建项目是公司与茅台集团技术开发公司展开战略合作的重要一步。公司与四川省宜宾丽彩集团有限公司签署了战略合作协议，公司全资子公司劲嘉智能与四川宜宾五粮液精美印务有限责任公司设立合资公司——嘉美包装。截至报告期末，嘉美包装已开展生产经营工作，后续，合作方将利用在各自领域积攒的优势，不断加大技术创新力度，推进产品转型升级，不断提升现代化企业管理水平，重点在酒盒设计创意、酒盒后道成型自动化、烟酒包装联合发展上协同，全力打造西南地区智能化烟酒、食品等包装领先企业。

公司不断强化印后制造能力、提升产能效率、拓展产品维度，深化防伪芯片、区块链、智能物联平台技术在包装产品的应用，为酒企等优质客户提供集防伪溯源、物流追踪、仓储消费信息、大数据分析等服务，持续加强公司在大包装细分领域的综合竞争能力。

4. 创新材料稳健发展，产业协同优势凸显

公司全资子公司中丰田依托集团优势，有序推进募投项目之一"中丰田光电科技改扩建项目"，发展激光纸/膜、医药包装材料等，在产品销量不断增长和对产品质量要求不断提升的情况下，通过推进信息技术与制造技术深度融合，持续增强新产品开发能力、提高产品技术含量和附加值以及加快生产设备的升级换代，满足市场增长及客户个性化需求，从而促进公司包装主业向高端、智能、绿色、服务方向发展。

5. 新兴行业拓展初显成效，新型烟草加速布局

公司按照发展战略规划积极培育新型烟草产业，在 2019 年内取得了良好效果，实现新型烟草销售收入 1817 万元，比上年同期增长 250.10%。公司下属子公司劲嘉科技与云南中烟下属子公司深圳市华玉科技发展有限公司设立的合资公司嘉玉科技，目前承担云南中烟加热不燃烧烟具的生产工作；公司与北京米物科技有限公司等设立的合资公司因味科技，推出 FOOGO（福狗）品牌创新科技型电子雾化设备；劲嘉科技为云南中烟、上海烟草、贵州中烟、河南中烟、广西中烟等中烟公司提供烟具研发服务的同时，为 FOOGO（福狗）、WEBACCO（微拜）、GIPPRO（龙舞）等品牌提供研发、代工服务。

公司在严格遵守国内外新型烟草领域的政策、法律法规及行业标准的前提下，深挖新型烟草产业的发展潜力，持续渗透现有客户并持续开发新客户，通过开展 ODM/OEM 等服务，打造公司新的利润增长点。

6. 强化增值服务创造价值，持续增强发展动力

公司子公司深圳劲嘉盒知科技有限公司从鉴真溯源芯片、物联网、区块链技术等方面入手，深入贴近客户防伪鉴真、溯源、数字营销等需求，持续提高智能包装产品的附加值。2019年内，劲嘉盒知与合作方打造了集物联网、视频定制、全息投影于一体的阿里巴巴二十周年纪念酒的外包装。深圳前海蓝莓文化传播有限公司作为公司独立运营的设计创意板块，不断强化设计创意、数字营销、品牌战略策划等在消费品包装产品上的运用，紧密配合公司在烟标、酒包等方面新品开发，彰显公司综合实力。

4 公司财务分析

通过对2015～2019年劲嘉股份的偿债能力、营运能力、盈利能力和发展能力分析，并和其他烟标类上市公司进行比对，研究劲嘉股份近五年的经营发展状况。

4.1 偿债能力分析

偿债能力是指企业运用自身资产对短期和长期债务进行偿还的能力。通过四个指标来进行全面分析，包括流动比率、速动比率、资产负债率和产权比率，通过这些指标历史对比和行业均值比较，全面分析劲嘉股份的偿债能力，从而对企业的财务风险有一个清晰的认识，如表4-2、表4-3所示。

表4-2 2015～2019年劲嘉股份的偿债能力指标

	分析指标	2015年	2016年	2017年	2018年	2019年
短期偿债能力	流动比率	1.96	1.36	2.53	2.31	2.52
	速动比率	1.52	0.99	1.54	1.31	1.82
长期偿债能力	资产负债率（%）	18.51	27.98	17.64	17.45	16.62
	产权比率	0.24	0.42	0.22	0.22	0.21

（资料来源：2015～2019年劲嘉股份财务报告整理所得）

表4-3 2015～2019年印刷行业的偿债能力指标均值

分析指标		2015年	2016年	2017年	2018年	2019年
短期偿债能力	流动比率	1.97	2.21	2.36	2.29	2.13
	速动比率	1.39	1.50	1.43	1.56	1.64
长期偿债能力	资产负债率（%）	39.67	38.61	35.37	36.88	36.67
	产权比率	0.90	0.89	0.79	0.77	0.77

（资料来源：同花顺数据库）

1. 流动比率

流动比率是企业的流动资产与流动负债之比，它反映了企业的短期负债能力，该指标数值在2左右说明企业短期债务结构相对合理。

根据表4-2和表4-3可以看出，2016年年末，行业均值为2.21，而劲嘉股份的流动比率为1.36，在整个行业中处于较低水平。劲嘉股份属于烟标印刷行业，其原材料的成本占据企业生产成本的大部分，因此需要足够的流动资金来进行原材料的购买。流动比率指标小于行业均值，说明劲嘉股份的流动资产当年有所短缺，可能对企业造成了一定的短期财务风险。从历史数据来看，劲嘉股份在2015年和2018年的流动比率最为合理，与行业均值相近，说明这两年企业的财务风险处于较为安全的水平。

2. 速动比率

速动比率由于只考虑可立即用来偿还流动负债的科目，如现金、应收账款及短期投资等资产项目，对公司短期流动性能更精准衡量，速动比率值一般为1比较合理。

2016年年末，行业均值为1.50，而劲嘉股份的速动比率为0.99，低于行业均值，但接近比率1。因此可以认为该企业的速动比率稍微偏低，但公司对到期的短期债务偿还能力处于正常水平。从历史数据来看，劲嘉股份的速动比率在2015～2019年变化浮动较为平稳，且与行业均值相差不大，说明企业的财务风险并不是处于高风险。

综合2015～2019年劲嘉股份的短期偿债能力，企业的流动比率和速动比率大体上与行业均值持平，说明企业的短期偿债能力在2015～2019年较为理想。2016年的短期偿债能力虽然有所下降，但是企业认识到了自身短期债务风险，并且不断在完善，在 2017 年明显提升，与行业均值基本持平。总体上来说，企业的短期偿债能力良好，财务风险较低。

3. 资产负债率

资产负债率，通过企业的债务总额和企业资产总额的比率高低来反映企业的负债水平。

2015～2019 年，资产负债率的行业均值处于 30%～40%，而劲嘉股份的资产负债率除 2016 年接近于 30%，处于较高水平外，其余期间始终处于较低水平，且一直远低于行业均值。说明劲嘉股份在此期间的财务风险较小，但是没有将财务杠杆发挥到高水平，资产的利用效率较低。

4. 产权比率

产权比率反映了企业债权人权益与所有者权益的关系，通过计算负债总额与权益总额之比来表达企业的财务风险。

2015～2019 年，产权比率的行业均值一直处于较高水平，而劲嘉股份的产权比率则始终低于 0.5，说明企业的负债资金不足权益资金的一半，企业有足够的自有资金去偿还债务，资产结构稳定，债权人承担的财务风险较低。

综上所述，企业的长期偿债能力、短期偿债能力较好，但财务杠杆作用没有有效利用起来。总体的负债结构比较合理，存在较大的财务风险可能性很小，劲嘉股份的偿债能力比较乐观。

4.2　营运能力分析

营运能力主要用来分析企业资金运营周转的情况。常用的分析指标包括应收账款周转率、存货周转率和总资产周转率。根据 2015～2019 年劲嘉股份的财务报告数据，相应的指标计算数值如表 4-4 所示。

表 4-4　2015～2019 年劲嘉股份的营运能力指标

分析指标	2015 年	2016 年	2017 年	2018 年	2019 年
应收账款周转率	5.2863	3.8471	3.9743	4.7225	5.8829
存货周转率	3.3247	3.1181	2.4441	2.5438	2.7507
总资产周转率	0.5384	0.4611	0.3979	0.4133	0.4727

（资料来源：2015～2019 年劲嘉股份财务报告整理所得）

1. 应收账款周转率

应收账款周转率是指企业销售收入与应收账款平均余额的比率，用于反映企业应收账款收回的速度和管理效率。

2015～2019 年，劲嘉股份的应收账款周转率没有较大的浮动，说明劲嘉股份应收账款的回款能力较强，资产的流动性得到保持；2018 年、2019 年该指标呈上升趋势，这主要是由于劲嘉股份在此期间收购重庆宏声、长春吉星所致。

2. 存货周转率

存货周转率反映企业在一段时间内的存货周转速度，计算方式是通过企业在某段时间的成本与存货之间的比率得来，可以衡量存货的储存是否适当，能够反映企业的销售能力和流动资产的流动性。

2015～2019 年，劲嘉股份的存货周转率没有大幅变动，说明企业对存货进行了有效管理，保持存货的变现能力，反映出劲嘉股份在此期间销售能力稳定，存货的流动性也比较稳定。这是因为对于烟标制品，劲嘉股份采用的经营模式为订单式销售模式。烟标是为卷烟提供配套的产品，中烟公司为公司烟标制品的唯一客户端，烟标为特殊产品，每种烟标均只向特定的客户直接供应，生产时间、生产数量均服从客户的需要，一般不作产品储备；对于中高端纸质印刷包装产品，公司采用的经营模式为订单式销售模式。此类订单均服务于特定客户的特定产品，一般不作产品储备。因此，存货周转率这一指标能够保持相对稳定的趋势。

3. 总资产周转率

总资产周转率主要反映了企业总资产的使用效率，通过企业营业收入与企业总资产的比率而获得。

2015～2019 年，劲嘉股份的总资产周转率没有大幅变动，说明企业的资产增减变动较小，总资产的使用效率趋于稳定。

综上所述，劲嘉股份整体的营运能力基本保持稳定，从长远发展的角度来看，企业应当继续控制库存，增加资产的利用率和效率，促进营运能力的增长。

4.3 盈利能力分析

盈利能力是指企业获取利润的能力，而利润是企业的最终目的，也是投资者最关心的问题。主要选取销售毛利率、净资产收益率和每股收益这三个指标进行分析，根据 2015～2019 年劲嘉股份的财务数据计算得出，与行业均值进行比较，如表 4-5、表 4-6 所示。

表 4-5　2015～2019 年劲嘉股份的盈利能力指标

分析指标	2015 年	2016 年	2017 年	2018 年	2019 年
销售毛利率（%）	45.91	41.33	44.11	43.66	41.95
净资产收益率（%）	19.02	13.30	11.63	11.27	13.06
每股收益（元）	0.56	0.44	0.43	0.49	0.60

（资料来源：2015～2019 年劲嘉股份财务报告整理所得）

表 4-6　2015～2019 年盈利能力指标的行业均值

分析指标	2015 年	2016 年	2017 年	2018 年	2019 年
销售毛利率（%）	27.52	27.60	26.58	25.16	25.95
净资产收益率（%）	13.07	10.82	10.35	9.12	8.29
每股收益（元）	0.40	0.37	0.35	0.29	0.31

（资料来源：同花顺数据库）

1. 销售毛利率

销售毛利率是指每一元的销售收入扣除销售成本后，剩余金额可以用于各项期间费用和形成盈利。销售毛利率是企业良好运营的开始，毛利率不能保证，则后续的净利润就无从说起，所以该指标引起了投资者的密切关注。

2015～2019 年，劲嘉股份的销售毛利率一直稳定在 40%～45%，行业均值浮动在 25%～30%，相比之下，劲嘉股份处于较高水平且相对稳定的盈利状态，这与劲嘉股份的经营战略密切相关。劲嘉股份作为覆盖全国重点品牌、全产业链布局的烟标龙头企业，持续加大设计与研发投入、设备更新、工艺改进的力度，积极参与各地中烟招投标，及时把握行业发展趋势和客户需求，不断优化生产，保持产品结构优势、业务规模优势；同时，在原材料方面，公司的募投资金项目中丰田光电科技改扩建项目已基本实施完毕，新增产能、设备改造等已经完成并已投入生产使用，复合激光纸/膜的内供比例及对外销售进一步扩大。公司对于烟标产业链的全面布局，有利于公司保持较好的毛利率水平。

2. 净资产收益率

净资产收益率是企业净利润与净资产（所有者权益）的比值，是反映自有资金投资收益水平的指标。它最能反映投资者的投资资本最终的获利能力，是企业盈利能力指标的核心。

2015～2019年，劲嘉股份的净资产收益率一直保持良好的上升趋势，且始终高于行业均值，表明在此期间劲嘉股份的盈利能力较强，资产结构逐年优化。

3. 每股收益

每股收益是企业净利润与总股本的比率，该比率反映了企业每股所创造的最终利润，是企业盈利能力的最终体现。企业所有的经营最后都要归入净利润上，只有良好的每股收益才能保证企业持续盈利。

2015～2019年，劲嘉股份的每股收益相对行业均值来说一直处于稳定状态，且始终略高于行业均值。说明劲嘉股份在此期间盈利能力稳定，给企业带来了稳定的利润。

综上所述，在2015～2019年，劲嘉股份在盈利方面能力较强，各项盈利能力指标都高于行业均值水平，说明企业的经营发展较为平稳，利润收入稳定。

4.4 发展能力分析

发展能力是指企业未来的发展趋势，它从成长的角度去帮助我们分析企业的价值。最常用到的发展能力指标有主营业务收入增长率、总资产增长率和净利润增长率。根据2015～2019年劲嘉股份的财务数据进行计算得出，如表4-7所示。

表4-7 2015～2019年劲嘉股份的发展能力指标

分析指标	2015年	2016年	2017年	2018年	2019年
主营业务收入增长率（%）	17.08	2.09	6.06	14.56	18.22
总资产增长率（%）	13.23	24.52	21.60	0.98	5.72
净利润增长率（%）	23.96	-20.81	0.65	26.27	20.88

（资料来源：2015～2019年劲嘉股份财务报告整理所得）

1. 主营业务收入增长率

主营业务收入增长率是衡量公司主营产品生命周期，判断公司主营业务发展所处阶段的常用指标。

2015～2019年，劲嘉股份的主营业务收入增长率一直为正增长，但该指标在2016～2017年明显下降，而在2018～2019年又迅速增长。这主要是由于 2016 年、2017 年中国经济增速放缓，烟草行业面临前所未有的复杂严峻形势，公司所在的烟标市场竞争进一步加剧，劲嘉股份的主要产品烟标、激光包装材料的收入同上年相比增长较少；而在 2018 年、2019 年我国经济运行总体平稳，烟草行业发展取得了积极成效，虽然劲嘉股份的烟标、激光包装材料的收入增长率都有所上升，但重要因素是在此期间新开发的彩盒产品收入，使得劲嘉股份的主营业务收入增长率大幅上升。

2. 总资产增长率

总资产增长率主要反映了企业的资产总额增长情况，是企业总资产增长额与同年初资产总额的比率，说明了企业的扩张能力。

在 2015~2019 年，劲嘉股份的总资产增长率一直为正值增长，但该指标在 2018 年迅速下降，2019 年虽然有所回升，但依旧低于以往年份的指标。这是因为 2015~2017 年，劲嘉股份不断进行外延收购、发行募集资金用来扩大公司规模；而 2018 年、2019 年劲嘉股份暂时停止扩大公司规模，未进行相关的企业并购或长期投资。

3. 净利润增长率

净利润增长率反映了企业实现净利润的增长实力，净利润是一个企业经营的最终成果，净利润的多少表现了企业经营效益的情况，因此净利润增长率是衡量一个企业经营效益的主要指标。

2015 年、2018~2019 年，劲嘉股份的净利润增长率保持在 20% 以上，但在 2016 年为负值，在 2017 年也较低，主要是因为这两年劲嘉股份的贷款增加，相应增加利息支出导致财务费用增加。

综上所述，劲嘉股份的发展能力较强，发展前景较好。

5　公司未来发展的展望

5.1　行业发展趋势及公司发展机遇

1. 疫情蔓延导致全球经济动荡，立足根本把握行业机遇

新冠肺炎疫情对各行各业都产生了巨大影响，根据国家统计局发布的

2020年1～2月规模以上工业增加值报告显示，烟草制品业增长6.9%。受到客户复工时间推延、道路物流运输、人员返岗受阻等现实因素影响，公司部分烟标订单及其他产品包装业务有所滞后和延迟，由于公司在全国重点领域均布局了生产基地，能够及时响应当地客户的生产需求，以及烟标实现了高度的自动化生产，实现高效管理，能够按照客户下达的订单要求按时交付。后续，在继续服务好现有客户的同时，密切关注行业内在经济环境震荡下出现的并购整合机会，以及根据市场变化出现的新需求及时调整业务布局方向，抓住机遇实现公司的规模及业务扩张。

2. 烟草行业稳中有进，聚焦主业巩固优势

2019年，烟草行业经济运行稳中有进、持续向好，改革发展取得显著成效，高质量发展政策体系全面形成并有效实施，全年烟草行业实现工商税利总额12,056亿元，同比增长4.3%；上缴财政总额11,770亿元，同比增长17.7%，为国家和地方经济发展及财政平衡提供强有力支撑。

国家烟草专卖局党组书记、局长，中国烟草总公司总经理张建民在2020年全国烟草工作会议上提出：全行业要坚持稳中求进工作总基调，坚定不移贯彻新发展理念，坚持以供给侧结构性改革为主线，坚持发挥烟草专卖制度优势，坚持"总量控制、稍紧平衡、增速合理、贵在持续"方针，统筹推进稳运行、促改革、优结构、育品牌、强基础、防风险，保持经济运行在合理区间，加快建设现代化烟草经济体系，全力推动行业高质量发展，为全面建成小康社会和"十三五"规划圆满收官做出新的更大贡献。

公司紧紧把握烟草行业稳中求进、高质量发展的机遇，围绕客户卷烟品牌结构升级需求，不断加大设计与研发力度，大力拓展新市场及新产品，加大激光纸/膜等原材料的自供比例，持续改进生产工艺，持续优化公司产品结构，在报告期内实现良好的销售业绩。

国家烟草行业提出稳中求进的工作总基调，全力推动行业高质量发展，对"卷烟上水平"提出了更高要求，卷烟产品的品牌集中化、中高端化，卷烟配套包装全产业链一体化发展的中长期趋势更明显，烟标行业的集中度有望进一步提高。公司聚焦主业烟标，持续巩固自身优势，已成为烟标行业的领先者，公司将充分发挥综合竞争优势，争取更大的市场份额。

3. 消费市场需求稳定，大包装业务持续升级

随着国民经济增长动能的转变，以及居民生活水平的提高，消费在经济中的地位越来越重要，与此同时，消费市场也呈现出新变化。新零售、网红经济、视频直播等新消费方式的流行，使得电子商务在社会零售品消费市场的份额持续增长，以及"九〇后""〇〇后"为代表的新一代消费主力军崛起，都带动了消费品在品牌、功能、个性化等方面不断升级，从而带动高端包装的需求，精品纸质包装的增长具有巨大的潜力。

根据国家统计局发布的数据显示：2019 年我国最终消费支出对国内生产总值增长的贡献率为 57.8%，社会消费品零售总额 411,649 亿元，比上年增长 8.0%；全国实物商品网上零售额 85,239 亿元，比上年增长 19.5%。从零售商品具体品类看，烟酒类零售总额为 3913 亿元，同比增长 7.4%；通信器材类零售总额为 4839 亿元，同比增长 8.5%；化妆品类零售总额为 2992 亿元，同比增长 12.6%。

公司通过不断研发创新，提升智能化制造及市场开拓能力，密切关注并深入研究精品烟酒、消费电子产品、日化品等产业的发展趋势，紧抓核心客户的需求，在提升原有精品彩盒业务份额和质量的同时，围绕重点领域持续开发新产品，不断拓展精品彩盒产品的品类，提升市场份额，为消费品企业及消费者用户提供从包装产品创意设计、材料研发到产品制成、创新应用的智能化解决方案。

4. 国外新型烟草发展迅猛，积极发展研产销卡位主渠道

国外新型烟草发展迅猛，以菲莫国际加热不燃烧产品为例，2019 年菲莫国际 IQOS 烟弹出货共 596.52 亿支，同比增长 44.2%，IQOS 设备全年销售收入约 7 亿美元，截至 2019 年年底，全球 IQOS 用户数已达 1360 万人。从整个减害板块收入端看，菲莫国际在该板块销售收入达 56 亿美元，占其总营业收入的 18.7%，需求依然强劲，销售额快速增长，新型烟草有着广阔的发展空间[①]。

我国为新型烟草器具制品的出口大国，但目前国内消费市场较小，随着我国消费者对健康、减害的需求逐步提升，各地中烟对相关新型烟草制品发展愈加重视，以及相关监管政策的完善，新型烟草制品的行业规模有望迎来进一步增长。

公司已在新型烟草制品领域储备了相关技术及资源，积极跟踪新型烟草全球的动态发展，持续跟进国内相关政策及标准的进程，配合国内外合作方及重点客户，大力拓展加热不燃烧器具、电子雾化设备等的研发、生产、营销等工作，培育新的利润增长点。

---

① 数据来自菲莫国际 2019 年年报。

5.2 公司发展战略

劲嘉股份的主要发展战略为：凝聚全力，高质量推进大包装产业发展，继续做大、做强、做优烟草包装，大力拓展酒包和其他精品包装，提升包装智能设计技术水平，加快建成高新材料基地，积极培育新型烟草产业。

公司围绕三年发展战略规划，较好地完成了2019年的战略发展目标，保持稳健的发展态势。2020年，公司根据国内外宏观经济环境、行业发展趋势和规律、市场和客户的实际需求，灵活调整生产经营管理并做到精准施策，对不同业务、不同市场、不同产品，不断优化整体生产、供应链、销售、管理等经营环节，加强业务板块之间的联动、研产销之间的协同、集团与子公司之间的赋能，提高应对复杂经营环境的能力，积极推进2020年战略发展目标落地。

2020年，公司将以"聚焦战略、做强主业、保速提质、转型增效"为2020年工作总基调，深度聚焦发展战略，持续整合优质资源和充分挖掘自身潜能，坚定不移做大做强烟标主业，进一步筑牢夯实烟标龙头地位；贴近客户和市场需求，不断拓宽大包装业务发展路径，加强包装设计、工艺、技术等研发，同时不断加强物联网技术、RFID等前沿技术在包装产品上的应用，加快推进彩盒产品产能与效率的提升，推进彩盒成为大包装产业的重要支柱；支持新型包装材料与烟标、接装纸等烟辅材料的协同一体化发展；继续推进新型烟草制品等新兴产业发展；持续推进优质企业并购，努力提升公司的发展质量、盈利能力和综合实力，实现可持续发展，为股东持续创造价值。

6 结论与建议

6.1 结论

综上所述，通过对劲嘉股份的经营和财务分析，可以看出2015～2019年劲嘉股份的资金利用合理、财务风险较低、盈利能力较强且发展前景良好。劲嘉股份近年来通过外延并购进行优势资源整合、开发新产品拓宽市场、增加研发投入支持技术创新等手段增强了公司的竞争力，扩大了公司的经营规模，从而提高公司的市场占有率。

现阶段，劲嘉股份依附于烟草行业的平稳增长，拥有较为乐观的发展前景，从烟草类上市公司的经营能力来看，烟草类上市公司普遍拥有较高的毛利率，且在偿债能力方面对资产配置相对合理，对长期债务都有足够的资产作为保证，财务风险较小。

6.2 建议

虽然劲嘉股份的财务数据显示公司运营状况良好，在烟标印刷行业中占主导地位，在烟标印刷上市公司中也处于前列，公司长期债务结构合理，资产利用情况较好，在市场上拥有较大规模和影响。

但是，劲嘉股份同时也应当注意，随着公共场所开始禁烟以及中共中央办公厅、国务院办公厅发布的《关于领导干部带头在公共场所禁烟有关事项的通知》，对舆论环境、民众心理产生了影响，尽管短期来看，烟草产品的消费者不会明显减少，但是受政策消息的影响可能会造成烟草行业经营环境的波动。随着肺癌成为癌症病死率最高的疾病，长期来看，消费习惯有可能向少吸烟、不吸烟转变，或者向替代产品如电子烟等转变。

劲嘉股份可以通过不断加大研发创新力度，提升智能化制造及市场开拓能力，密切关注并深入研究精品烟酒、消费电子产品、日化品等产业的发展趋势，紧抓核心客户的需求，在提升原有精品彩盒业务份额和质量的同时，围绕重点领域持续开发新产品，不断拓展精品彩盒产品的品类，提升市场份额。

第五篇 鸿博股份经营与财务分析

1 公司介绍

1.1 公司基本情况

鸿博股份前身是福建鸿博印刷有限公司，公司成立于1999年，于2007年整体变更设立股份有限公司。公司以安全印务为主营业务，是中国彩票印刷行业的龙头企业之一。2008年5月，公司在深圳证券交易所中小企业板上市，股票名称为鸿博股份，股票代码002229。

鸿博股份有限公司是一家专业印制商业票据、彩票、存折存单、单式单证、证书、书刊的高新技术企业，综合印刷能力位于全国前列，是中央国家机关和中共中央直属机关定点印刷企业。经过多年的业务拓展，鸿博股份如今已发展成为集安全印务、高端包装印刷、RFID智能标签制作、数字印刷、网络数据技术服务与研发、彩票无纸化销售与研发等为一体的综合型企业集团。

1.2 公司主要业务

目前公司业务涵盖彩票产业、安全印务、包装产业、彩印产业、物联网产业、商贸及互动娱乐产业等几个领域。

公司主要产品及用途：

（1）热敏票证与即开票业务，产品包括体彩福彩热敏纸票证、体彩即开型彩票，主要用于彩票销售。该业务通过投标获取订单生产，业绩驱动主要受彩票销量的影响。

（2）彩种研发与电子彩票运营服务，产品包括各类新型彩票游戏以及通过手机客户端及网络在线销售电子彩票。业务模式为相关产品服务通过主管部门审批上线后根据销售量返点收取技术服务费或代销费，业绩驱动主要受新型彩票产品、彩民数量、彩票销量及相关政策影响。由于彩种审批受市场环境、政策法规影响较大，公司虽成功开发了多款手机彩票游戏并积极进行市场推广，但目前尚未正式上线。

（3）票证产品及高端包装业务，产品主要包括普通税务发票、证书证件、书刊以及高档酒盒等，产品主要用于税务、金融、保险、文化、酒类包装等领域。该类产品业务业绩驱动受社会经济发展、消费水平、税收等因素影响。业务通过投标获取订单生产，报告期内公司主要产品业务、经营模式均未发生重大变化。

（4）RFID智能标签及物联网服务，产品服务包括金融IC卡、智能标签、物联网系统开发等，产品主要应用于金融、物流等领域。业务模式为通过投标获取订单为客户定制化生产。业绩驱动为新技术、新产品的应用和开发。

1.3 主要收入构成

公司收入主要由三部分构成：票证产品、包装办公用纸和代销费及其他。彩票、票证产品是其收入的主要来源，表5-1为2016～2019年公司主营业务构成。票证产品包括热敏纸票证、体彩即开型彩票、普通税务发票等。包装办公用纸主要包括酒类包装等。其他主要为彩票代购、新彩种开发及技术维护；销售酒、智能标签、金融IC卡、社保卡等RFID智能标签制作和物联网技术服务。

表5-1　2016～2019年鸿博股份主营业务构成　　　　　　　（单位：万元）

年份	2016年	2017年	2018年	2019年
营业收入	84,637.66	69,502.22	70,563.72	62,656.34

续表

年份	2016 年	2017 年	2018 年	2019 年
票证产品	66,114.35	52,061.75	51,649.78	44,745.90
包装办公用纸	12,527.74	10,466.82	10,421.39	10,535.42
其他	5995.57	6973.65	8492.55	7375.02

（数据来源：同花顺 iFinD）

如图 5-1 所示，票证产品印刷作为鸿博股份的核心业务占比最大，尽管 2016～2019 年比重逐年下降，但仍保持在 70% 以上。包装办公用纸业务占比基本稳定，占总体的 15% 左右。鸿博股份坚持多元化的发展路线，除了彩票、包装印刷外，其他业务收入所占比例也随着相应业务的拓展铺开而逐年升高。

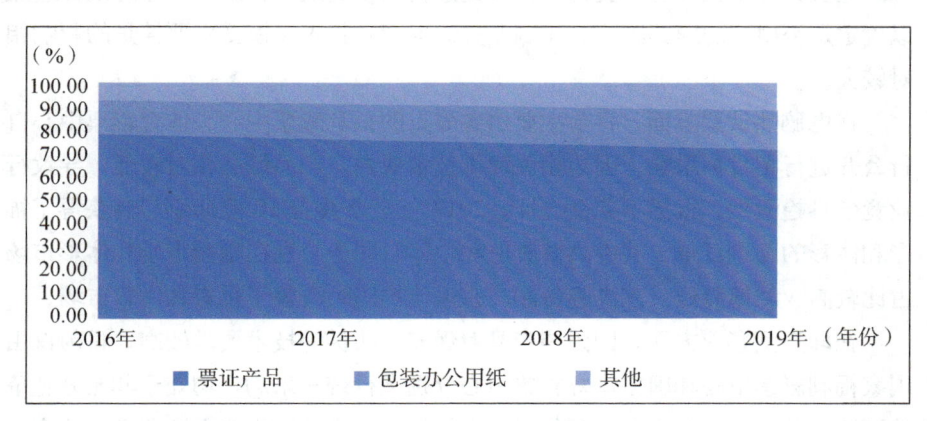

图 5-1　2016～2019 年鸿博股份主营业务构成变化

2　公司战略布局

2.1　行业竞争格局和发展趋势

2.1.1　行业竞争格局

1. 彩票行业

我国彩票行业的产业链主要包括研发（发行、彩种研发）、生产（彩票销售系统、终端设备、印刷生产)、销售(实体销售、无纸化销售、营销服务)、衍生服务(彩票资讯、彩票数据、专家推荐)等环节。彩票行业属于国家严格监管行业,产业链主要包括彩种研发、彩票印刷、终端设备、彩票销售等环节,除彩票实体店销售外各环节的参与者相对集中,多数需要第三方检测机构认证和相关监管部门的许可,进入门槛比较高,各个环节均有几家大型企业主导市场,属于非充分竞争行业。

在彩票印刷方面,根据产品类别,一般可以分为电脑热敏票(热敏纸/投注单)和即开型彩票两种。其中电脑热敏票是电脑彩票销售过程中用于记录销售信息的书面凭证,须配合电脑彩票销售终端设备软、硬件条件统一使用。而即开型体育彩票是指在某一固定奖组的彩票中,将中奖符号印制在彩票介质上加以遮盖,并事先公告中奖符号,彩民选购同一奖组的彩票后,即时刮开遮盖以确定是否中奖的彩票游戏。印刷业务的生产和收入规模受彩票销量的影响相对较大。

在电脑热敏票方面,目前主要由各省市的福利彩票中心、体育彩票中心自行公开进行招投标采购,因为相关印刷技术成熟、产品壁垒相对较低,导致行业竞争日趋激烈。根据不完全统计,2017年至今共有10家印刷厂商获得了福彩和体彩的印刷订单,其中鸿博股份和中体彩印务分别在福彩市场和体彩市场占比较高,鸿博股份、东港股份和广东乐佳均同时覆盖了福彩和体彩市场。

在即开型彩票方面,因为该产品对保安、防伪等技术要求较高,目前仅由国家福利彩票中心和国家体育彩票中心分别进行统一采购,均处于非充分竞争的环境。其中,福利彩票近三年来的中标供应商均为石家庄市胶印厂、北京印刷集团、北京中彩印制三家厂商,而体育彩票的即开型彩票长期由中体彩印务和中科彩印制两家承担。

总体来看,彩票印制在专业技术门槛、印刷资质许可、前期资本性投入、环保及产品技术要求等方面均具有一定门槛,其中即开型彩票的技术门槛相对更高。在未来的竞争中,现有供应商有望凭借着自身的行业先发优势、专业化优势、成本优势、技术优势等,在行业竞争中处于领先地位。

2. 票据票证

票据票证印刷行业发展已充分市场化,企业类型以中小企业居多,产品结构单一,技术水平低,企业之间主要靠价格赢得市场。票据印刷业作为经济社会发展的服务部门,最近几年行业需求并未随着国民经济的发展而持续增加,反而是由于信息化深度应用对纸质票据的替代效应明显，市场总体需求呈现萎缩势头。供需的失衡加之营改增全面铺开、电子发票大范围推广、部分政府采购产品采用公开招标方式等重大政策性调整，使得行业的供需矛盾彻底凸显，此类产品之前采用定点印制的方式，产品盈利情况较好，在采用公开招标的情况下，中标价格出现大幅下降，将带动接下来的定点产品招标价格出现下降。对票据印刷企业而言，这是为了保市场不得不在盈利上做出更多让步的无奈之举，也是行业的一块"心病"。书刊印制及包装印刷属于充分竞争市场，市场集中度低。随着国家供给侧结构性改革的推进和环保执法的深入开展，行业面临产能结构优化，业务转型升级，大型企业仍存在整合机会。

2.1.2 发展趋势

1. 彩票行业

监管趋严，注重"责任"。随着彩票销量的增长，彩票行业的监管将越来越重要、越来越严格，严禁擅自利用互联网销售彩票行为。同时，"责任彩票"将越来越受到国家主管机关的重视。相关法律法规的出台将进一步规范彩票行业相关方的责任，推动彩票行业合规运营、科学监管，从而促进彩票行业健康发展。

2. 印刷行业

环保要求提高，经营成本上升，企业整合加快。整体来看，整个印刷产业工业总产值在缓慢增长。印刷企业生产线自动化、智能化程度不断提高，以节约不断上升的人力成本。绿色印刷将越来越受到政府重视，部分地区已经开始强制实施，甚至出台措施限制印刷产业的发展。由于经营成本的上升、环保要求和产品技术要求的提高，大部分中小印刷企业面临被市场淘汰的局面，大型印刷企业为避免恶性竞争，将通过股权重组、企业整合实现强强联合，企业整合进程加快。细分行业来看，随着互联网金融、信息数据化的发展，商业票据印刷行业面临市场萎缩、产品结构调整、产业转型升级。拥有高档防伪技术、符合国家税制改革带来的票证改革要求的大型票据印刷企业将有更大的发展空间。书刊杂志印刷成本上涨、绿色环保以及转型升级的压力，行业薄利甚至微利将持续较长时间。行业内企业优胜劣汰将进一步加剧，符合环保政策、拥有先进印刷技术以及优秀管理的企业将迎来整合和发展的机遇。

2.2 公司所属行业的发展阶段、特点和行业地位

彩票行业发展处于成熟阶段，增长较为稳定，且与社会经济发展水平

高度相关。公司主营业务为热敏票的印刷，并占据较大市场份额，2015年通过收购中科彩进入体彩即开票印刷业务领域。同时，公司积极布局彩种研发及电子彩票业务运营，力争打通整个彩票产业链，在彩票行业占有重要地位。

印刷行业处于发展的成熟阶段，与国民经济发展景气度相关性强。从细分领域看，商业票据行业发展受无纸化影响较大，增长缓慢，公司在商业票据印刷领域经过多年发展，凭借优质的产品、有效的服务、良好的信誉，已成为行业龙头企业之一；书刊行业市场集中度最近几年开始逐步提升，公司是北京地区书刊印刷领域的主要参与者之一；包装印刷市场占印刷工业产值的比重较高，且与国民经济发展高度相关，同时公司所处的酒盒包装领域迎来市场回暖，公司已成为四川地区主要的酒盒包装企业之一。

RFID智能标签制作和物联网技术服务是公司新兴业务布局的重要板块，行业处于成长期，技术产品更新换代较快，成长率高。行业对技术要求高、资金投入大，属于技术密集型行业。公司新进入该行业，目前正在积极加大研发投入，增加技术储备和产品开发。

2.3　公司发展战略

2.3.1　公司总体发展战略

从单一的票据印刷企业发展成为集高端包装、数字印刷、彩票服务等为一体的综合性企业；从彩票印刷发展为集彩种研发、网络终端销售、技术平台构建为一体的彩票运营与服务商；以技术创新、管理创新、经营模式创新来提升企业核心竞争力，创建可持续发展、有社会责任的现代化综合型企业集团。

2.3.2　业务发展战略

以彩票印制为基础，持续投入彩种研发，做好技术储备工作，重视无纸化彩票的个性化服务推广和系统平台建设；通过产业链延伸和市场开拓，提供彩票游戏开发、彩票印刷和物流配送、彩票社会化运营等为一体的全方位彩票服务业务，将公司打造成全产业链的综合彩票服务商。

稳定目前核心业务，优化产品结构，积极推广智能包装和智能票证应用。

根据公司长远发展规划，通过产业整合、并购等方式切入新兴产业，实现数个产业的协同发展，为公司实现跨越式发展提供动力。

进一步优化资产结构，充分运用资本市场平台优势，不断创新和加大研发投入，对公司传统业务进行转型升级，创建有社会责任的企业集团。

2.4 公司经营计划

进一步加强票证业务整合力度。2020年重点针对已经整合的销售团队和生产基地产能，着力推进市场开拓，优化公司业务和产品结构，提高集中采购比例，提升营销效率和内部管理效率，做好产能整合和集团管控，通过管理提升主业经营效益。

继续加强新兴产业支持力度。彩票新业务方面重点推进区块链即开票供应链、彩票社会化运营等，在产业链中挖掘利润。同时，在原有业务基础上，寻找匹配的新业务、新市场，做大包装印刷业务。

提升资产运营效率。对公司资产通过对外出租、资产合作运营等方式，提高资产运营效率，重点推动本部资产和鸿博昊天资产盘活。

2.5 行业竞争优势

1. 创新研发

随着公司研发投入的持续加大，公司在热敏纸票证、即开票业务、高档商业票据、高端包装印刷、彩种研发及智能标签等方面的技术实力不断增强，品质控制以及印刷技术得到持续提高，专利储备与新彩种开发逐步增多，公司新型产品的推出步伐不断加快，为公司综合竞争力的提升做出了重要贡献。

2. 产品服务

公司积极研发新产品，开展新业务。公司新印刷产品、新技术服务不断推出，新彩种储备进一步丰富。公司通过收购中科彩开展即开票印刷业务，通过募投项目进入彩票物联网服务领域。实现了由单一产品提供商向方案解决以及服务提供商转变。

3. 业务布局

目前，公司建设了福州、无锡、北京、重庆、泸州五大印刷基地，形成了立足福建，布局全国的战略格局，业务范围涵盖地区包括华南、华东、华北、西南。公司具备了以最快的速度、最短的交货周期为客户提供最好服务的优势。

4. 客户优势

公司继续保持与众多金融、保险、财税以及高端白酒客户稳定的合作关系。

同时积极深耕彩票行业领域客户，通过电子彩票、彩种研发、彩票平台搭建，切入彩票上游彩种研发和下游销售领域。通过为客户提供个性化产品需求、系统解决方案，不断提升公司产品和服务附加值，深化客户合作，进一步打造公司彩票全产业链布局，形成新的利润增长点。

5. 管理优化

公司进一步优化管理，一方面整合子公司电子彩票业务，另一方面加大彩种研发投入，整合彩种研发团队。公司注重培养技术团队，不断提升企业管理层次，提高工作效率，使管理更加科学、合理，保证公司健康、稳定、持续发展。

2.6 公司可能面临的风险和应对措施

2.6.1 可能面临的风险

产能结构性过剩。普通出版物印刷在电子化和网络化冲击下，面临结构性产能过剩、增速放缓、价格竞争激烈等市场环境，对公司经营管理层的市场开拓能力有新的挑战。

经营成本上升。随着环保压力的增大，纸张、油墨等原材料价格和人力成本的上升，市场竞争的加剧，企业毛利率逐步下降。

电子彩票业务的政策性风险。目前，国家对电子彩票的互联网代购代销政策仍然不明朗，电话售彩也处于暂停审批阶段。

2.6.2 应对措施

（1）面对产能结构性过剩，公司通过调整产品结构和业务结构，运用新产品新技术引导客户需求，实现业务的转型升级。同时，公司重新整合营销队伍，加强销售人员培训，提升管理销售能力。

（2）面对经营成本上升，公司将进一步降本增效，强化集中采购管理，改造工艺流程，提高生产自动化程度，同时优化人员结构，加强员工培训，提升员工专业技能，提升生产效率。

（3）通过企业信息化建设，进一步推动公司总部、各事业部及分子公司职能及业务的优化整合，实现信息共享、资源整合、业务协同，进一步降低公司运营成本和管理成本。

3 公司经营状况

3.1 鸿博股份经营现状

在 2019 年度报告期内，公司经营管理层在"降本增效、节俭务实"经营方针的指导下，认真贯彻执行董事会制订的年度经营计划，针对各业务板块，继续坚持"巩固与提升、拓展与升级"的发展之路。2019 年，由于市场竞争激烈，原材料和人工成本上涨，公司实现营业收入 6.26 亿元，与上年同期 7.06 亿元相比减少 11.21%，市场仍取得稳固发展；实现归属于上市公司股东的净利润 3530.93 万元，与上年同期 514.31 万元相比增加 586.53%。

2019 年净利润出现大幅提升是因为公司持有的金融资产公允价值估值增加。而公允价值估值，通常会受到国家宏观经济形势有无重大变化，资产的交易条件，是否存在公开市场，有关利率、汇率、税率、政策性征收费用等各方面因素的影响。目前，受 2020 年上半年新冠肺炎疫情的影响，公司及上下游供应商、客户复工推迟，客户订单取消或延期，2020 年上半年公司产品销售额出现下滑。在 2019 年报告期内，公司各方面业务也取得了一定的进展。

业务方面，在稳定票证业务市场份额的基础上，精品书刊印刷业务和即开票印制业务得到巩固提升，同时公司通过产能优化、工艺及技术革新和降本增效等措施，有效降低管理成本，降低了原材料上涨和人工成本上升带来的影响。在新业务方面，公司积极参与数字经济的探索与实践，在多次考察东南亚彩票市场后，提出结合区块链技术的纸质即开型彩票产品设计、生产、交付、追溯的高性价比解决方案，并与当地彩票运营商建立战略合作，同时面向国内市场，延伸即开型彩票的服务能力，结合即开型彩票社会化渠道销售的业态，在技术上投入研发，并积极开展小规模试点。

内部管理方面，公司继续推动集团采购管理变革，加强供应商管理，降低原辅材料成本，2019 年度集团采购占全公司采购总额的 25.69%，占比持续增加，公司初步实现内部采购集中化管理。信息化建设方面，公司继续提升集团信息化管理水平，推动业务流程优化和 ERP 模块细化，内部管理向精细化不断迈进；推动内部票证产业的融合与调整，优化销售、订单客服管理，提升票证业务开拓能力。

社会责任方面，公司2019年度在知识产权申请、国家秘密载体甲级资质、绿色印刷认证和环保投入方面持续投入，连续数年跻身"中国印刷企业百强"。

产业升级方面，在立足于彩票全产业链，积极探索新彩票的业务机会，在新彩种、新技术、新渠道、新零售等方面探索新产业的布局，寻求新的并购机会，发挥资本平台优势，推动公司多元化发展。

如表5-2所示，鸿博股份的总营业收入呈波动式起伏，相对于2019年的净利润增长，公司在2018年实现营业总收入70,563.72万元，相较2017年上升1.53%。但2018年实现营业利润1451.50万元，相较2017年下降50.95%。虽然公司在2018年通过优化管理、降低成本和提高效率来降低管理成本，但由于票据行业的激烈竞争，公司的彩票印刷收入下降，毛利率大幅下降。同时由于2017年对商誉等资产计提减值损失，在一定程度上已经降低了2017年公司营业利润及利润总额。在2018年营业收入增加的情况下，营业利润和税前利润大幅下降。

表5-2 2016～2019年鸿博股份营业收入情况　　　　（单位：万元）

年份	2016年	2017年	2018年	2019年
营业总收入	84,637.66	69,502.22	70,563.72	62,656.34
营业总收入同比增长率（%）	28.1	-17.88	1.53	-11.21
营业利润	5872.17	2960.29	1451.50	6104.89
营业利润同比增长率（%）	558.2	-49.29	-50.97	320.59
净利润	4104.52	1296.9	1398.36	5006.92
归属母公司股东的净利润	1268.01	1076.02	514.31	3530.93
归属母公司股东的净利润同比增长率（%）	38.22	-15.14	-52.2	586.53

（数据来源：同花顺iFinD）

2019年，鸿博股份的财务报告因为鸿博股份持股5%以上股东河南寓泰控股有限公司非经营性占用公司资金6000万元；同时，全资子公司开封鸿博股权投资有限公司违规提供对外担保，涉及金额8000万元，被出具了带强调事项段的无保留意见。

近年来鸿博股份业绩波动也引起了证监会的注意，对此鸿博股份在问询函中对公司近年经营业绩下滑的具体原因、公司可持续经营能力，以及公司拟采取的改善经营业绩的具体措施做出了如下回复。

在经营业绩下滑方面，2017～2019 年公司产品毛利率、三项费用（销售费用、管理费用、财务费用）占收入比例、归母净利润、扣非归母净利润如表 5-3 所示。

表 5-3 2017～2019 年鸿博股份营业数据　　　　　　　　　　（单位：万元）

年度	营业收入	营业成本	毛利率	三项费用	三费占比	归母净利润	扣非归母净利润
2017 年	69,502	52,781	24.06%	13,154	18.93%	1076	697
2018 年	70,564	55,375	21.52%	11,868	16.82%	514	-742
2019 年	62,656	46,077	26.46%	11,690	18.665	3531	-1361

（数据来源：鸿博股份年报）

从表 5-3 可以看出，由于市场竞争加剧，最近三年公司营业收入呈现下降趋势。2017 年与 2018 年营业收入相比变动不大，毛利率下降的主要原因是营业成本增加，2019 年公司采取了一系列如集中采购议价、工艺流程优化等成本管理措施，本年营业成本较 2017 年、2018 年有所下降，因此 2019 年毛利率较前两年有所提升，但由于 2019 年营业收入下降，毛利率增加也无法扭转归属于上市公司股东的扣除非经常性损益的净利润亏损增加的情况。

在可持续经营方面，鸿博股份公司可持续经营能力不存在不确定性，主要原因如下：

（1）客户稳定方面，公司继续保持与众多金融、保险、财税以及高端白酒客户稳定的合作关系。同时积极深耕彩票行业领域客户，通过电子彩票、彩种研发、彩票平台搭建，切入彩票上游彩种研发和下游销售领域。通过为客户提供个性化产品需求、系统解决方案，不断提升公司产品和服务附加值，深化与客户合作，进一步打造公司彩票全产业链布局，形成新的利润增长点。

（2）产业整合上，公司通过整合营销、生产和后勤服务体系，调整业务和产品结构，减少了书刊印刷和智能卡业务的亏损。

综上，可认为公司在持续经营能力方面不存在不确定性。

在改善业绩方面，鸿博股份表示将会在巩固现有票据票证业务的基础上，拓宽销售渠道，适当降低毛利率要求，争取获得更多订单，以增加营业收入。进一步拓展海外市场，落实即开型区块链彩票产品及应用，增加新的业绩增长点。

表5-4为鸿博股份2017～2019年前五大客户营业收入比,由此可见,鸿博股份的主要业务收入有向大客户集中的趋势。鸿博股份的主要几个业务模块中,彩票业务与中国福利彩票、中国体育彩票进行深度合作。包装彩印方面拥有泸州老窖、剑南春、五粮液等优质客户资源。鸿博股份的客户资源优势明显,但随着公司多元化发展的进程开展,客户渠道打开,也会逐步降低对主营业务中大客户的依赖。

表5-4 2017～2019年鸿博股份前五大客户占营业收入比

年份	2017年	2018年	2019年
第一名	16.28%	17.56%	21.95%
第二名	6.95%	6.2%	8.02%
第三名	3.49%	5.68%	3.33%
第四名	2.57%	4.01%	2.45%
第五名	2.45%	3.03%	2.03%
合计	31.74%	36.48%	37.78%

(数据来源:同花顺iFinD)

3.2 鸿博股份财务状况

3.2.1 公司规模

鸿博股份2016～2019年资产规模如表5-5所示,从2016年至2019年以来,鸿博股份不断对市场战略进行调整,但由于人工和原料成本的上升,对主要业务造成了一定影响,导致收入和资产情况的波动,但市场发展仍然稳固。

表5-5 2016～2019年鸿博股份资产规模　　　　　　(单位:万元)

年份	2016年	2017年	2018年	2019年
资产总计	243,370.95	210,997.54	206,718.13	212,345.55
营业收入	84,637.66	69,502.22	70,563.72	62,656.34

(数据来源:同花顺iFinD)

3.2.2 盈利能力

鸿博股份 2016～2019 年盈利情况如表 5-6 所示，在 2016 年至 2019 年，由于公司的经营发展计划以及市场竞争的变化，鸿博股份的整体盈利水平也受到了不可忽视的影响。造成波动的主要原因有，为打造彩票全产业链布局，同时大力开发彩票新业务，公司增加了对彩票无纸化业务等项目的投资，增加了营销和全国渠道建设投资，导致相关费用增加。收购华为 5G 核心供应商，进入 5G 产业链上游，鸿博股份完成对弗兰德收购，将在 5G 时代完善 5G 战略布局，构建公司新的利润增长点，提升公司整体盈利能力。

表 5-6　2016～2019 年鸿博股份盈利能力分析

年份	2016 年	2017 年	2018 年	2019 年
总资产报酬率	3.59%	1.39%	0.57%	3.03%
净资产收益率	1.01%	0.65%	0.32%	2.14%
总资产净利率	1.83%	0.57%	0.67%	2.39%
销售净利率	4.85%	1.87%	1.98%	7.99%

（数据来源：同花顺 iFinD）

同时，纸张等原材料价格大幅上涨，环保压力增大，运营成本迅速上升。然而，票据业的竞争非常激烈，即开票市场的销量下降。同时，由于商誉等资产减值损失，也对公司的营业利润和利润总额造成影响。

3.2.3 偿债能力

如表 5-7 所示，企业的流动比率和速动比率自 2016 年起都呈上升趋势。流动比率 2017～2019 年更超过了 3，其原因是 2015 年以来，由于国家叫停互联网销售彩票，鸿博股份的彩票无纸化业务也因此暂停，原计划投入彩票无纸化业务开发的资金也因此闲置，因此将大部分闲置资金买入银行理财产品，小部分用于补充流动资金，由此开始积累财务弹性，在此期间由于流动资金持续增加和积累，企业的流动比率和财务弹性指数持续上升。

表 5-7　2016～2019 年鸿博股份偿债能力分析

年份	2016 年	2017 年	2018 年	2019 年
资产负债率	24.71%	16.48%	17.89%	15.5%
流动比率	2.78%	3.62%	3.21%	3.99%
速动比率	2.19%	2.84%	2.73%	3.50%

续表

年份	2016年	2017年	2018年	2019年
现金比率	183%	229.2%	239.39%	295.5%
权益乘数	1.33	1.2	1.22	1.18

(数据来源：同花顺 iFinD)

偿债能力情况与企业的债权人的比例有较大的关联，保障债权人权益的前提就是需要企业优化资产结构，稳定企业的现金流，这是对债权人利益的保障，也是企业正常运转的前提，能够极大地促进企业主动提升生产力，扩大销售规模，确保企业现金流稳定，优化债务规划。

3.2.4 营运能力

如表 5-8 所示，2016 年到 2019 年，鸿博股份的存货周转率整体呈现下降趋势，2017 年鸿博股份的存货周转率达到了最低点，仅为 3.04。库存占用率变高，流动性下降，库存转换为现金或应收账款能力下降。在 2018 年问题得到缓解，指标回升。

表 5-8　2016～2019 年鸿博股份营运能力分析

年份	2016年	2017年	2018年	2019年
存货周转率	3.53%	3.04%	3.43%	3.5%
应收账款周转率	5.5%	6.55%	8.05%	7.45%
流动资产周转率	0.70%	0.53%	0.62%	0.56%
总资产周转率	0.38%	0.31%	0.34%	0.3%

(数据来源：同花顺 iFinD)

2016 年至 2018 年，鸿博股份的应收账款周转率整体呈上升趋势，2018 年达到 8.05，这表明近三年来鸿博股份的应收账款回收期较短，企业已经逐步提升了对自身应收账款的管理，提高企业应收账款的偿还能力，以减少坏账，降低自身的损失。总资产周转率总体呈下滑趋势，可以看出鸿博股份针对资产的管理水平和利用效率在下滑。流动资产周转率在 2017 年下降至 0.53，处于波动状态，表明企业的整体生产经营流动性存在波动。

3.2.5 成长能力

如表 5-9 所示，从 2016 年至 2019 年，鸿博股份的盈利情况都处在一个波动较大的不稳定时段。原料和人工成本上涨，以及市场竞争的加剧，公司的彩票印刷收入下降，毛利率大幅下降给公司的盈利造成了巨大影响。

表 5-9　2016～2019 年鸿博股份成长能力分析

年份	2016 年	2017 年	2018 年	2019 年
营业利润增长率	558.2%	-49.29%	-50.97%	320.59%
营业总收入增长率	28.1%	-17.88%	1.53%	-11.21%
净资产收益率增长率	-26.91%	-14.69%	-51.22%	553.14%

（数据来源：同花顺 iFinD）

4　发展布局分析

4.1　稳抓核心主营，打造彩票全产业链

打造彩票全产业链布局，同时大力开发彩票新业务。公司积极布局彩种研发及电子彩票业务运营，通过电子彩票、彩种研发、彩票平台搭建，切入彩票上游彩种研发和下游销售领域，力争打通整个彩票产业链，2018 年研发投入 2422.66 万元，同比增加 0.13%。同时公司大力开发新业务，新开发的"快乐十分"视频型彩票游戏在重庆福彩上线，并且投入资金进行体育彩票安卓终端机研发，产品已正式通过测试。公司的彩票产业链布局涵盖了上游彩票游戏研发和系统开发、中游彩票印制、下游销售平台和运营服务。彩票上游领域，有专门的电子彩票研发团队负责游戏研发及系统开发；彩票中游领域，公司是最大的体彩福彩热敏纸和体彩即开票印制服务商之一；彩票下游领域，公司于 2010 年开始进入互联网和移动端代购，同时，公司也进入社会化运营和营销服务领域。

上游注重彩票游戏研发和系统平台搭建。2010 年，设立控股子公司鸿博（福建）数据网络科技股份有限公司，专门负责彩票研发；持续引进优秀技术人才，目前已形成北京、深圳、广州以子公司或事业部为主体的三个研发团队，实现多款手机、网络彩票游戏的内部测试，并积极开展新彩种的项目推广。2018 年，公司在上游领域拥有第一个落地的游戏改造项目，同时取得了首批体育彩票安卓终端机的认证，也是第一家通过招投标获得电话售彩合约的上市公司。经过体彩中心组织的第三方硬件测试、第三方接口测试等程序，鸿博股份开发的体

育彩票安卓终端机成功通过第三方的适配性测试,成为该类产品的合格供应商。本次测试通过的体育彩票安卓终端机暂定的适用范围为超市、便利店等行业渠道。作为彩票全产业链服务商,公司已在彩票游戏、彩票印刷、物流配送服务、社会化运营、投注终端、数字营销和无纸化代销方面进行全方位的布局。本次通过测试是公司在投注终端开发等新业务方面迈出的重要一步,为公司拓展新的业务、彩票销售渠道奠定基础。

中游集中在热敏纸和即开票印制。2015 年,收购体彩即开票唯一社会印制企业——北京中科彩技术有限公司 51% 股权,切入即开型体育彩票印刷领域。现今,我国的体育彩票主要可以分为乐透数字型、网点型、竞猜型以及视频型。根据中国产业网的研究报告,我国 2019 年体育彩票业细分产品结构为竞猜型体育彩票占比 53.05%,而乐透数字型体彩占比 41.07%,即开型占比 5.87%,视频型彩票仅占 0.01%。从以上四类体彩的销售速度看,唯有即开型体彩的销售收入处于上升状态,主要增长比例为 19%。鸿博股份于 2015 年收购中科彩 51% 的股份,而中科彩是国家体育彩票中心的主要采购商之一,鸿博股份也就因此获得了即开型体育彩票印刷的资格,切入新的利润点。电脑热敏票业务由于受到技术壁垒较低这一因素的影响,各省市体育彩票中心往往采取公开招投标采购的方式进行,主要投标方有鸿博股份、东港股份、北京印刷集团、北京伊诺尔印务等,行业竞争日趋激烈。

下游整合销售和物流配送业务。2010 年,收购广州彩创网络技术有限公司(旗下拥有"彩乐乐"网站),设立控股子公司鸿博致远信息科技有限公司,从事电话销售彩票,成为最早布局互联网售彩的 A 股上市公司;获得多省份福彩及体彩数据接入资质,并与腾讯网、支付宝、苏宁等彩票网站建立合作关系;2015 年,作为非公开发行股票的投资重点项目之一,"物联网+彩票"在原有的全自动智能标签制造和物联网系统开发的基础上,新增"彩票物联网"的概念,项目实施后将覆盖彩票采购、生产、仓储、物流运输及销售等各环节,从而为彩票运营提供高效支持。

4.2 "一纵一横"的产业布局

鸿博股份上市以来围绕安全印务做了"一纵一横"的产业布局,纵向上围绕彩票印制业务通过投资和收购完成了彩票游戏研发、热敏票和即开票印制、彩票物联网等的彩票全产业链布局,横向上围绕安全印务业务拓展了智能卡及物联网、包装、书刊三大业务。通过"一横一纵"的产业布局，鸿博股份正逐步推进其从票据印刷商身份向"引领彩票、RFID 及文化产业发展的综合性服务商"角色的转型。

"一纵"立足主业，多点出击。"一纵"的核心在于印刷，即围绕印刷主业进行广度和深度的拓展。于鸿博股份而言，其首要任务便是继续巩固并提升其传统优势领域——票据印刷的竞争实力。以票据印刷起家的鸿博股份，凭借多年的深耕细作，如今已成为彩票印制领域的主力军，有统计表明，国内体育彩票、福利彩票印刷中的 40% 份额来自鸿博股份。在鸿博股份既有的业务板块中，票据印刷同样扮演着重要角色。对于鸿博股份而言，票据印刷确为名副其实的"第一核心业务"。

"一横"步步推进，多业并举。书刊业务方面，公司子公司鸿博昊天科技有限公司（位于北京）承担了国内外大型出版社精品书刊和杂志的印制；智能卡业务方面，公司是第一家承接社保卡（福建）制作的单位，目前是邮政储蓄银行、光大银行、兴业银行、民生银行等大型银行的卡片主要供应商之一；包装业务方面，公司主要为大型酒业企业配套提供精品盒业务，目前主要客户包括泸州老窖、剑南春、五粮液和郎酒等西部知名白酒企业。

4.3 打造"区块链＋彩票"新型模式

2019 年，区块链技术引发主流社会越来越多的关注，短短几年时间，区块链再次迎来强大风口。区块链技术的应用是一种可行的工具，可以改善标签数据，使信息透明度更容易实现，并最终影响消费者的购买决策。对于印刷包装行业，区块链也有着它的一席"用武之地"，印刷业应重视区块链技术在印刷包装中的及时应用。为此，2019 年以来，越来越多的印刷包装企业开始瞄准这一技术。区块链技术对于商品包装不仅仅是防伪和溯源，防伪和溯源是最基础的应用，区块链的价值将主要体现在商品销售后的拓展应用上。

国内知名彩票服务商鸿博股份与临界区块链研发机构——哈世科技签订战略合作协议。作为彩票印刷行业龙头企业，鸿博股份积极响应国家号召，与区块链前沿高科技团队合作，探索推动区块链与彩票及电子票据行业深度融合。此次合作是区块链技术落地的关键性突破，实现了区块链技术与彩票及电子票据领域的产业融合，真正从技术迈向实体落地。

目前鸿博股份的产业布局已包含了产业链上中下游的各个环节，包含电子彩票、彩种研发、彩票平台搭建，切入彩票上游彩种研发和下游销售领域，因此公司发展区块链彩票无疑具有得天独厚的优势。

2020年2月17日，公司与柬埔寨金象公司签订了《即开型彩票供应协议》《区块链即开票供应链系统服务协议》。根据协议，鸿博股份向金象公司提供区块链即开票供应链服务及即开型彩票。另外，鸿博股份宣布拟在区块链彩票技术应用、彩票游戏设计及印刷服务、彩票系统开发、彩票硬件开发等领域展开研发工作。公司在2020年6月披露，区块链彩票产品"Goldvalley_KHR"在柬埔寨正式上线，这意味着公司的区块链场景应用进入新阶段，也对公司打造彩票全产业链产生积极和深远的影响。随着"新基建"的提挡加速，区块链行业将面临着难得的历史机遇，鸿博股份的区块链应用也有望进一步深入。

鸿博股份的区块链即开型纸质彩票产品在柬埔寨正式面世，成为了市面上首个加入区块链技术的纸质即开票型产品。鸿博股份和金象公司基于柬埔寨及东南亚彩票发展现状，利用区块链技术发行彩票产品，将有助于提升彩票在发行、销售、开奖、兑奖环节中的公开性和可追溯性。同时，公司还正在与多个参与方共同搭建一条基于联盟链的即开型彩票供应链。

未来"区块链+彩票"市场的想象空间不只是区块链即开型彩票。除了提高彩票本身的市场销量，接入区块链后的链上版彩票或许可以和央行数字货币DCEP结合。央行发行注重替代M0的DCEP是既符合国情又顺应公众对小额高频支付业务的需求，同时还能有效防范M0货币被用于洗钱和非法融资等风险。彩票的交易包括购买和返奖两次资金流动，恰好切合DCEP的应用场景。一旦彩票上链获得共识，区块链彩票将成为未来的行业标配，其前景值得期待。

与此同时，鸿博股份近年业绩有所好转。数据显示，2019年公司实现净利润3531万元，同比增加5.86倍，扭转了此前业绩低迷的态势。在区块链彩票产品落地后，为鸿博股份未来在区块链其他应用打下了基础，这也给公司带来了新的盈利增长点。

4.4 建设完善RFID智能标签制作和物联网技术服务

2015年11月，鸿博股份发布公告，拟以不低于19.42元/股非公开发行不超过 4800 万股,募集资金总额不超过 9.296 亿元。公司实际控制人尤友岳认购不低于 5000 万元。

根据方案,鸿博股份拟斥资 4.45 亿元收购无锡双龙信息纸有限公司(以下简称无锡双龙)40% 股权并增资用于彩票物联网智能化管理及应用项目,其中收购股权拟使用 4098 万元,彩票应用项目拟使用 40,403 万元,拟投入电子彩票研发中心建设项目 10,459 万元,拟补充流动资金 38,000 万元。

无锡双龙是鸿博股份持股 60% 的控股子公司,是一家集商业票据印刷、证照、彩票、各类办公用纸、彩印包装、不干胶标签、各类信封生产于一体的综合性印刷企业。本次收购无锡双龙 40% 股权有利于进一步提升鸿博股份盈利规模。同时,彩票物联网智能化管理及应用项目的实施,将有利于公司借助华东地区的区位优势及无锡市全国物联网示范城市的政策优势,增强公司在华东地区彩票行业的生产加工和服务能力,提升无锡双龙的核心竞争力,提高客户黏性,为公司增加新的利润增长点。

鸿博股份认为,电子彩票研发项目将进一步完善公司彩票产业链,集研发、评估、测试、销售到数据分析和咨询服务于一体,提升公司竞争力,把握市场先机。公司通过彩票游戏的研发和推出,全方位拓展彩票发行和销售渠道并覆盖更广泛的人群。同时,公司通过行业、用户及区域化等众多因素的数据分析,定位终端营销,能为行业客户进行大数据分析及解决方案的设计提供支持。

鸿博股份在清华大学信息技术研究院的支持下自主研发了物联网中间件平台——COBWEB。COBWEB 产品体系是由设备适配系统、应用适配系统、数据交换平台、服务平台、运维管理系统和服务开发平台等产品组成的面向物联网和互联网设备及应用系统集成互联的基础解决方案产品套件。目前已在江苏省、海南省和福建省进行彩票行业物联网技术应用。

目前较为认可的物联网定义为:物联网是通过射频识别(RFID)、红外感应器、全球定位系统、激光扫描器等信息传感设备,按约定的协议与标准,把物品与网络连接起来进行信息交换和通信,以实现智能化识别、定位、跟踪、监控、传输、交互和管理的一种网络。在彩票行业,物联网的应用具有先天的优势。不论是电脑热敏型彩票,还是即开型彩票,其作为物品特性均有高度标准化特征,即它的规格、尺寸、大小等都有严格的标准要求,为物联网技术创造便利条件。

物联网技术在彩票行业供应链管理中的前景优越，能带来许多改善和收益。

1. 切实提升行业整体运营效率与决策效率

物联网技术应用能够提升彩票行业的整体运营效率与决策效率。第一，打通行业信息流通链，建立行业标准，提高整体协作效率。第二，在构建统一的网络平台的基础上，推动了彩票行业的信息系统集成。彩票行业各职能机构和各供应商的信息管理系统不得不在物联网技术应用下进行优化、更新和有效集成，为彩票行业的各项业务信息交互，以及彩票实物流通信息与销售信息的共享与反馈提供快捷通道与融合平台，从而有效提升各职能机构与各供应商的业务效率与管理效率。第三，彩票行业供应商在物联网技术及应用场景的推动下，不得不调整、变革和提升原有的管理水平与技术水平，只有在新技术背景下提高自身在生产、物流、仓储和销售等方面的效率与质量，才有可能在彩票行业立足，进而也推动了所有彩票行业供应商的整体运营效率。第四，由于大量的信息数据能够便捷地在物联网网络平台上获取、流通，彩票中心具备基于大数据管理与决策的能力。一方面，彩票中心能够实现彩票精细化管理；另一方面，在彩票大数据背景下，彩票中心能够有效提升彩种研发、彩种匹配、彩票发行等重大事项的决策效率和决策质量。

2. 有效提高作业效率

（1）提高信息传输效率。在彩票流通环节中，彩票的交换非常频繁，无论是物品信息还是交换通道信息都非常多，如果没有智能技术作为保障，将无法完成各种信息的采集工作。彩票物联网技术通过云计算、大数据分析等技术对流程中的各类信息进行收集整理、分析，提高了信息的整理及传输能力。

（2）提高物流配送效率，减少流通成本。将物品信息识别技术引入彩票的流通领域，达到了对彩票流转的全程追踪和实时反馈，保证了彩票在供应流通中的安全，这方面的技术包括 RFID 技术、GPS 技术、传感器技术、二维码技术等。通过全程的实时反馈，可随时掌握物流配送状态及供销存状态，减少流通成本，提高配送效率。

（3）提高数据精准度，减少人为控制带来的误差。彩票物联网在功能及应用层对数据进行存储和智能分析，按照用户需求产生结果，通过结合

P2P、云计算等分布式计算技术对数据进行智能分析和处理，运用海量信息智能处理、分布式计算、中间件、信息发现等多种技术，处理彩票流转中的海量信息，提升彩票物联网的信息处理能力，提高数据精准度，减少人为控制带来的误差。

（4）对于彩票从业机构与人员而言，新技术应用改变了传统工作模式，使得工作模式发生重大变化，从针对"多头"到只关注"一头"，从原来手工统计需求、通知生产和跟踪进度转变为"享受"一站式打包的服务，管理效率极大提升。

3. 提高纸质即开票的安全及响应速度

（1）物联网技术的应用提高了监控效率。彩票物联网技术采用了射频识别（RFID）、红外感应器、全球定位系统、激光扫描器等先进信息传感技术，实现了智能化识别、定位、跟踪、监控、传输、交互和管理网络一体化，使彩票在实物流转环境中，作为实物商品，从生产商出厂后，在省级库、市（县）级库中存储、调配，再至投注站，以及销售网点中流转销售的整个过程都得到有效的监控管理，极大提高了彩票的安全系数。

（2）精准监控供销存量，减少彩票积压。纸质即开票的积压问题由来已久，给彩票管理机构的管理及销售网站的经营都带来了困扰。彩票物联网技术通过运营管理系统的两级交换总线技术对发布、跟踪生产订单及监控各供应商的库存、跟踪物流状态、监控各省彩票中心的库存与消耗进行有效管理，可快速统计出供销存量以供决策分析。其中一级交换总线负责彩票中心运营监管系统与生产商、第三方物流及各省彩票中心对应职能应用系统间的业务交互数据的可靠传输和存储转发；二级交换总线负责省彩票中心与各地市中心、各投注点之间业务数据的可靠传输，确保省市两级节点业务协同的及时和畅通。

（3）配送规模化，减少配送成本。彩票物联网的大数据管理，可对即开票的整体配送进行调整，形成规模化配送，从而节省配送成本。由省中心运营管理系统统一接收各供应商即开票库存数量的动态变化数据，对当前供应商的所有库存进行统计，获得当前的供应库存数据并监控变化；接收省彩票中心库存数量，掌握省库存的变化态势。在此基础上，对各地的配送任务进行优化整合。

（4）提高订单响应效率。彩票物联网的搭建确保了各投注点之间业务数据

167

的可靠传输及彩票中心各级节点业务协同的及时和畅通，从而提高了订单的响应效率，使生产、物流信息快速得到确认和执行。

（5）增强新渠道拓展能力。通过运营管理系统将大系统与站点营销系统对接，快捷获取一手分析数据，扩大彩票中心营销活动宣传效果，提升实体销售网点的整体形象，增加了新渠道的拓展和管理能力。

4. 降低纸质彩票损耗与浪费，提升环保理念

（1）彩票中心。由于生产数据、物流数据、消耗数据都在系统平台上生成和流转，彩票中心能够实现彩票生产周期、使用情况和交付效果的可视化、数字化和智能化管理，进而有效降低损耗，极大程度节约彩票发行费用。

（2）生产供应商。由于彩票生产、物流仓储及销售的数据和流转时间都能够及时反馈，方便生产商有效安排生产、备货等，能够有效降低生产损耗，促进环保理念形成。

（3）物流供应商。物流供应商的工作变得有计划性，订单提前2天下达，物流供应商可以优化配送路线和配送资源，可以进行仓储库存量机动调节，进而有效降低物流配送成本和彩票在仓储及物流中的损耗。

（4）投注站点（网点）。彩票投注站点（网点）获得服务升级，彩票配送到店，准时准点，不用担心彩票供应不及时而影响销售，尤其是偏远地区投注站主不用再担心断货和自己去花成本取货的情况发生，从而有效降低站点囤货、浪费等现象，提升环保理念。

（5）打造视频彩，完善彩票全产业链。鸿博股份公告，经过前期上线测试并经重庆市福利彩票发行中心验收，公司开发的"快乐十分"视频型彩票游戏于2018年4月18日在重庆市福彩自助店和福彩主题吧190多家门店全线正式上市。"快乐十分"落户重庆，实现开发向收益的转化。

"快乐十分"是由中国福利彩票发行管理中心发行的一种全新快速开奖游戏。公司负责标的游戏升级改造工作，并上线运营。按照协议，公司将收取游戏总销量的千分之三费用作为开发服务费。此次重庆视频彩成功上线，将为公司在其他地区进一步推广这一运营模式，获取收益打下一个良好的开端。

视频彩这一新型方式发展潜力巨大。视频彩是对福彩体彩等高频彩进行迭代升级，在表现形式上有更多创新，可以通过线上线下，在不同客户端进行销售。与传统彩票相比，更符合年轻消费群体的习惯与需求。随着近年来彩票行业销

量飙升，其中视频彩增幅较大。随着"80后""90后"消费者成为彩民主体，视频彩的空间将被打开，创造新的利润点。

5 政策及市场分析

5.1 政策影响

5.1.1 互联网彩票禁令

早在2010年，鸿博股份出资建立了鸿博数据网络科技股份公司、福建鸿博致远信息科技有限公司，并且斥资收购了广州彩创网络技术有限公司，开始通过各个彩种的研发、网络终端销售积极布局彩票无纸化的销售。与此同时，鸿博股份通过技术平台的搭建，电子彩票的运营等措施力争打通整个彩票产业链。在2012年的年报中，鸿博股份正式将彩票无纸化销售作为公司未来发展的主营业务之一。2012年财政部正式发布了《彩票发行销售管理办法》，在政策层面给予了互联网彩票销售合法的身份，这也使得鸿博股份加快了彩票无纸化业务的布局。

然而，自2014年11月起，我国的网络售彩业务受到了严格的制度监管，首先是国家审计署率先对全国18个省展开了彩票资金的审计工作；然后在2015年1月15日，国家财政部、民政部以及国家体育总局三家单位联合下发了《关于开展擅自利用互联网销售彩票行为自查自纠工作有关问题的通知》，正式下达了对于互联网彩票销售的禁令。2015年2月28日，国家针对互联网彩票销售发布了《体育总局关于切实落实彩票资金专项审计意见加强体育彩票管理工作的通知》，要求部分省级彩票管理中心自2015年2月26日起全面暂停网络彩票的销售订单，网络彩票迎来了第五次整顿。因此，鸿博股份于当日晚发布公告，全面停止了企业的无纸化彩票的代购业务，至此，鸿博股份彩票无纸化销售业务遭受重大打击，陷入全面的停滞。

至今，国家针对互联网彩票的禁令没有解除，鸿博股份的线上彩票运营布局遭受重大打击。国家政策的调整对鸿博股份的产业延伸、多元业务布局都造成了极大的影响，因而企业的彩票全产业链的下游业务遭受冲击。企业出于谨

169

慎性原则，彩票无纸化代购与电子彩票研发的项目建设停滞，资金投入放缓。截至 2019 年 4 月，鸿博股份相关业务进度仅仅不到 3%，所以大量的预估募集建设资金也处于停滞状态，从而使得企业的长期资本呈现短期资产化倾向。彩票物联网智能化管理及应用项目、电子彩票研发中心项目建设也已暂停，后续待相关政策放开后会陆续投入。

在国家加强对互联网彩票的监管情况下，鸿博股份是目前 A 股市场仅剩的仍坚守在彩票行业的公司。在应对政策风险方面，公司已布局彩票的游戏产品开发、彩票印刷，以及门店运营等多个环节。现阶段彩票收入仍集中在中游的印刷。游戏开发方面，公司已储备了 200 多款游戏，并拥有电子彩票数据库、手游彩、视频彩等不同品类的彩票相关产品。在门店运营方面，公司正积极探索智慧门店模式。

5.1.2 税收优惠

1. 增值税优惠

鸿博股份作为福利企业，根据财政部和国家税务总局《关于促进残疾人就业增值税优惠政策的通知》的规定，自 2016 年 5 月 1 日起实行由税务机关按纳税人安置残疾人的人数，限额即征即退增值税的办法。安置的每位残疾人每月可退还的增值税具体限额，由县级以上税务机关根据纳税人所在区县（含县级市、旗，下同）适用的经省（含自治区、直辖市、计划单列市，下同）人民政府批准的月最低工资标准的 4 倍确定。

2. 企业所得税优惠

根据《高新技术企业认定管理办法》及《中华人民共和国企业所得税法》等有关规定，鸿博股份有限公司于 2017 年被认定为高新技术企业，并取得编号为"GR201735000502"高新技术企业证书，于 2017 年至 2019 年企业所得税按 15% 的税率征收；下属公司北京中科彩技术有限公司于 2019 年被认定为高新技术企业，并取得编号为"GR201911003073"高新技术企业证书，于 2019 年至 2021 年企业所得税按 15% 的税率征收；子公司鸿博昊天科技有限公司于 2017 年被认定为高新技术企业，并取得编号为"GR201711000836"高新技术企业证书，于 2017 年至 2019 年企业所得税按 15% 的税率征收。

根据财政部和国家税务总局《关于安置残疾人员就业有关企业所得税优惠

政策问题的通知》的规定，报告期本公司企业所得税的优惠政策为按在税前列支残疾人工资的基础上加计 100% 扣除。

根据财政部、国家税务总局及海关总署联合发布的《关于深入实施西部大开发战略有关税收政策问题的通知》第二条的规定，子公司重庆市鸿海印务有限公司及孙公司四川鸿海印务有限公司 2011 年至 2020 年期间的企业所得税按 15% 的税率征收。

5.2　市场环境

5.2.1　收购华为供应商入局 5G 未成功

公司在 2018 年 9 月 6 日与弗兰德科技（深圳）有限公司（以下简称弗兰德）控股股东签署股权转让框架协议书，拟以现金 3.45 亿元收购弗兰德 30% 股权。交易对方承诺，标的公司 2019 年至 2021 年实现的扣非后净利分别不低于 9000 万元、1.2 亿元、1.5 亿元。并且鸿博股份已于 2018 年 9 月 14 日支付交易定金人民币 6900 万元。

弗兰德公司在收到本次股权转让的第二期、第三期转让价款后 3 个月内，将第二期、第三期转让价款税后不低于 90% 的金额用于购买鸿博股份股票，资金总额 2 亿元左右。弗兰德股东持有的股票在弗兰德 2019～2021 年每个会计年度业绩承诺完成后按 30%、30%、40% 比例解除锁定及质押。

弗兰德成立于 2004 年，主要产品为基站天线、射频器件。目前，弗兰德已经形成基站天线及射频器件的完整产业链，能够生产 FDD-LTE 智能天线、TDD-LTE 智能天线以及反射板、合路器、移相器、振子等基站天线配套器件，可满足国内外多网络制式的多样化产品需求，目前已配套生产 5G 通信 MASSIVEMIMO 天线配套零件。弗兰德的客户主要包括华为、比亚迪等知名厂商，并与主要客户之间形成了稳定、深度、密切的合作关系。弗兰德为华为战略级核心供应商，位于国内基站天线生产制造领域第一梯队。此次鸿博股份完成对弗兰德收购，将构建公司新的利润增长点，提升公司整体盈利能力。

弗兰德成立十多年来，主要专注在通信基站天线相关领域，从与华为的合作关系来看，弗兰德具有三点核心竞争力：零部件与华为合作超过 10 年，长期合作伙伴关系稳定；提出了众多技术革新，有强大的技术储备，能够满足华为的共同研发需求；配套完整、管理优良、产能充足，可以满足华为的生产要求。因此多年来一直保持与华为的战略合作关系。

对于弗兰德未来的业绩驱动因素这一方面，目前海外的 4G 天线产品需求和国内的多频天线需求仍然比较大，弗兰德基础业务有一定的保证。对未来三年 5G 产品的需求保持乐观，弗兰德有机会获得一定的市场份额。同时，弗兰德也进行了上游布局和横向布局。

当前时点投资弗兰德主要有以下三点优势。

（1）弗兰德深度绑定华为，华为全球市场份额超过 30%，拥有市场份额优势；

（2）有核心技术储备，具备向上游延展的能力；

（3）在 5G 投资周期中基站天线优先受益。

从公司发展战略来看，弗兰德作为基站天线核心供应商，收入体量大，盈利能力好，如果收购控股权，鸿博股份的主要收入来源将是天线产品，公司将变更为"天线＋彩票"双产品为主的收入结构。鸿博股份将支持弗兰德在基站天线上下游产业链不断做大做深，不断提升产业竞争力。但因受弗兰德外汇补登记，公司股权筹划转让、过户等事项影响，股权交易进度未达到预期；公司新管理团队交接后，与弗兰德股东就交易对赌估值对价等正式转让协议条款未能达成一致意见，鸿博股份于 2019 年 10 月 29 日与交易对手方签署终止协议，截至 2020 年 3 月 30 日，公司所支付的股权转让定金 3450 万元已全部收回，入局 5G 布局告终。

5.2.2 区块链战略合作风险

鸿博股份于 2019 年 11 月 19 日与上海哈世科技有限公司签署战略合作协议，拟在基于区块链技术的彩票、电子票据等领域展开深入合作，于 2019 年 11 月 20 日与柬埔寨金象有限公司签署战略合作协议，拟在区块链彩票技术应用、彩票游戏设计及印刷服务、彩票系统开发、彩票硬件开发等领域展开深入合作。

根据战略合作协议的背景，公司与哈世科技签订了《区块链彩票应用开发服务合同》，与金象公司签订了《即开型彩票供应协议》《区块链即开票供应链系统服务协议》。近日，鸿博股份已向金象公司交付即开型彩票及区块链彩票供应链系统。同时，金象公司已取得柬埔寨主管部门对该产品的合法销售审批，并于 2020 年 6 月 6 日正式上线。

公司的区块链即开型纸质彩票产品已在柬埔寨正式上线，成为了市面上首个加入区块链技术的纸质即开票型产品，有助于保障彩票行业的公平性与透明性，推动彩票行业进一步向前发展。作为公司首个区块链彩票应用系统及产品的上线，有助于公司海外市场拓展战略的实施，有助于公司即开型区块链彩票产品及应用的快速落实，进一步夯实公司在彩票行业的核心竞争力，对公司打造彩票全产业链产生积极影响。但与此同时，区块链产业模式的发展也存在一定风险：

1. 市场竞争加剧风险

随着区块链技术的发展和商业化推进，市场格局将发生变化。若公司不能提前布局以有效应对市场变化，不能继续保持在研发设计、市场资源、产品质量、规模化生产等方面的优势，将会对公司的经营业绩产生一定的影响。

2. 商业化风险

区块链技术处于发展初期，相关行业格局尚未成熟，且哈世科技成立时间较短，从技术到应用场景的商业化仍处于推进过程中，其应用前景和盈利模式尚存在诸多不确定因素。

3. 持续研发创新风险

公司的技术研发能力直接影响业务发展情况，若公司未来研发投入不足、技术人才储备不足或创新机制不灵活，无法开发出满足市场需求的新产品及服务，将对公司的发展前景和经营业绩造成不利影响。

4. 人才与团队风险

区块链技术涉及多门专业学科，目前开发及研究设计从业人员数量有限，资深人员更少，公司若不能加快人才培养机制，并提供富有竞争力的激励机制，将面临开发及业务拓展人员短缺或流失的风险。

5.3　原料涨价，成本增加

造纸行业属于中游制造行业，从产业链来看，造纸行业上游主要为造纸原材料，下游为印刷企业或消费品市场，造纸行业是典型的资源约束型行业，原材料供应很大程度上影响着企业盈利和发展。因为纸浆、运输成本、煤炭等涨价，以及2016年环保政策收紧和低端产能淘汰等，不少中小型纸厂纷纷关闭。自2016年开始，造纸行业巨头多次发布涨价函，导致下游印刷行业成本暴涨。包括铜版纸、三防热敏纸、双胶纸以及制作快递纸箱的瓦楞纸和白板纸在内的各类纸制品，自2016年年底价格就开始上涨。

政府部门自 2016 年开始大力加强对造纸企业环境污染的治理，造纸业面临产业升级和部分落后产能的去除，加之新政策禁止进口废纸，导致造纸业原材料价格及产能供给出现波动。长期以来，国外废纸凭价格低、质量高的优势受到许多国内造纸厂的青睐。2017 年 8 月，环保部（现生态环境部）发布新版《进口废物管理目录》（以下简称《目录》），将未经分拣的废纸从"限制进口"调整为"禁止进口"，回收废纸及纸板被列入"禁止名单"。《目录》发布后，废纸回收的价格开始大幅上升。

随着造纸业开始去除低端和过剩产能，进入技术升级转型期，一些污染大的造纸行业工厂被关停，也造成供应量下降，进而影响纸价。由于环境评估不达标，一些小规模的造纸厂纷纷被叫停，出货主要依靠造纸行业巨头。标签纸原材料厂商受环保局《目录》的影响，对标签纸价格先实行涨价政策，之后又实行停产政策，来带动市场标签纸价格的上涨，再加上标签纸原材料厂商停产、涨价等政策推动，价格一再上升是在所难免的。

表 5-10 为鸿博股份近年毛利率情况，鸿博股份主要收入来自商业票据产品，纸张主要是热敏纸等，这类型的产品受纸张影响相对较小。然后是包装办公用纸，公司书刊印刷和纸盒包装受纸张涨价影响较大，鸿博股份通过提升自动化水平、流程优化等方式控制生产成本，降低涨价影响。

表 5-10　2016～2019 年鸿博股份毛利率情况

年份	2016 年	2017 年	2018 年	2019 年
毛利率（%）	30.36	24.06	21.52	26.46
票证产品（%）	34.06	23.11	23.08	27.7
包装办公用纸（%）	10.99	19.81	12.55	20.2
其他（%）	30.13	37.5	23.07	27.86

（数据来源：同花顺 iFinD）

如图 5-2 所示，在 2019 年，鸿博股份的毛利率有所回升，在生产和销售运营上，公司经营管理层在"降本增效、节俭务实"经营方针的指导下，认真贯彻执行董事会制订的年度经营计划，针对各业务板块，继续坚持"巩固与提升、拓展与升级"的发展之路。

图 5-2 2016～2019 年鸿博股份毛利率变化趋势（数据见表 5-10）
（数据来源：同花顺 iFinD）

5.4 违规担保、占用资金遭问询处罚

5.4.1 违规担保、占用资金造成的影响

2019 年，鸿博股份财务报告被出具带强调事项段的无保留意见，主要原因为公司持股 5% 以上股东河南寓泰控股有限公司非经营性占用公司资金 6000 万元；同时，公司全资子公司开封鸿博股权投资有限公司违规提供对外担保，涉及金额 8000 万元。2020 年违规担保及占用资金均已解除、归还。

寓泰控股实际控制人、公司董事长、时任总经理毛伟先生为关联方非经营性资金占用以及违规担保的决策人和责任人。2020 年 8 月 4 日晚间，上市公司披露称，毛伟近日收到福建证监局行政监管措施决定书。

违规担保、关联方违规占用资金给公司带来的影响也是不可小觑的。

（1）此类事项几乎都为公司带来不小的损失，为上市公司带来违规处罚风险。严重违规将会对上市公司下一步经营产生危害。

（2）损害其他股东特别是中小股东的利益。在违规担保中，除了自身或其关联人、特定关系人作为被担保人的股东外，其他股东都是受害者。能够操纵上市公司违规担保的股东一般都是大股东，受害的大部分是中小股东。上市公司被曝出违规担保或被"ST"处理后，大部分公司股价都大幅下跌，中小投资者损失惨重。

（3）破坏了资本市场的信誉。频频曝出违规担保事件，严重影响投资者对中国上市公司的信任，影响中国资本市场的信誉。中国资本市场被认为不够成熟，大量存在包括违规担保在内的不诚信问题是一个重要因素。

（4）给金融体系带来风险。对债权人即担保权人来说，违规担保的担保权实现存在很大风险。从暴露出来的案例看，绝大部分都走上了诉讼之路。违规担保的不少债权人是金融机构，大量的违规担保将给金融体系带来风险。

5.4.2 在保持独立性、防范资金占用等方面拟实施的内部控制整改措施

为杜绝大股东及关联方的非经营性占用资金的情况再次发生，公司已于2020年4月制定了《防范控股股东及关联方占用资金专项制度》，制度规定了公司董事长是防止资金占用、资金占用清欠工作的第一责任人。公司内部审计机构为防范控股股东及关联方占用公司资金行为的日常监督机构。公司董事会审计委员对内部审计机构工作进行指导与监督。

公司董事会建立对股东所持股份"占用即冻结"的机制，即发现股东侵占公司资金时应立即申请对其所持股份进行司法冻结，凡不能以现金清偿的，应通过变现该股东所持股份偿还侵占资金。公司董事长作为"占用即冻结"机制的第一责任人，财务总监协助其做好"占用即冻结"工作，董事会秘书负责做好相关信息披露工作。

5.5 管理层换血经营方式波动

鸿博股份董事会再度面临"大换血"。公司于2020年8月4日披露，拟对董事会进行调整，6名非独立董事中有4人拟被免职。从调整人员名单分析，被免职的4人与鸿博股份单一第一大股东河南寓泰控股有限公司关系匪浅，而接替的4名董事候选人则属于公司实际控制人尤氏家族的代表。

寓泰控股持股长期浮亏。从当初高调进驻，到如今大举退出鸿博股份董事会，寓泰控股的这场资本运作难言成功。

2019年5月10日，鸿博股份公告称，尤氏家族与寓泰控股签署了股份转让协议和表决权委托协议，寓泰控股以10元/股的价格，以7.13亿元拿到鸿博股份14.26%股份，成为公司单一第一大股东。

虽然持股比例不足15%，但寓泰控股随后在鸿博股份董事会中掌控了多数席位，成为事实上的掌事人。对于这场资本运作，市场也颇期待。而在毛伟等人的打造下，鸿博股份在发展路径上也产生了不小的变化：公司率先提出切

入 5G 产业，拟收购华为供应商弗兰德 30% 股权，在谈判失败终止收购后，再次追赶区块链发展大势，成为"区块链彩票"概念龙头企业。

　　一番市场运作下，鸿博股份股价却始终不温不火。溢价进驻的寓泰控股的持股则长时间处于浮亏状态。截至 2019 年年末，寓泰控股近 80% 的持股处于质押状态，凸显其资金链并不轻松。在毛伟的掌舵下，鸿博股份在 2019 年向寓泰控股关联方"输血"数千万元，被曝出了关联方资金占用以及违规担保事项，遭到证监局处罚。但鸿博股份表示，毛伟此次被处罚不会影响其任职，毛伟将继续担任公司董事长。

　　人员变动所产生的经营方向调整对上市公司带来的是决定性的影响。近两年鸿博股份紧跟热点，从彩票游戏到 5G 概念，再到区块链彩票，然而追逐热点背后却没能转化成公司经营业绩。2019 年新大股东进场之后，鸿博股份筹划一年余的 5G 项目也宣布终止。管理层直接决定着企业接下来的发展方向，频繁的高管变动，势必会造成目标不明确、工作得不到有效的执行。同时公司的有效力量得不到集中，各级人员的能力不能有效发挥，从而对公司的发展造成严重的阻碍。

第六篇 汕头东风经营与财务分析

1 公司概况

1.1 公司历史

汕头东风印刷股份有限公司成立于1983年，前身是汕头市东风印刷厂有限公司，创始人是黄炳文，至今已有30多年的历史。2010年公司完成了股份制改造，由香港东风投资有限公司等8家法人单位发起设立汕头东风印刷股份公司，注册资本5亿元人民币。2012年2月16日，公司在上海证券交易所首次公开发行股票5600万股并上市，股票简称东风股份，股票代码601515，从此公司迈进资本市场。2014年4月29日，公司2013年度股东大会决议通过以资本公积向全体股东每10股转增10股的方式转增股本。公司注册资本由人民币55,600万元增加至111,200万元。自上市以来，东风股份始终坚持以烟标印刷为核心，同时发展电子烟、PET基膜与功能膜、云印刷等多元化产业。截至目前，东风股份是烟标印刷行业内产业链较完整、盈利能力较好的龙头企业之一。

1.2 公司产品及产品链结构

公司及子公司目前的主要产品为烟标，同时生产酒类包装，药品、食品包装等包装产品；PET基膜、功能膜（汽车窗膜、家居窗膜）、转移纸、复合纸、电化铝、水性环保油墨等在内的中高档印刷包装材料以及电子烟产品。产品链结构为：膜品加工—纸品加工—环保油墨—印前制版—凹版印刷—胶版印刷—烫金模切—成品检验。

1.3 公司发展现状

公司主营业务为烟标印刷包装及相关材料的研发、设计、生产与销售。经过多年的发展，公司成为国内烟标印刷行业的领先企业，也是行业内产业链较为完整的印刷包装企业之一，已形成以烟标印刷包装为核心，涵盖医药包装、食品包装、酒包装等在内的中高端印刷包装产品和材料研发、设计与生产相结合的业务体系。报告期内，公司除继续做好包装产业板块的经营外，也积极发展包括乳制品、消费投资基金、电子烟及新型烟草制品等在内的业务板块，优化公司产业布局，培养新的利润增长点。

1.4 公司经营模式

公司烟标印刷包装主业经营模式的形成主要基于烟标印刷行业的下游卷烟企业目前广泛实施的招投标政策，通过参与下游卷烟企业组织的招投标获取订单，并按照客户的订单组织生产和销售。公司已建立起覆盖基膜、油墨、涂料、电化铝、激光膜、激光转移纸、包装印刷设计和生产的全产业链条，不仅有效满足集团内部对于包装印刷生产原料的需求，而且形成了规模化对外销售，为公司在成本控制和产品质量方面提供了强有力的保障。在医药包装和其他印刷包装业务方面的主要经营模式是在通过资质、体系、生产现场等方面的考核后成为客户的合格供应商，并通过产品打样、报价及与其他供应商的比价获取订单，按照客户的订单组织生产和销售，其中药包材产品在正式供货前还需要与制药企业进行产品关联申报，完成关联审评审批备案。

公司自成立以来便专注于烟标业务，烟标产业链条布局在业内最为完整，服务多家中烟公司及重点品牌。2019年烟标业务实现营业收入24.68亿元，收入体量为行业第二。烟标行业市场规模预计保持平稳，龙头有望扩张份额。受国家控烟政策和各级中烟工业公司持续降低烟标采购成本的影响，近年来烟标市场规模略有下滑。据测算，2013年烟标市场规模约354.73亿元，而2019年的市场规模约324.21亿元，市场规模有所下滑。而从长期来看，烟标市场规模将保持平稳，龙头烟标企业市场份额将会有所提升。卷烟行业平稳发展的预期来源于财政贡献的稳定性，烟草工商利税占全国财政收入比例保持在 6%～8%，上缴财政总额占比 5%～7%，在近年宏观经济下行压力增加的情况下，烟草行业的平稳发展对国家财政税收意义重大。龙头企业基于工艺、研发、设计能力等优势，在未来烟标行业逐步向高环保性、工艺复杂化过渡，龙头企业有望获取更大市场份额，同时龙头企业具备资金实力，往往可以通过并购方式进一步提升市场占有率。

公司深耕烟标多年，未来向多元化转型。烟标业务是公司主营业务，占比保持在 75% 以上，近年来公司烟标市场占有率稳步提升，但由于烟草行业供给侧结构性改革，产销量指标同比均有所下滑，烟标行业面临挑战，公司积极布局多个产业。公司烟标主业有所下滑，2019 年烟标业务实现营收 24.68 亿元，同比下降 12.49%，其中创新产品类烟标增速显著，同比增长 36.35%，同时出口烟标业务实现收入约 6200 万元，海外烟标市场有望成为新的增长点。公司积极发展非烟标业务，进入医药包装领域，2019 年实现营收 1.37 亿元，同比增长 39.73%；乳制品产品销售增速显著，实现营收 1.56 亿元，同比增长 13.80%。

2　公司面临的挑战与机会

2.1　公司面临的挑战

2.1.1　国家控烟政策及烟草消费观念变化的影响

我国是世界上最大的卷烟生产和消费国，我国吸烟人数占世界吸烟者总人数的近 30%，位居首位。目前，我国吸烟者数量达 3.01 亿人，15 岁以上人群吸烟率为 28.1%，其中男性为 52.9%，女性为 2.4%。我国的烟草消费量占世界烟草消费总量的 44%，吸烟人数 5 年间增长了 1500 万人。

尽管烟草行业对经济和财政收入具有较大的贡献，但是各国对烟草消费日益收紧的政策和吸烟有害健康的观念对烟草生产和消费都带来实际的影响。2003 年，我国签署了《烟草控制框架公约》，多个省市开展公共场所控烟地方立法。《上海市公共场所控制吸烟条例》于 2010 年 3 月 1 日正式实施，是世界卫生组织《烟草控制框架公约》在中国生效后，国内第一部由省级人民代表大会颁布的控烟法规。2017 年 3 月 1 日，修改后的《上海市公共场所控吸烟条例》正式实施，该条例被称为"最严控烟令"。当日起，上海的室内公共场所、室内工作场所、公共交通工具内禁止吸烟。2014年11月28日，北京市第十四届人民代表大会常务委员会第十五次会议表决通过《北京市控制吸烟条例》，该条例于2015年6月1日起实施。中共中央办公厅、国务院办公厅2013年印发了《关于领导干部带头在公共场所禁烟有关事项的通知》，规定各级领导干部不得在学校、医院、体育场馆、公共文化场馆、公共交通工具等禁止吸烟的公共场所吸烟，在其他有禁止吸烟标识的公共场所要带头不吸烟。随着各地控烟条例的陆续颁布实施以及领导干部带头禁烟控烟，以及人民健康意识的不断提升，吸烟有害健康的理念深入人心，烟草消费的观念得到进一步转变，烟草消费将会进一步下降。

2.1.2 烟草行业整体发展情况

2018年，我国有规模以上烟草制品企业116家，资产总计10,881.1亿元，实现营业收入10,465.4亿元，实现利润总额923.5亿元，平均从业人数16.2万人。2017年，我国有规模以上烟草制品企业122家，资产总计10,520.73亿元，实现主营业务收入8890.01亿元，实现利润总额971.45亿元，平均从业人数18.83万人。烟草行业规模以上企业数有所下降，资产和营业收入规模有所增加，利润有所下降，从业人员数减少。烟草行业也面临着集中度进一步提高，减人增效的问题。企业盈利能力有下降的趋势，发展速度趋缓，盈利水平下降，必然会给烟标印刷带来不利的影响。

2.1.3 替代品（电子烟）出现对烟标印刷业务的影响

在过去的十年里烟标印刷企业一直保持高额的产值、高额的利润，但是随着烟草行业的产业重组升级、卷烟包装上印刷烟标警示图片和文字规定的出台、国家禁烟令的颁布、原材料和人力资源成本的提升、电子烟等新型香烟的出现，都对传统的卷烟包装印刷行业有着不小的冲击，在这样的冲击下机遇和挑战是并存的。

随着科技的发展，出现了电子烟这种新型的烟草产品。电子烟在面世之初，就以"烟草替代品"和"戒烟产品"的定位抓住了部分消费者的心理。从外形上看电子烟与卷烟非常相似；从口味上看电子烟与卷烟味道相似，并且口味的种类多于卷烟；从产生废弃物上来看，电子烟没有烟灰和烟头。作为微电子技术、生物技术、健康生活理念融为一体的新型产品，电子烟受到越来越多的消费者青睐。根据不完全统计，在美国和日本，2011年卷烟销量分别下降了 10.8% 和 2.8%，但电子烟的销售量却显著增长。在欧洲市场上，传统卷烟同样受电子烟影响处于下降趋势。因此可以说，传统卷烟行业受到了不小的冲击。

如果说"禁烟令"是烟标印刷企业的"紧箍咒"，那么电子烟就是烟标印刷企业的"噩梦"了，我们都知道，烟标印刷企业之所以能够保持高利润是因为烟标是一次性产品，而这种电子烟是可循环利用的，它的耗材仅仅只是一小瓶"烟油"。随着电子烟慢慢占领市场，势必导致未来传统香烟销量的下降，也就会对烟标印刷企业产生重大的不良影响。在电子烟即将兴起的大时代，作为传统烟草行业的下游企业烟标印刷企业，也应该转变思维，发展与电子烟有关的烟标印刷，比如根据消费者的需求，烟标印刷企业可以与上游烟草企业开展合作，共同研发某一品牌的电子烟，烟草企业着眼于电子烟的开发，而烟标印刷企业则着眼于特定品牌电子烟的包装以及烟油的包装，只有这样才能抢占先机，在激烈的竞争之中占据领先地位。

2.2 公司面临的机会

2.2.1 应对替代品威胁积极拓展电子烟业务

东风股份已拥有电子烟相关技术。东风股份目前拥有针式低温不燃烧香烟内燃器的独家发明专利和多项新型烟草行业相关核心技术专利，已形成坚实的技术壁垒与研发储备。

公司主要通过参股公司上海绿馨电子科技有限公司（以下简称上海绿馨）开展电子烟及新型烟草制品相关业务，顺灏股份（证券代码：002565）持有该公司 60% 的股权，东风股份持有该公司 40% 的股权。上海绿馨聚焦于低温加热不燃烧业务，其全产业链布局覆盖香精香料及新型烟具的研发、生产与销售，目前拥有针式低温不燃烧香烟内燃器的独家发明专利和多项新型烟草行业相关核心技术专利，已形成坚实的技术壁垒与研发储备。上海绿馨投资的多家主体包括佳品健怡、云南喜科、美众联等在新型烟草制品相关细分领域内拥有丰富的研发经验与优质的市场资源，Freem、Elon、Mox、Cigoo 等低温不燃烧电子雾化器和非烟草草本分子提取物产品的自有品牌通过代理商的方式在国内销售并且销售增长较快。

全球烟草市场可以分为中国和非中国市场两大部分。前者以政府高度管制模式运行，后者以"FDA 技术认证 + 市场化运作"为主线。因此，在雾化电子烟兴起阶段，以美国为代表的非中国市场关注重点一直在雾化电子烟的减害认证上，并暂停了调味雾化电子烟的销售。原味和薄荷味并未受限，但要求通过认证。目前，PM 旗下的 IQOS 率先拿到了减害认证。随着电子烟认证的展开和通过，雾化电子烟必然会得以持续。在非中国市场范围内，市场化运作是核心方式，PM 的母公司 MO 大手笔收购 Juul，也是大规模战略布局。至此，MO（含 PM）集团这一全球烟草巨头在 HNB 和雾化电子烟都再次占据行业的绝对领先地位，眼光之独到令人佩服。正是"FDA 技术认证＋市场化运作"模式，使得无论是雾化电子烟还是 HNB，在海外的发展异常迅猛，也通过大幅降低焦油释放，实现了烟草行业减害的健康进化。反观国内市场，烟草局几年前已经明确新型烟草发展方向，并明确电子烟是烟草行业的补充部分。那么，可以明确两点：一是肯定了新型烟草的发展趋势，客观接受了行业的技术进步；二是将电子烟纳入烟草管辖范围，从最近烟草局联合工商总局开展电子烟大检查也可以确定电子烟已经纳入烟草局管辖范围。因此，从国内发展格局来看，从利税、烟农、青少年保护几方利益来看，未来 HNB 必然是大力推广的主要路线，但同时也不排除雾化电子烟明确纳入烟草局专卖管理并行发展，但从过渡角度考虑，HNB 应该还是主力。经过各省烟草公司几年的技术储备和海外代工的经验积累，目前国内推行 HNB 和雾化电子烟的基础已经完全具备，只差政策的明确。

不管何种路线，新型烟草的加热技术环节是重中之重，也是烟草行业在吸食方式上的科技叠加。HNB 靠的是对烟草制品低温加热技术的持续突破，而雾化电子烟的核心是雾化技术。低温加热技术存在多种路径，目前的主流就是 PM 名下 IQOS 的中心加热技术；雾化技术中，目前思摩尔的陶瓷芯技术绝对领先，2019 年受益该技术使得收入暴涨 7 倍，思摩尔的市场份额位列第一。可以看出，HNB 加热技术要和烟草原料深度融合，所以未来很可能由烟草传统巨头继续垄断，而雾化技术完全可以由新进入者吞食，而且雾化技术可以对应不同原料进行适配开发，拓展领域。

在雾化领域需求快速增长的背景下，公司未来三年内，依靠雾化电子烟和 CBD/THC 这两块占比高达 67% 业务的高速增长，能够实现公司整体业务的继续高速增长。汕头东风目前主营烟标印刷，其上游烟草业已经受到了电子烟、戒烟宣传和保护青少年理念的冲击，因此汕头东风利用并购政策进行多元化发展是一条明智的道路。

2.2.2 抓住机遇拓展药品包装印刷业务

首先来看医疗器械行业，如图 6-1 所示，根据艾媒咨询的报告，2013 年以来，中国医疗器械行业销售总额不断增加，至 2019 年已达 6285 亿元，预计 2020 年将达到 7655 亿元，同比增长 17.9%。

图 6-1　2013～2020 年中国医疗器械行业销售总额

［数据来源：EvaluateMedtech，艾媒数据中心（data.iimedia.cn）］

根据第四次全国经济普查数据显示，2018 年年末，医药及医疗器材批发企业法人单位数比 2013 年年末增长 151.4%，年均增长 20.2%。近年来，我国医药行业发展迅速。如图 6-2 所示，2000 年，我国医药行业的销售收入尚只有 1686 亿元，到 2010 年已经达到 11,999 亿元，10 年时间增长了 6 倍多；到 2017 年又在 2010 年的基础上增长了 148.57%，达到 29,826 亿元。

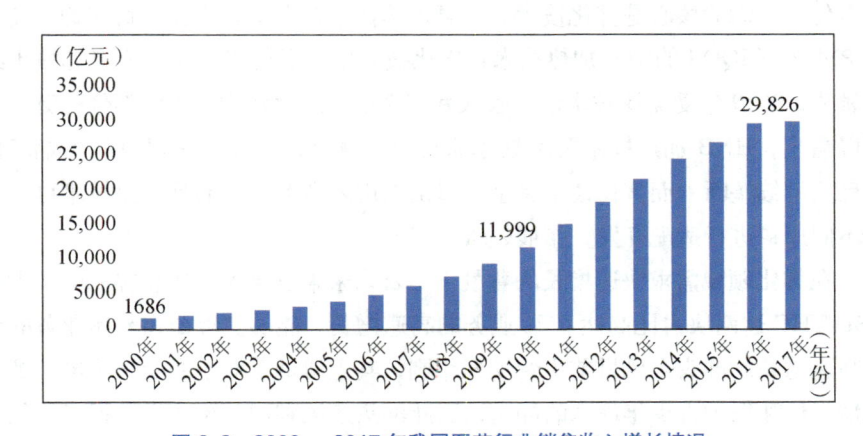

图 6-2　2000～2017 年我国医药行业销售收入增长情况

（数据来源：雪球网）

如图 6-3 所示，2018 年，我国医药包装市场的规模首次突破千亿元大关，达到 1068 亿元，比 2014 年的 714 亿元增长 49.58%。医药包装市场的快速发展为东风股份药品包装印刷业务提供了机会。

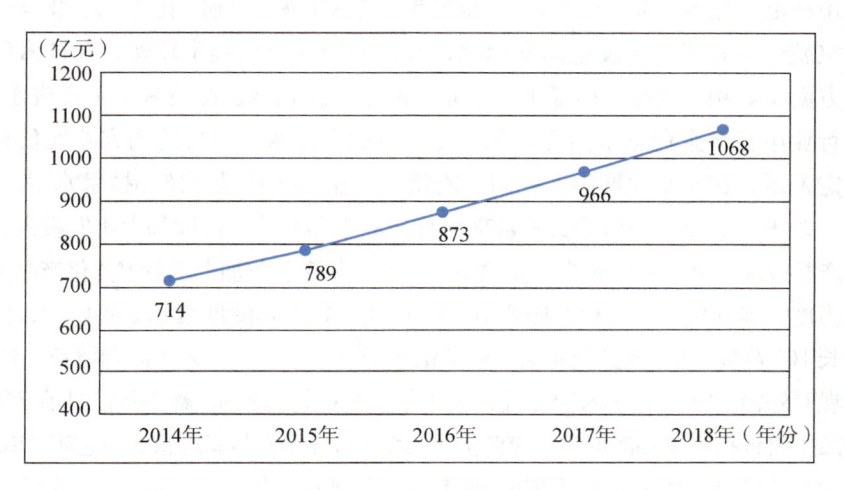

图 6-3　2014～2018 年我国医药包装市场的销售规模

（数据来源：雪球网）

2.2.3　向绿色烟标方向发展

绿色环保烟标越来越受到卷烟企业重视。由于社会上对卷烟危害的宣传越来越多，卷烟企业为了提升自己的形象，将绿色环保烟标作为卖点将成为趋势，如上海卷烟厂推出的硬盒熊猫就宣称全部采用环保材料。卷烟企业不仅在香烟配方及生产工艺上不断改进，在包装材料上也不断要求使用能自行降解、不污染环境的材料，尽可能减少污染物和废弃物排放。因此，对于烟标企业，环保油墨、白卡纸和转移法铝箔纸等中高档印刷包装材料将成为烟标市场的主流。

2.2.4　PET 基膜与功能膜业务

PET 基膜是一种性能比较全面的包装薄膜，其透明性好，有光泽，具有良好的气密性和保香性。PET 基膜的机械性能优良，其强韧性是所有热塑性塑料中最好的，抗张强度和抗冲击强度比一般薄膜高得多；而且挺力好，尺寸稳定，适于印刷等二次加工。PET 基膜还具有优良的耐热、耐寒性和良好的耐化学药品性和耐油性。近年来，公司将 PET 基膜的研发生产等作为一个新的业务增长点。

功能膜是将多种不同的涂层材料与基膜有机结合制成的具有特定电、磁、光、热等性能的薄膜材料。功能膜可以提升薄膜材料的光学性、电学性、透过性、抗腐蚀性、耐候性等特性，在制造独特功能产品领域具有重要作用，被广泛应用在电子电器、通信、医药、仪器仪表、精密机械、交通、化工、能源、环保、航空航天等领域。与发达国家相比，我国功能膜行业起步较晚，在技术经验等方面积累相对欠缺，尽管优秀企业在部分产品领域已经达到国际先进水平，但行业中较多企业竞争实力依然不足，行业整体水平与发达国家相比仍存在一定差距。在未来发展中，我国功能膜行业还需继续提升核心技术水平。

2019 年，公司全资子公司鑫瑞科技顺应市场趋势，持续加大研发投入，提高产品技术水平，满足客户个性化需求。PET 基膜业务加大了对差异化产品的开发力度，累计销售差异化基膜产品 382.99 吨，较上年同期增加 239.43 吨，同比增长 166.78%。基膜业务全年实现外部销量 11,013.44 吨，较去年同期增长 3.59%；实现对外销售收入 13,178.70 万元，较去年同期增长 4.00%。鑫瑞科技目前功能膜产品主要包括窗膜和漆面保护膜两大类，通过与合作方共同运营的"能膜""SOV"两大品牌渠道和公司自主渠道进行销售，经过前期的培育，行业内品牌知名度和认可度不断提高。报告期内，鑫瑞科技共计开发新产品 22 款，功能膜产品实现对外销售收入 3123.83 万元，较去年同期增长 20.98%。

3　公司经营分析

3.1　经营环境分析

2019 年烟草行业去库存结束，卷烟产品结构升级，将助推烟标行业集中度提升。2020 年前三个月卷烟累计产量同比增长 7.5%，卷烟产量及需求均较为稳定；烟草行业 2019 年去库存接近尾声，2020 年烟草行业景气度有望回升。

2019 年上半年，在中美贸易摩擦以及全球经济形势波动加剧的背景下，国内经济运行整体保持平稳，经济基本面继续保持稳中向好的态势。虽然短期内承受一定的压力，但长期向好的总体趋势不会改变。而在国家层面，通过深化改革，营商环境持续优化，企业迸发出新一轮的活力。

2019年上半年，烟草行业继续推进供给侧结构性改革，统筹稳运行、优结构、育品牌、降库存、控成本、增税利等各项工作，烟标印刷包装行业虽然承受市场竞争加剧带来的经营压力，但行业内龙头企业通过有效发挥产业链及经营规模的整体优势，有望在行业内部结构升级的过程中迎来新一轮的发展机遇。报告期内，公司在董事会及管理层的领导下，坚持"大包装与大消费产业双轮驱动发展"的战略方向，夯实业务板块的发展，优化内部资源配置，经营业绩整体保持平稳。报告期内，公司实现营业收入164,468.35万元，同比增长1.00%；实现归属于上市公司股东的净利润35,924.68万元，同比增长0.43%；实现归属于上市公司股东的扣除非经常性损益的净利润35,609.67万元，同比增长3.34%。

印刷包装行业是巨大的制造业体系，同时也是贯穿于国民经济生活各大领域的、历史悠久的行业体系，涉及众多细分产业领域。上游主要包括原材料生产企业、印刷包装设备制造厂商等，其供应产品的价格波动会影响印刷包装行业的生产成本；下游基本涵盖消费领域。印刷包装作为商品的重要组成部分，可以按配套服务产品的不同分为烟标、医药包装、食品包装、酒包装、电子消费品包装、化妆品包装等，也可按材料的不同分为纸包装、塑料包装、金属包装、玻璃包装等。近年来结合数字化、智能化等新增功能，其被赋予了更高的独立价值，印刷包装行业也迎来了新的发展机遇。

公司主营的烟标印刷包装业务是印刷包装行业的细分子行业之一，作为卷烟产品定位、品牌宣传的重要载体，烟标产品的生产相比其他印刷包装产品的生产过程，具有高稳定性、大批量、多批次、高精度、高防伪和环保性强等特点，在印刷设备、设计工艺、环保水平等方面对比其他印刷包装细分行业有着更高的要求，行业准入门槛较高。作为下游烟草行业的重要供应商之一，烟标印刷包装行业发展与烟草行业的发展息息相关。

2019年全国烟草行业经济运行稳中有进，行业改革发展取得显著成效。根据烟草行业数据显示，2019年烟草行业实现工商税利总额12,056亿元，同比增长4.3%；上缴财政总额11,770亿元，同比增长17.7%，税利总额和上缴财政总额创历史最高水平。2019年烟草行业卷烟产销率达到100.6%，呈现较好的发展态势。同时，烟草行业加快推动中国烟草"走出去"战略的实施，中国烟草总公司旗下主营烟草进出口贸易的中烟国际（香港）有限公司也在香港联合交易所挂牌上市，通过聚焦"一带一路"沿线地区等外部烟草市场，中国烟草的市场规模有望进一步扩大。报告期内，下游烟草行业整体经营态势稳定，随着卷烟产品品牌结构不断升级，烟草客户对烟标产品的防伪技术、环保要求、设计与品牌传达力要求日益提高，烟标生产企业的经验与资质、研发创新能力、设计能力越发重要。同时受烟草客户持续推进降本增效及招投标政策的影响，烟标印刷包装行业也承受了一定的经营压力，行业内设计服务能力强、技术水平高、质量控制严、响应速度快，能满足不同卷烟品牌烟标印刷需求的优质企业，将会获得更好的发展机会。

医药包装行业是公司近期外延式并购发展重点关注的领域，近年来，中国医药行业高速发展，在国民健康与经济运行当中发挥了越来越重要的作用，药用包装材料和容器产业是医药工业的重要组成部分，药用包装材料和容器的选择及其质量对药品制剂的研发、生产、流通、使用安全意义重大。受下游需求的驱动，我国医药包装行业已逐步发展成为一个产品门类比较齐全、创新能力不断增强、市场需求旺盛的细分包装产业。根据中国医药包装协会发布的《医药包装工业"十三五"发展建议》，"十三五"期间医药包材行业将稳步增长，预计期间内医药包装的增速为8%左右，2018年我国医药包装市场规模达到1068亿元。近年来，国家医药包装的审批制度向关联审评审批转变，为避免昂贵的试错成本，制药企业客观上需要选择优质的医药包材企业进行深度合作，共同注册并参与审评，综合实力较强、技术水平领先、质量更有保障的医药包材企业竞争优势明显。随着国家对医药行业及药品包装行业的监管日趋规范与严格，未来存在进一步提高医药包装企业准入门槛和监管标准的可能，从而推动行业加速进行技术创新、品质升级、集中度提升。

3.2 主营业务分析

如表6-1所示，2015～2018年，公司主营业务收入逐年增加，2018年达到33.26亿元。2019年相比2018年主营业务收入有所下降，为31.73亿元。可见，公司的主营业务增长遇到了瓶颈，公司未来需要进一步拓宽收入来源。

表6-1　2015～2019年公司主营业务收入　　　　　（单位：亿元）

	2015年	2016年	2017年	2018年	2019年
主营业务收入	22.13	23.3	28.01	33.26	31.73

（数据来源：雪球网）

如表 6-2 所示，公司的主营业务包括烟标、医药包装、纸品、基膜和其他。2019 年主营业务收入达到 31.52 亿元，其中烟标业务占比 75.63%，医药包装占比 6.84%，基膜与功能膜业务占比 4.16%。公司的烟标和纸品业务毛利率较高。从营业收入增长来看，医药包装营业收入增长较快，传统烟标营业收入有所下滑，企业主营业务毛利率有所提高。说明企业面临着多元化的转型压力，且其前期业务转型已经取得一定的成效，为未来的发展奠定了基础。

表 6-2 2019 年公司营业收入与营业成本构成 （单位：亿元）

分产品	营业收入	营业成本	毛利率（%）	营业收入比上年增减（%）	营业成本比上年增减（%）	毛利率比上年增减
烟标	24.68	15.67	36.53	-12.49	-14.67	增加 1.62 个百分点
医药包装	1.37	1.09	20.18	391.2	276.42	增加 24.34 个百分点
纸品	5.57	3.60	35.37	10.49	9.2	增加 0.76 个百分点
基膜	1.35	1.11	18.07	5.07	-3.22	增加 7.02 个百分点
其他	6.53	5.23	19.86	29.09	19.97	增加 1.59 个百分点
减：合并抵销数	-7.98	-7.96	—	—	—	
合计	31.52	18.73	40.56	-3.6	-6.14	增加 1.61 个百分点

（数据来源：港澳资讯）

3.3 公司发展的优势

3.3.1 规模及品牌优势

长期以来，公司致力于为众多国内重点烟草品牌和知名卷烟企业客户提供优质的产品和服务，经过 30 多年的深耕，公司规模不断发展壮大，在《印刷经理人》杂志公布的 2019 年中国印刷包装企业 100 强名单中，公司位列第 6 位。公司致力于为客户提供全方位、多环节的整体配套服务，经过多年来的积累以及积极打造品牌价值，公司在国内烟标印刷包装市场拥有高知名度和认可度，并以行业领先的技术实力及优质的服务水平在行业内树立了品牌优势。

3.3.2 生产基地区域布局与集团协同管理优势

公司作为烟标印刷行业的龙头企业之一，以汕头集团总部为核心，在广东、贵州、湖南、吉林、云南、广西等多个省份建立了区域性生产基地，配套服务当地客户，基本实现了在全国范围内的生产调度、资源配置与管理协同。全国性的生产基地布局，一方面有利于通过集团总部的统筹协调，将各个生产基地的区域优势整合为整体竞争优势，有效防范经营风险；另一方面也有利于各个生产基地开发当地及周边客户，拓展新的细分业务，以点带面，实现集团整体效益最大化。

3.3.3 客户资源优势

烟草客户是公司长期服务的主要对象和优质的业务合作伙伴，经过多年的积累，公司已成为湖南中烟、云南中烟、贵州中烟、吉林烟草、甘肃烟草、湖北中烟等多家省级中烟工业公司的供应商，为全国 29 个重点卷烟品牌中的 21 个品牌如"芙蓉王""贵烟""云烟""红塔山""白沙""黄山""兰州""真龙""长白山""钻石""黄鹤楼""红金龙"等提供印刷包装服务。公司控股子公司千叶药包、贵州西牛王等与贵州百灵、同济堂、三力制药、新天药业、佳泰药业、国药集团、老干妈、味莼园等多家知名医药品牌企业以及消费品品牌企业保持长期稳定的合作关系，为其提供优质的医药包装与消费品包装产品和服务。优质的客户资源与公司的品牌优势相结合，有助于公司在印刷包装行业集中度提升的背景下进一步巩固竞争优势，奠定市场领先地位。

3.3.4 全产业链及成本控制优势

公司已建立起覆盖基膜、油墨、涂料、电化铝、激光膜、激光转移纸、印刷包装设计与生产的全产业链条，成为行业内产业链较完整的印刷包装企业之一。从产品设计、纸品膜品加工、油墨制造到制版、印刷、烫金、模切与成品质检，公司已形成统一的专业印刷包装制造体系及生产流程闭环，多环节的成本管控，能够有效降低生产成本，具备较强的成本竞争优势。

3.3.5 技术研发优势

公司多年来一直高度重视产品研发与技术创新，不仅拥有经中国合格评定国家认可委员会认可的检测中心，并且在深圳投资建设了一流的产品设计开发中心，结合行业领先的生产制造设备，公司在研发与设计端同样具备较强的实力。

公司通过不断调整和改进印刷工艺、研发新型材料等举措，持续提升技术和工艺水平，并与北京印刷学院、北京化工大学、湖南工业大学、四川大学高分子科学与工程学院等高等院校建立合作伙伴关系，推进产学研一体化合作，进一步提升公司在智能包装、环保包装、数码印刷、防伪溯源、新材料新工艺等方面的技术储备。

除校企合作模式外，公司也在探索与细分行业内的领先企业建立深度合作关系，拓展公司在细分领域的技术实力。2020年3月，公司与参股公司天威新材签署战略合作协议，双方将在喷墨水研发与制造、包装和标签领域数码喷印创新应用、数码喷墨承印物新材料研发等相关领域开展合作。本次合作也将对公司提升在数码印刷材料（含墨水与承印物）及相应数码印刷终端产品的研发、生产与工艺方面的技术竞争力带来积极的影响。

3.3.6 质量控制优势

公司拥有完善的质量管理体系，已建立了一整套覆盖原材料采购、印刷过程监控、产成品检测的质量管理流程。在采购环节，公司根据内部的《采购和供方评定控制程序》等文件，建立合格供应商目录，并不定期对合格供应商的质量信息进行评价筛选；在生产环节，公司建立能够稳定生产合格产品的管理网络，并通过制定《纠正措施控制程序》等制度，实施自检、互检等多层次品质管控活动，保证产品质量。同时，在整个制造过程中，公司品质管理部门对原料中间产品、产成品进行全程检测及监控,确保产品质量安全。公司通过对原材料采购过程、生产过程和产品质检过程的全程管控，确保满足客户的需求。

3.3.7 产业板块布局优势

公司以"大包装与大消费产业双轮驱动发展"为战略发展方向，包装产业方面，公司以烟标印刷包装业务为核心，并积极拓展与优化在医药包装行业内的战略布局，同时持续探索在其他包装细分领域内的发展机会，保持包装产业板块整体的稳定发展。消费产业方面，公司也在积极推进包括乳制品、消费投资基金、电子烟及新型烟草制品等在内的产业布局，为公司未来的发展培育新的利润增长点，并进一步提升公司经营业绩的拓展空间。

4 公司财务分析

4.1 公司资产结构分析

4.1.1 资产构成基本情况

如表 6-3 所示,东风股份 2019 年资产总额为 614,495 万元,其中流动资产为 311,373 万元,占总资产比例为 50.67%;非流动资产为 303,121 万元,占总资产比例为 49.33%。图 6-4 为东风股份 2019 年总资产构成情况。

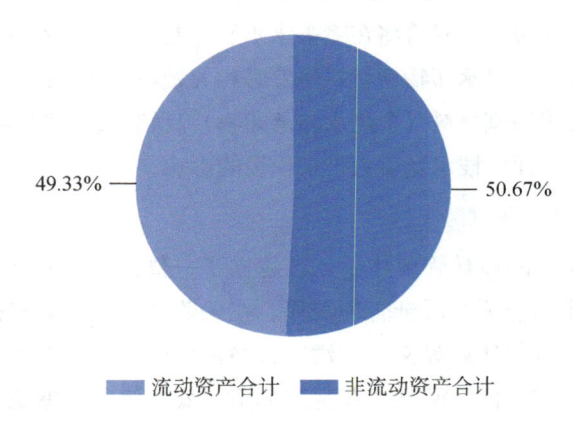

图 6-4　2019 年东风股份总资产构成

(数据来源:东风股份 2019 年年报)

表 6-3　2017～2019 年东风股份总资产构成情况

年份 科目名称	2019 年 金额(万元)	2019 年 百分比(%)	2018 年 金额(万元)	2018 年 百分比(%)	2017 年 金额(万元)	2017 年 百分比(%)
资产总计	614,495	100.00	590,662	100.00	568,753	100.00
流动资产合计	311,373	50.67	291,042	49.27	281,094	49.42
非流动资产合计	303,121	49.33	299,619	50.73	287,659	50.58

(数据来源:东风股份公司年报)

4.1.2 流动资产构成情况

流动资产主要包括货币资金、交易性金融资产、应收票据及应收账款、应收款项融资、预付账款、其他应收账款、存货、合同资产、持有待售资产、一年内到期的非流动资产以及其他流动资产科目。如图6-5所示，东风股份2019年的流动资产主要包括应收票据及应收账款、货币资金以及存货，各项占比分别为42.85%、32.69%和22.44%。表6-4为2017～2019年东风股份流动资产构成情况表。

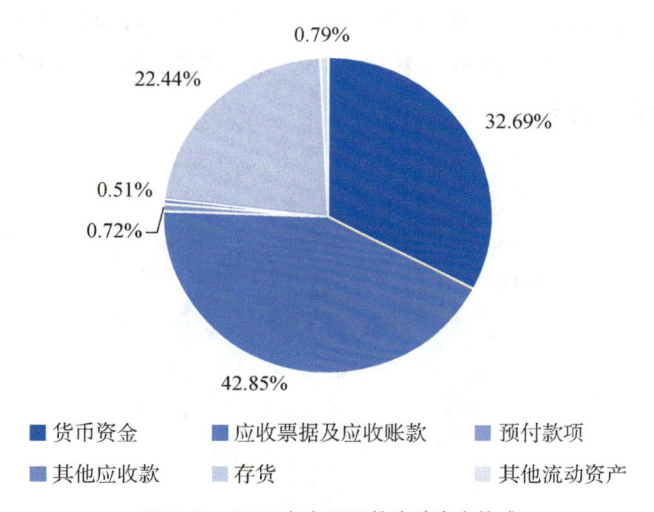

图6-5 2019年东风股份流动资产构成

（数据来源：东风股份公司年报）

表6-4 东风股份流动资产构成情况表

科目名称	2019年 金额（万元）	2019年 百分比（%）	2018年 金额（万元）	2018年 百分比（%）	2017年 金额（万元）	2017年 百分比（%）
流动资产合计	311,373	100.00%	291,042	100.00%	281,094	100.00%
货币资金	101,796	32.69%	85,097	29.24%	87,984	31.30%
应收票据及应收账款	133,427	42.85%	132,417	45.50%	94,339	33.56%
预付款项	2244	0.72%	2,699	0.93%	1,253	0.45%
其他应收款	1578	0.51%	826	0.28%	776	0.28%
存货	69,880	22.44%	69,054	23.73%	93,884	33.40%
其他流动资产	2448	0.79%	947	0.33%	2,855	1.02%

（数据来源：东风股份公司年报）

4.1.3 非流动资产构成情况

非流动资产主要包括债权投资、其他债权投资、长期应收款、长期股权投资、其他权益工具投资、其他非流动金融资产、投资性房地产、固定资产、在建工程、生产性生物资产、油气资产、使权资产、无形资产、开发支出、商誉、长期待摊费用、递延所得资产、其他非流动资产科目。如图 6-6 所示，东风股份 2019 年的非流动资产主要包括固定资产、长期股权投资以及无形资产，各项占比分别为 43.81%、28.96% 和 11.84%。表 6-5 为 2017～2019 年东风股份非流动资产构成情况。

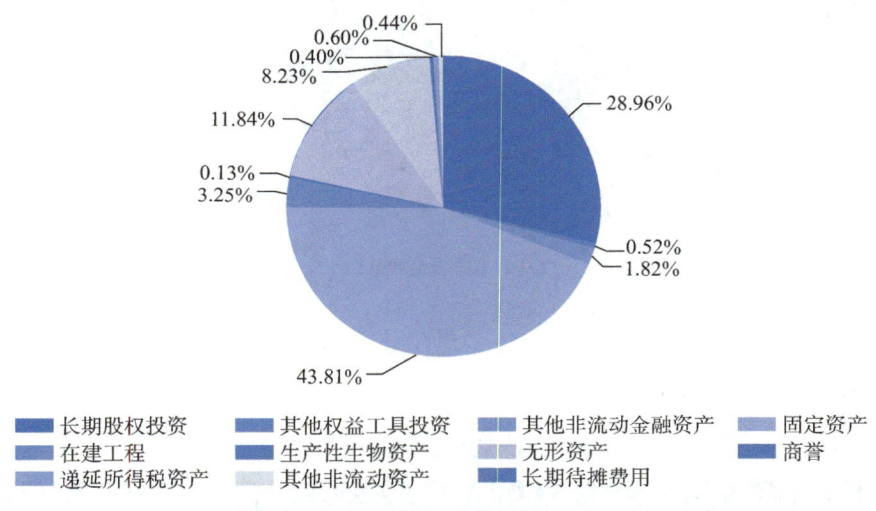

图 6-6 2019 年东风股份非流动资产构成

（数据来源：东风股份公司年报）

表 6-5 2017～2019 年东风股份非流动资产构成情况

科目名称	2019 年 金额（万元）	2019 年 百分比（%）	2018 年 金额（万元）	2018 年 百分比（%）	2017 年 金额（万元）	2017 年 百分比（%）
非流动资产合计	303,121	100.00	299,619	100.00	287,659	100.00
长期股权投资	87,784	28.96	80,777	26.96	46,716	16.24
其他权益工具投资	1576	0.52	7251	2.42	17,921	6.23
其他非流动金融资产	5517	1.82	0	0.00	0	0.00

续表

科目名称	2019 年 金额（万元）	2019 年 百分比（%）	2018 年 金额（万元）	2018 年 百分比（%）	2017 年 金额（万元）	2017 年 百分比（%）
固定资产	132,797	43.81	134,829	45.00	127,318	44.26
在建工程	9851	3.25	3,895	1.30	14,671	5.10
生产性生物资产	394	0.13	509	0.17	633	0.22
无形资产	35,890	11.84	32,299	10.78	34,289	11.93
商誉	24,947	8.23	35,385	11.81	41,279	14.35
长期待摊费用	1212	0.40	1,558	0.52	1,496	0.52
递延所得税资产	1879	0.60	2,487	0.84	2,071	0.72
其他非流动资产	1334	0.44	629	0.21	1,265	0.44

（数据来源：东风股份公司年报）

4.2 负债及所有者权益结构分析

4.2.1 负债及所有者权益基本构成情况

如表 6-6 所示，东风股份 2019 年总负债金额为 188,947 万元，所有者权益总额为 425,547 万元。在负债中，流动负债 152,052 万元，占负债和所有者权益总额的 24.75%；非流动负债为 36,895 万元，占负债和所有者权益总额的 6.00%。图 6-7 为 2019 年东风股份负债和所有者权益构成情况。

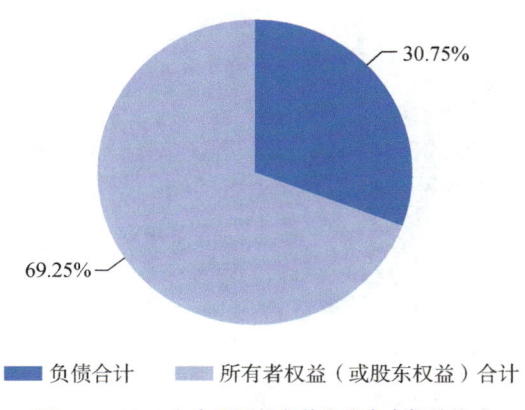

图 6-7 2019 年东风股份负债和所有者权益构成

（数据来源：东风股份公司年报）

表 6-6 2017～2019 年东风股份负债和所有者权益构成情况

科目名称	2019 年 金额（万元）	百分比（%）	2018 年 金额（万元）	百分比（%）	2017 年 金额（万元）	百分比（%）
负债和所有者权益（或股东权益）总计	614,495	100.00	590,662	100.00	568,753	100.00
负债合计	188,947	30.75	159,046	26.93	164,270	28.88
流动负债	152,052	24.75	124,046	21.00	136,108	23.93
非流动负债	36,895	6.00	35,000	5.93	28,162	4.95
所有者权益（或股东权益）合计	425,547	69.25	431,615	73.07	404,482	71.12

（数据来源：东风股份公司年报）

4.2.2 流动负债基本构成情况

流动负债主要包括短期借款、交易性金融负债、衍生金融负债、应付票据及应付账款、预收款项、合同负债、应付职工薪酬、应交税费、其他应付款、应计负债、持有待售负债、一年内到期的非流动负债和其他流动负债科目。如图 6-8 所示，东风股份 2019 年的流动负债主要包括短期借款、应付票据及应付账款，表 6-7 所示为 2017～2019 年东风股份流动负债构成情况表。

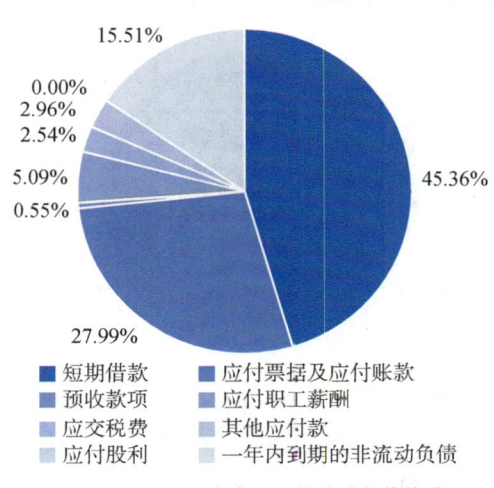

图 6-8 2019 年东风股份流动负债构成

（数据来源：东风股份公司年报）

表 6-7 2017～2019 年东风股份流动负债构成情况表

科目名称	2019 年 金额（万元）	百分比（%）	2018 年 金额（万元）	百分比（%）	2017 年 金额（万元）	百分比（%）
流动负债合计	152,052	100.00	124,046	100.00	136,108	100.00
短期借款	68,973	45.36	1443	1.16	71,964	52.87
应付票据及应付账款	42,562	27.99	0	0.00	42,303	31.08
预付款项	838	0.55	1079	0.87	430	0.32
应付职工薪酬	7,744	5.09	7187	5.79	8670	6.37
应交税费	3,859	2.54	8251	6.65	4463	3.28
其他应付款	4,506	2.96	95,270	76.80	2050	1.51
应付股利	0	0.00	0	0.00	150	0.11
一年内到期的非流动负债	23,567	15.51	10,816	8.73	6078	-4.47

（数据来源：东风股份公司年报）

4.2.3 非流动负债基本构成情况

非流动负债主要包括长期借款、应付债券、租赁负债、长期应付款、预计负债、递延收益、递延所得税负债、其他非流动负债科目。如图 6-9 所示，东风股份 2019 年的非流动负债主要包括应付债券、递延所得税负债以及长期借款，各项占比分别为 63.60%、21.01% 和 15.39%。表 6-8 为 2017～2019 年东风股份非流动负债构成情况。

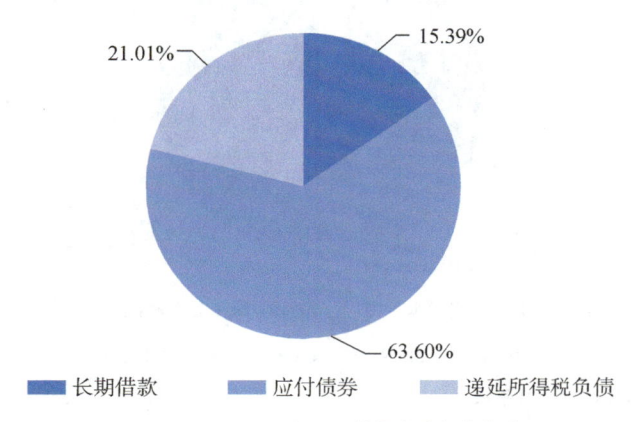

图 6-9 2019 年东风股份非流动负债构成

（数据来源：东风股份公司年报）

表 6-8 2017～2019 年东风股份非流动负债构成情况

科目名称	2019 年 金额（万元）	2019 年 百分比（%）	2018 年 金额（万元）	2018 年 百分比（%）	2017 年 金额（万元）	2017 年 百分比（%）
非流动负债合计	36,895	100.00	35,000	100.00	28,162	100.00
长期借款	5680	15.39	28,140	80.40	21,876	77.68
应付债券	23,465	63.60	0	0.00	0	0.00
递延所得税负债	7750	21.01	6859	19.60	6286	22.32

（数据来源：东风股份公司年报）

4.2.4 所有者权益基本构成情况

所有者权益部分主要包括实收资本（或股本）、其他权益工具、资本公积、库存股、其他综合收益、专项储备、盈余公积、未分配利润、少数股东权益科目。如图 6-10 所示，2019 年东风股份的所有者权益部分主要包括未分配利润、实收资本（或股本）以及盈余公积，各项占比分别为 52.09%、31.36% 和 11.72%。表 6-9 所示为 2017～2019 年东风股份所有者权益构成情况。

图 6-10 2019 年东风股份所有者权益构成

（数据来源：东风股份公司年报）

表 6-9　2017～2019 年东风股份所有者权益构成情况

科目名称	2019 年 金额（万元）	2019 年 百分比（%）	2018 年 金额（万元）	2018 年 百分比（%）	2017 年 金额（万元）	2017 年 百分比（%）
所有者权益（或股东权益）合计	425,547	100.00	431,615	100.00	404,482	100.00
实收资本（或股本）	133,440	31.36	111,200	25.76	111,200	27.49
盈余公积	49,886	11.72	48,217	11.17	41,907	10.36
未分配利润	221,666	52.09	260,914	60.45	218,564	54.04
其他	20,555	4.83	11,284	2.62	32,809	8.11

（数据来源：东风股份公司年报）

4.3　利润分析

4.3.1　净利润分析

如图 6-11 所示，2019 年东风股份的净利润为 42,461 万元，与 2018 年的 75,906 万元相比下降了 44.06%。表 6-10 为 2015～2019 年东风股份净利润情况。

图 6-11　2015～2019 年东风股份净利润变动趋势

（数据来源：雪球网）

表 6-10 2015～2019 年东风股份净利润变动趋势

年份	金额（万元）	同比增长率（%）
2015 年	78,005	—
2016 年	59,703	-23.46
2017 年	66,833	11.94
2018 年	75,906	13.58
2019 年	42,461	-44.06

（数据来源：雪球网）

4.3.2 营业利润分析

如图 6-12 所示，2019 年东风股份的营业利润为 54,419 万元，与 2018 年的 90,035 万元相比下降了 39.56%。表 6-11 为 2015～2019 年东风股份营业利润情况。

图 6-12 2015～2019 年东风股份营业利润变动趋势

（数据来源：雪球网）

表 6-11　2015～2019 年东风股份营业利润变动趋势

年份	金额（万元）	同比增长率（%）
2015 年	90,822	—
2016 年	67,530	−25.65
2017 年	76,749	13.65
2018 年	90,035	17.31
2019 年	54,419	−39.56

（数据来源：雪球网）

4.3.3　利润总额分析

如图 6-13 所示，2019 年东风股份的利润总额为 53,923 万元，与 2018 年的 89,998 万元相比下降了 40.08%。表 6-12 为 2015～2019 年东风股份利润总额情况。

图 6-13　2015～2019 年东风股份利润总额变动趋势

（数据来源：雪球网）

表 6-12　2015～2019 年东风股份利润总额变动趋势

年份	金额（万元）	同比增长率（%）
2015 年	90,239	—
2016 年	68,615	-23.96
2017 年	76,042	10.82
2018 年	89,998	18.35
2019 年	53,923	-40.08

（数据来源：雪球网）

4.3.4　成本费用分析

成本和费用总额包括营业成本、税金及附加、销售费用、管理费用、研发费用和财务费用科目。如图 6-14 所示，2019 年东风股份的成本费用总额为 250,473 万元，其中营业成本、管理费用以及销售费用，各项占比分别为 75.21%，10.66% 和 5.96%。表 6-13 为 2017～2019 年东风股份成本费用构成。

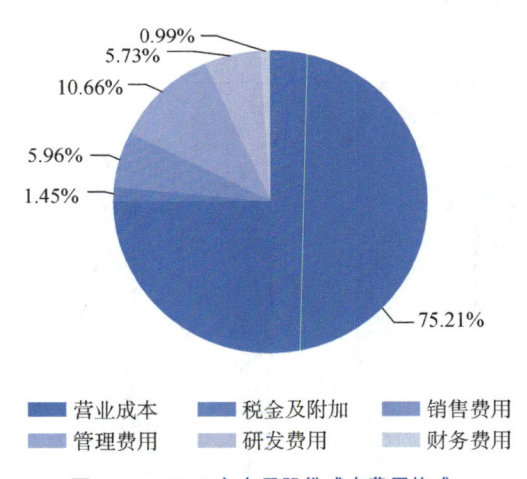

图 6-14　2019 年东风股份成本费用构成

（数据来源：雪球网）

表 6-13　2017～2019 年东风股份成本费用构成

科目名称	2019 年 金额（万元）	2019 年 百分比（%）	2018 年 金额（万元）	2018 年 百分比（%）	2017 年 金额（万元）	2017 年 百分比（%）
成本及费用总额	250,473	100.00	256,386	100.00	209,023	100.00
营业成本	188,385	75.21	204,243	79.66	162,433	77.71

续表

科目名称	2019 年 金额（万元）	2019 年 百分比（%）	2018 年 金额（万元）	2018 年 百分比（%）	2017 年 金额（万元）	2017 年 百分比（%）
税金及附加	3642	1.45	4003	1.56	3426	1.64
销售费用	14,919	5.96	10,787	4.21	9295	4.45
管理费用	26,701	10.66	21,956	8.56	31,524	15.08
研发费用	14,344	5.73	13,978	5.45	0	−0.00
财务费用	2479	0.99	1417	0.55	2344	1.12

（数据来源：雪球网）

4.4 现金流量分析

4.4.1 经营活动、投资活动及筹资活动现金流分析

如图 6-15 所示，2019 年东风股份的经营活动现金流净额为 73,183 万元，与 2018 年的 66,102 万元相比上升了 10.71%；投资活动现金流净额为 −29,371 万元；筹资活动现金流净额为 −25,976 万元。表 6-14 为 2015～2019 年东风股份经营、投资及筹资活动现金流净额情况。

图 6-15 2015～2019 年东风股份经营、投资及筹资活动现金流净额变动趋势

（数据来源：雪球网）

表 6-14　2015～2019 年东风股份经营、投资及筹资活动现金流净额

年份	经营活动现金流净额（万元）	投资活动现金流净额（万元）	筹资活动现金流净额（万元）
2015 年	51,772	40,786	-49,739
2016 年	53,328	-65,880	13,539
2017 年	119,153	-27,361	-104,791
2018 年	66,102	-23,304	-45,593
2019 年	73,183	-29,371	-25,976

（数据来源：雪球网）

4.4.2 现金流入结构分析

如图 6-16 所示，2019 年东风股份现金流入总金额为 444,376 万元，其中经营活动现金流入为 352,044 万元，占现金流入总额的 79.22%；投资活动现金流入为 6546 万元，占现金流入总额的 1.47%；筹资活动现金流入为 85,786 万元，占现金流入总额的 19.31%。表 6-15 为 2017～2019 年东风股份现金流入构成。

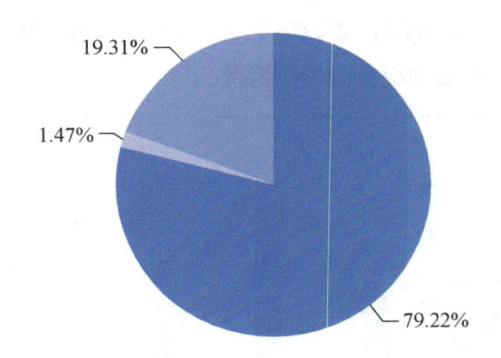

图 6-16　2019 年东风股份现金流入构成

（数据来源：雪球网）

表 6-15　2017～2019 年东风股份现金流入构成

科目名称	2019 年 金额（万元）	2019 年 百分比（%）	2018 年 金额（万元）	2018 年 百分比（%）	2017 年 金额（万元）	2017 年 百分比（%）
现金流入总额	444,376	100.00	369,010	100.00	400,665	100.00
经营活动现金流入小计	352,044	79.22	342,557	92.83	356,074	88.87

续表

科目名称	2019 年 金额（万元）	2019 年 百分比（%）	2018 年 金额（万元）	2018 年 百分比（%）	2017 年 金额（万元）	2017 年 百分比（%）
投资活动现金流入小计	6546	1.47	6942	1.88	8992	2.24
筹资活动现金流入小计	85,786	19.31	19,511	5.29	35,599	8.89

（数据来源：雪球网）

如图 6-17 所示，2019 年公司经营活动现金流入小计中销售商品/提供劳务收到的现金为 346,792 万元，占经营活动现金流入小计的 98.51%；收到的税费返还为 951 万元，占经营活动现金流入小计的 0.27%；收到其他与经营活动有关的现金为 4301 万元，占经营活动现金流入小计的 1.22%。表 6-16 为 2017～2019 年东风股份经营活动现金流入构成。

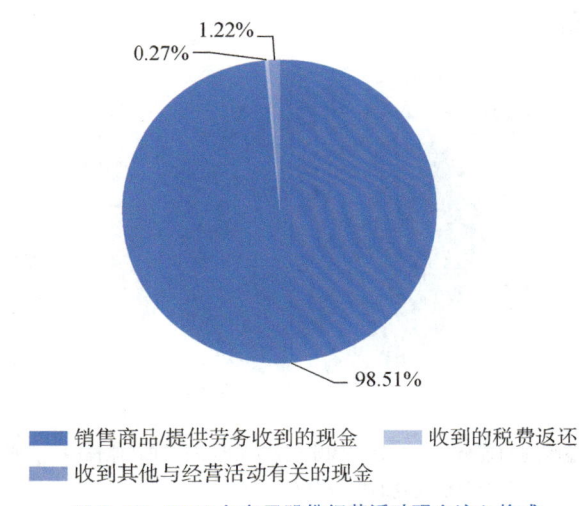

图 6-17 2019 年东风股份经营活动现金流入构成

（数据来源：雪球网）

表 6-16 2017～2019 年东风股份经营活动现金流入构成

科目名称	2019 年 金额（万元）	2019 年 百分比（%）	2018 年 金额（万元）	2018 年 百分比（%）	2017 年 金额（万元）	2017 年 百分比（%）
经营活动现金流入小计	352,044	100.00	342,557	100.00	356,074	100.00
销售商品/提供劳务收到的现金	346,792	98.51	336,984	98.37	351,145	98.62

续表

科目名称	2019年 金额（万元）	2019年 百分比（%）	2018年 金额（万元）	2018年 百分比（%）	2017年 金额（万元）	2017年 百分比（%）
收到的税费返还	951	0.27	940	0.27	767	0.22
收到其他与经营活动有关的现金	4301	1.22	4632	1.35	4161	1.17

（数据来源：雪球网）

如图6-18所示，2019年东风股份投资活动现金流入小计中取得投资收益收到的现金为5619万元，占投资活动现金流入小计的85.85%；处置固定资产/无形资产和其他长期资产收回的现金净额为326万元，占投资活动现金流入小计的4.98%；处置子公司及其他营业单位收到的现金净额为601万元，占投资活动现金流入小计的9.17%。表6-17为2017～2019年东风股份投资活动现金流入构成情况。

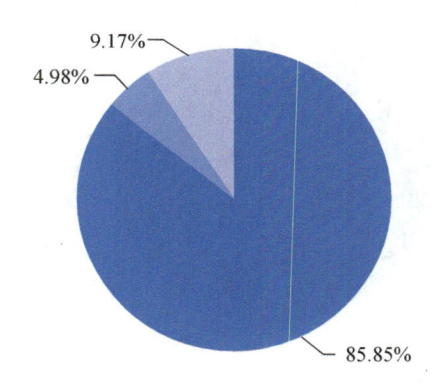

图6-18　2019年东风股分投资活动现金流入构成

（数据来源：雪球网）

表6-17　2017～2019年东风股份投资活动现金流入构成

科目名称	2019年 金额（元万）	2019年 百分比（%）	2018年 金额（万元）	2018年 百分比（%）	2017年 金额（万元）	2017年 百分比（%）
合计	6546	100.00	6942	100.00	8992	100.00

续表

科目名称	2019年 金额（万元）	2019年 百分比（%）	2018年 金额（万元）	2018年 百分比（%）	2017年 金额（万元）	2017年 百分比（%）
收回投资收到的现金	0	0.00	957	13.80	0	0.00
取得投资收益收到的现金	5619	85.85%	5418	78.06%	8238	91.62%
处置固定资产/无形资产和其他长期资产收回的现金净额	326	4.98%	567	8.14%	753	8.38%
处置子公司及其他营业单位收到的现金净额	601	9.17%	0	0.00%	0	0.00%

数据来源：雪球网

如图6-19所示，2019年东风股份筹资活动现金流入小计中吸收投资收到的现金为2486万元，占筹资活动现金流入小计的2.90%；取得借款收到的现金为83,299万元，占筹资活动现金流入小计的97.1%。表6-18为2017～2019年东风股份筹资活动现金流入构成情况。

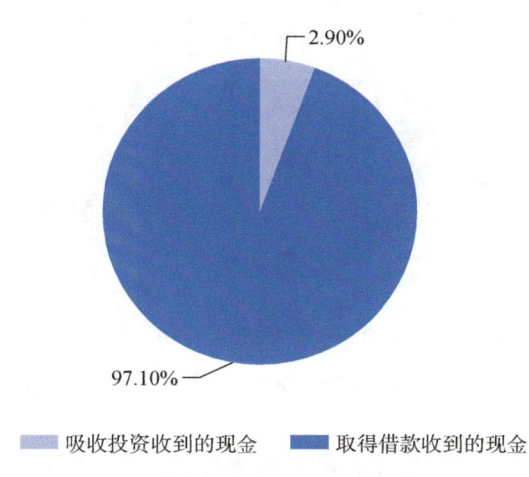

图6-19　2019年东风股份筹资活动现金流入构成

（数据来源：雪球网）

表 6-18 2017～2019 年东风股份筹资活动现金流入构成

科目名称	2019 年 金额（万元）	2019 年 百分比（%）	2018 年 金额（万元）	2018 年 百分比（%）	2017 年 金额（万元）	2017 年 百分比（%）
筹资活动现金流入小计	85,785	100.00	19,510	100.00	35,597	100.00
吸收投资收到的现金	2486	2.90	1,210	6.21	2,094	5.88
取得借款收到的现金	83,299	97.10	18,300	93.79	33,504	94.12

数据来源：雪球网

4.4.3 现金流出结构分析

如图 6-20 所示，2019 年东风股份现金流出总额为 426,539 万元，现金流出总额中经营活动现金流出小计为 278,860 万元，占现金流出总额的 65.38%；投资活动现金流出小计为 35,917 万元，占现金流出总额的 8.42%；筹资活动现金流出小计为 111,762 万元，占现金流出总额的 26.20%。表 6-19 为 2017～2019 东风股份现金流出构成情况。

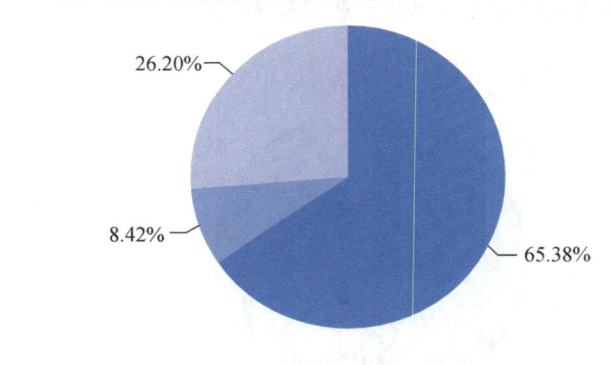

图 6-20 2019 年东风股份现金流出构成

数据来源：雪球网

表 6-19 2017～2019 年东风股份现金流出构成表

科目名称	2019 年 金额（万元）	2019 年 百分比（%）	2018 年 金额（万元）	2018 年 百分比（%）	2017 年 金额（万元）	2017 年 百分比（%）
现金流出总额	-426,539	100.00	-371,803	100.00	-413,663	100.00
经营活动现金流出小计	-278,860	65.38	-276,454	74.35	-236,920	57.27

续表

科目名称	2019年 金额（万元）	百分比（%）	2018年 金额（万元）	百分比（%）	2017年 金额（万元）	百分比（%）
投资活动现金流出小计	-35,917	8.42	-30,246	8.14	-36,354	8.79
筹资活动现金流出小计	-111,762	26.20	-65,103	17.51	-140,389	33.94

（数据来源：雪球网）

如图6-21所示，2019年东风股份经营活动现金流出小计中购买商品/接受劳务支付的现金为175,149万元，占经营活动现金流出小计的62.81%；支付给职工以及为职工支付的现金为41,811万元，占经营活动现金流出小计的14.99%；支付的各项税费为37,680万元，占经营活动现金流出小计的13.51%；支付其他与经营活动有关的现金为24,219万元，占经营活动现金流出小计的8.69%。表6-20为东风股份2017～2019年经营活动现金流出构成情况。

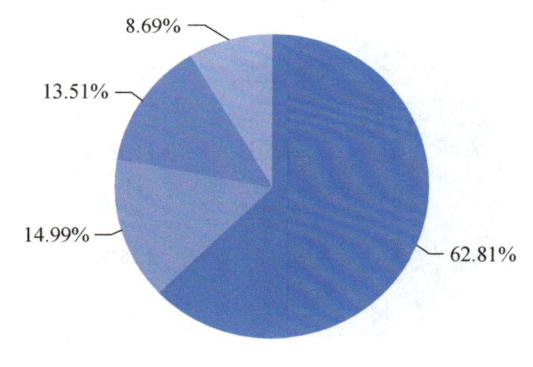

图6-21 2019年东风股份经营活动现金流出构成

（数据来源：雪球网）

表6-20 2017～2019年东风股份经营活动现金流出构成

科目名称	2019年 金额（万元）	百分比（%）	2018年 金额（万元）	百分比（%）	2017年 金额（万元）	百分比（%）
经营活动现金流出小计	-278,859	100.00	-276,451	100.00	-236,918	100.00
购买商品/接受劳务支付的现金	-175,149	62.81	-181,575	65.68	-151,064	63.76

续表

科目名称	2019年 金额（万元）	2019年 百分比(%)	2018年 金额（万元）	2018年 百分比(%)	2017年 金额（万元）	2017年 百分比(%)
支付给职工以及为职工支付的现金	-41,811	14.99	-37,731	13.65	-32,283	13.63
支付的各项税费	-37,680	13.51	-36,279	13.12	-33,992	14.35
支付其他与经营活动有关的现金	-24,219	8.69	-20,866	7.55	-19,579	8.26

（数据来源：雪球网）

如图6-22所示，2019年东风股份投资活动现金流出小计中购建固定资产/无形资产和其他长期资产支付的现金为9034万元，占投资活动现金流出小计的25.15%；投资支付的现金为4511万元，占投资活动现金流出小计的12.56%；取得子公司及其他营业单位支付的现金净额为22,371万元，占投资活动现金流出小计的62.29%。表6-21为2017～2019年东风股份投资活动现金流出构成。

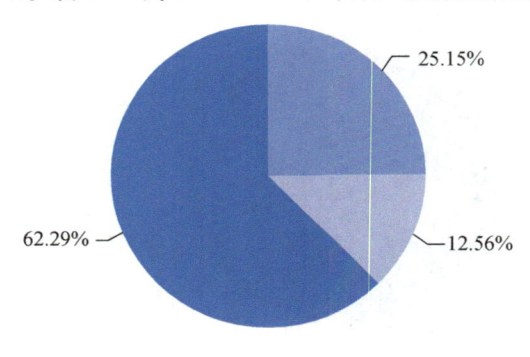

图6-22 2019年东风股份投资活动现金流出构成

（数据来源：雪球网）

表6-21 2017～2019东风股份投资活动现金流出构成

科目名称	2019年 金额（万元）	2019年 百分比(%)	2018年 金额（万元）	2018年 百分比(%)	2017年 金额（万元）	2017年 百分比(%)
投资活动现金流出小计	-35,917	100.00	-30,246	100.00	-36,354	100.00
购建固定资产/无形资产和其他长期资产支付的现金	-9034	25.15	-11,754	38.86	-15,340	42.20

续表

科目名称	2019年 金额（万元）	百分比（%）	2018年 金额（万元）	百分比（%）	2017年 金额（万元）	百分比（%）
投资支付的现金	-4511	12.56	-18,492	61.14	-17,991	49.49
取得子公司及其他营业单位支付的现金净额	-22,371	62.29	0	-0.00	-3022	8.31

（数据来源：雪球网）

如图6-23所示，2019年东风股份筹资活动现金流出小计中偿还债务支付的现金为44,753万元，占筹资活动现金流出小计的40.04%；分配股利/利润或偿付利息支付的现金为60,248万元，占筹资活动现金流出小计的53.91%；支付其他与筹资活动有关的现金为6760万元，占筹资活动现金流出小计的6.05%。表6-22为2017～2019年东风股份筹资活动现金流出构成情况。

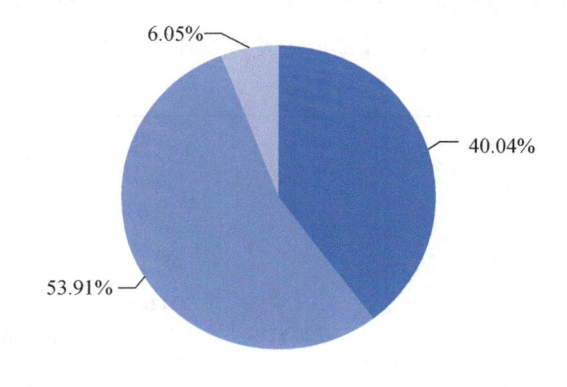

图6-23 2019年东风股份筹资活动现金流出构成

（数据来源：雪球网）

表6-22 2017～2019年东风股份筹资活动现金流出构成

科目名称	2019年 金额（万元）	百分比（%）	2018年 金额（万元）	百分比（%）	2017年 金额（万元）	百分比（%）
筹资活动现金流出小计	-111,762	100.00	-65,103	100.00	-140,389	100.00
偿还债务支付的现金	-44,753	40.04	-22,401	34.41	-90,548	64.50

续表

科目名称	2019年 金额（万元）	2019年 百分比（%）	2018年 金额（万元）	2018年 百分比（%）	2017年 金额（万元）	2017年 百分比（%）
分配股利/利润或偿付利息支付的现金	−60,248	53.91	−31,452	48.31	40,665	−28.97
支付其他与筹资活动有关的现金	−6760	6.05	−11,250	17.28	−90,506	64.47

（数据来源：雪球网）

4.5 偿债能力分析

4.5.1 短期偿债能力

如图 6-24 所示，从短期偿债比率来看，东风股份 2019 年的流动比率、速动比率及现金比率分别为 204.78%，158.82%，66.95%。表 6-23 为 2015～2019 年公司流动比率、速动比率及现金比率情况。

图 6-24　2015～2019 年东风股份流动比率、速动比率及现金比率变化

（数据来源：雪球网）

表 6-23　2015～2019 年东风股份流动比率、速动比率及现金比率情况

年份	流动比率（%）	速动比率（%）	现金比率（%）
2015 年	398.16%	288.67%	119.31%
2016 年	160.11%	115.06%	44.75%
2017 年	206.52%	137.54%	64.64%
2018 年	234.62%	178.96%	68.60%
2019 年	204.78%	158.82%	66.95%

（数据来源：雪球网）

4.5.2　综合偿债能力

如图 6-25 所示，从整体的资产负债率和产权比率指标来看，2019 年东风股份的资产负债率和产权比率分别为 30.75% 和 44.40%。表 6-24 为 2015～2019 年公司资产负债率和产权比率情况。

图 6-25　2015～2019 年东风股份资产负债率和产权比率变化

（数据来源：雪球网）

表 6-24 2015～2019 年东风股份资产负债率和产权比率情况

年份	资产负债率（%）	产权比率（%）
2015 年	16.22%	19.36%
2016 年	31.12%	59.03%
2017 年	28.88%	40.61%
2018 年	26.93%	36.85%
2019 年	30.75%	44.40%

（数据来源：雪球网）

4.6 营运能力分析

4.6.1 存货周转率

如图 6-26 所示，2019 年东风股份的存货周转率为 2.71 次，2018 年为 2.51 次，2019 年比 2018 年上升了 0.2 次。表 6-25 为 2015～2019 年公司存货周转率情况。

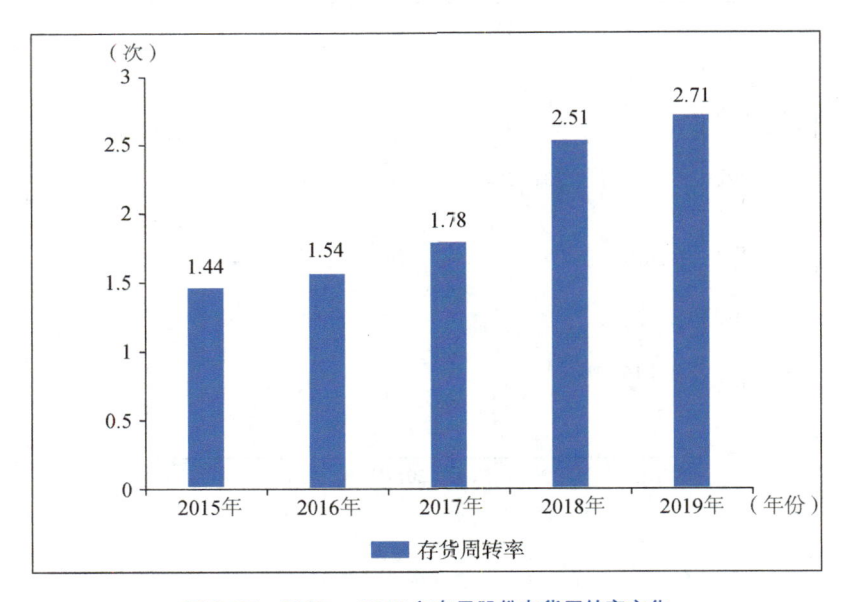

图 6-26 2015～2019 年东风股份存货周转率变化

（数据来源：雪球网）

表 6-25　2015~2019 年东风股份存货周转率情况

年份	存货周转率（次）
2015 年	1.44
2016 年	1.54
2017 年	1.78
2018 年	2.51
2019 年	2.71

（数据来源：雪球网）

4.6.2　应收账款周转率

如图 6-27 所示，2019 年东风股份的应收账款周转率为 2.37 次，2018 年为 2.91 次，2019 年比 2018 年下降了 0.54 次。表 6-26 为 2015~2019 年公司应收账款周转率情况。

图 6-27　2015~2019 年东风股份应收账款周转率变化

（数据来源：雪球网）

表 6-26　2015～2019 年东风股份应收账款周转率情况

年份	应收账款周转率（次）
2015 年	2.22
2016 年	1.88
2017 年	2.44
2018 年	2.91
2019 年	2.37

（数据来源：雪球网）

4.6.3　总资产周转率

如图 6-28 所示，2019 年东风股份的总资产周转率为 0.53 次，2018 年为 0.57 次，2019 年比 2018 年下降了 0.04 次。表 6-27 为 2015～2019 年公司总资产周转率情况。

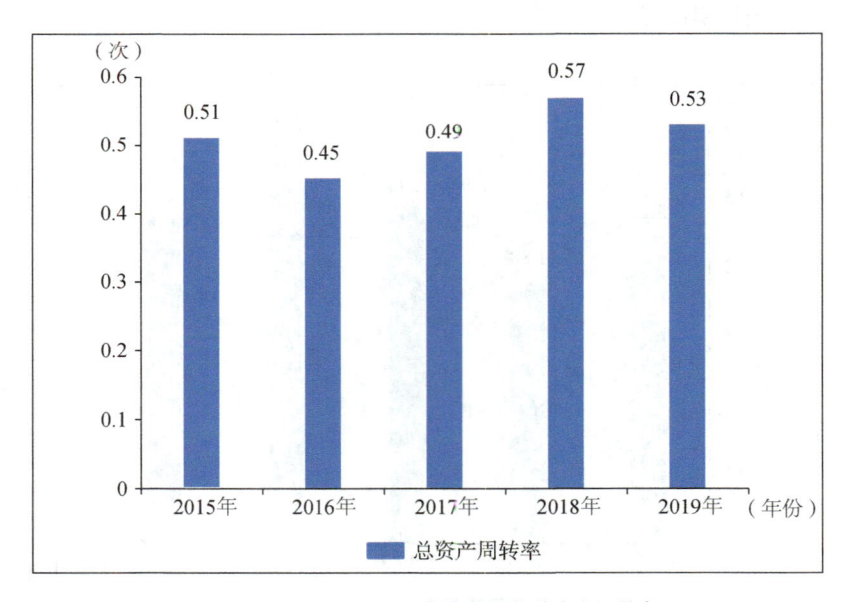

图 6-28　2015～2019 年东风股份总资产周转率

（数据来源：雪球网）

表 6-27　2015～2019 年东风股份总资产周转率情况

年份	总资产周转率（次）
2015 年	0.51
2016 年	0.45
2017 年	0.49
2018 年	0.57
2019 年	0.53

（数据来源：雪球网）

4.7　盈利能力分析

反映企业盈利能力的指标主要有销售毛利率、销售净利率、净资产收益率和总资产收益率。2019 年东风股份的销售毛利率为 40.63%，销售净利率为 13.38%，净资产收益率（ROE）为 9.61%，总资产报酬率（ROA）为 6.84%。

4.7.1　销售毛利率

如图 6-29 所示，2019 年东风股份的销售毛利率为 40.63%，2018 年为 38.63%，2019 年比 2018 年上升了 2.0%。表 6-28 为 2015～2019 年公司销售毛利率情况。

图 6-29　2015～2019 年东风股份销售毛利率变化

（数据来源：雪球网）

表 6-28　2015～2019 年东风股份销售毛利率情况

年份	销售毛利率（%）
2015 年	50.07
2016 年	44.78
2017 年	42.04
2018 年	38.63
2019 年	40.63

（数据来源：雪球网）

4.7.2　销售净利率

如图 6-30 所示，2019 年东风股份的销售净利率为 13.38%，2018 年为 22.81%，2019 年比 2018 年下降了 9.43%。表 6-29 为 2015～2019 年公司销售净利率情况。

图 6-30　2015～2019 年东风股份销售净利率变化

（数据来源：雪球网）

表 6-29 2015～2019 年东风股份销售净利率情况

年份	销售净利率（%）
2015 年	35.15
2016 年	25.50
2017 年	23.85
2018 年	22.81
2019 年	13.38

数据来源：雪球网

4.7.3 净资产收益率

如图 6-31 所示，2019 年东风股份的净资产收益率（ROE）为 9.61%，2018 年为 17.89%，2019 年比 2018 年下降了 8.28%。表 6-30 为 2015～2019 年公司 ROE 情况。

图 6-31 2015～2019 年东风股份净资产收益率（ROE）变化

（数据来源：雪球网）

表 6-30　2015～2019 年东风股份净资产收益率（ROE）情况

年份	ROE（%）
2015 年	20.88
2016 年	15.21
2017 年	16.93
2018 年	17.89
2019 年	9.61

（数据来源：雪球网）

4.7.4　总资产报酬率

如图 6-32 所示，2019 年东风股份的总资产报酬率（ROA）为 6.84%，2018 年为 12.90%，2019 年比 2018 年下降了 6.06%。表 6-31 为 2015～2019 年公司 ROA 情况。

图 6-32　2015～2019 年东风股份总资产报酬率（ROA）变化

（数据来源：雪球网）

表 6-31　2015～2019 年东风股份总资产报酬率（ROA）情况

年份	ROA（%）
2015 年	17.13
2016 年	10.96
2017 年	11.34
2018 年	12.90
2019 年	6.84

（数据来源：雪球网）

4.8　成长性分析

反映企业成长性的指标主要有资产扩张率、营业总收入同比增长率、营业利润同比增长率、净利润同比增长率和净资产增长率。2019 年东风股份的资产扩张率为 4.03%，营业总收入同比增长率为 –4.66%，净利润同比增长率为 –44.06%，营业利润同比增长率为 –39.56%，净资产同比增长率为 –1.41%。

4.8.1　资产扩张率

如图 6-33 所示，2019 年东风股份的资产扩张率为 4.03%，2018 年为 3.85%，2019 年比 2018 年上升了 0.18%。表 6-32 为公司 2015～2019 年东风股份资产扩张率情况。

图 6-33　2015～2019 年东风股份资产扩张率变化

（数据来源：雪球网）

表 6-32　2015～2019 年东风股份资产扩张率情况

年份	资产扩张率（%）
2015 年	9.68
2016 年	28.45
2017 年	-2.21
2018 年	3.85
2019 年	4.03

（数据来源：雪球网）

4.8.2　营业总收入同比增长率

如图 6-34 所示，2019 年东风股份的营业总收入同比增长率为 -4.66%，2018 年为 18.76%，2019 年比 2018 年下降了 23.42%。表 6-33 为公司 2015～2019 年营业总收入同比增长率变化情况。

图 6-34　2015～2019 年东风股份营业总收入同比增长率变化

（数据来源：雪球网）

表 6-33　2015～2019 年东风股份营业总收入同比增长率情况

年份	营业总收入同比增长率（%）
2015 年	10.86
2016 年	5.51
2017 年	19.67
2018 年	18.76
2019 年	-4.66

（数据来源：雪球网）

4.8.3 净利润同比增长率

如图 6-35 所示，2019 年东风股份的净利润同比增长率为 -44.06%，2018 年为 13.58%，2019 年比 2018 年下降了 57.64%。表 6-34 为公司 2015～2019 年净利润同比增长率情况。

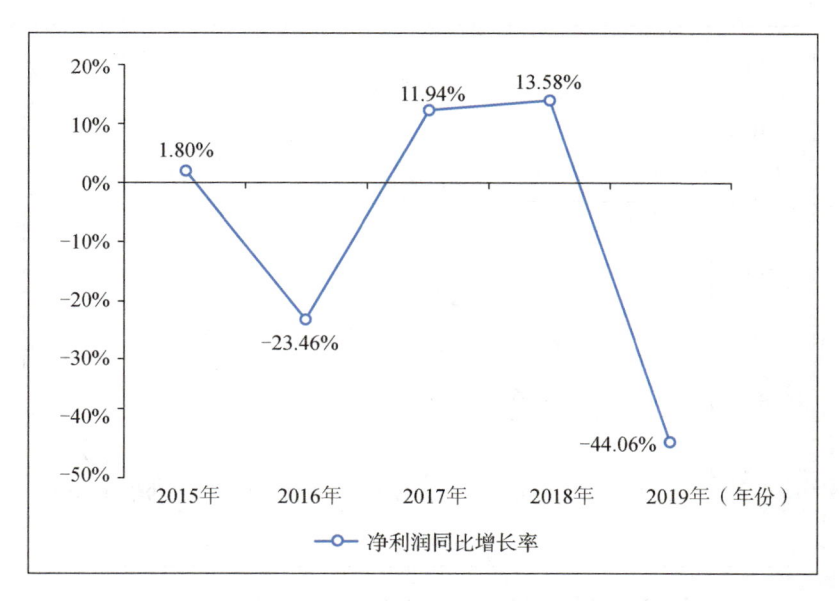

图 6-35　2015～2019 年东风股份净利润同比增长率变化

（数据来源：雪球网）

表 6-34　2015～2019 年东风股份净利润同比增长率情况

年份	净利润同比增长率（%）
2015 年	1.80
2016 年	−23.46
2017 年	11.94
2018 年	13.58
2019 年	−44.06

（数据来源：雪球网）

4.8.4 营业利润同比增长率

如图 6-36 所示，2019 年东风股份的营业利润同比增长率为 −39.56%，2018 年为 17.24%，2019 年比 2018 年下降了 56.8%。表 6-35 为公司 2015～2019 年营业利润同比增长率情况。

图 6-36　2015～2019 年东风股份营业利润同比增长率变化

（数据来源：雪球网）

表 6-35　2015～2019 年东风股份营业利润同比增长率情况

年份	营业利润同比增长率（%）
2015 年	2.14
2016 年	−25.65
2017 年	13.40
2018 年	17.24
2019 年	−39.56

（数据来源：雪球网）

4.8.5　净资产同比增长率

如图 6-37 所示，2019 年东风股份的净资产同比增长率为 −1.41%，2018 年为 6.71%，2019 年比 2018 年下降了 8.12%。表 6-36 为公司 2015～2019 年净资产同比增长率情况。

图 6-37　2015～2019 年东风股份净资产同比增长率变化

（数据来源：雪球网）

表 6-36　2015～2019 年东风股份净资产同比增长率情况

年份	净资产增长率（%）
2015 年	14.71
2016 年	-3.59
2017 年	10.60
2018 年	6.71
2019 年	-1.41

（数据来源：雪球网）

第七篇 紫江集团经营与财务分析

1 我国包装行业发展状况分析

1.1 包装行业发展现状

包装是指为在流通过程中保护产品、方便储运、促进销售，按一定的技术方法所用的容器、材料和辅助物等的总体材料名称。根据《中国包装工业发展规划（2016～2020年）》，截至"十三五"期末，全球包装市场需求规模预计突破 1 万亿美元，包装工业年平均增速将达到 4% 左右，我国作为未来最大的包装消费市场和包装产品生产国，包装工业增速将高于全球平均水平 2.5% 以上，发展空间广阔。

我国包装行业经历了高速发展阶段，现在已有相当大的生产规模，已经成为我国制造领域重要的组成部分。尽管我国包装行业整体发展态势良好，并已成为仅次于美国的全球第二大包装国，但人均包装消费与全球主要国家及地区相比仍然存在较大差距，包装行业各细分领域未来还具有广阔的市场发展空间。

目前我国包装行业已经形成了以长三角、珠三角、环渤海湾三个地区为重点区域的包装产业格局。从产值分布上看，上述三大地区包装工业产值之和约占全国包装工业总产值的 60% 以上。据数据显示，广东、山东、浙江、江苏等重点地区的包装行业主营业务收入仍处于全国领先地位。

如图 7-1 所示，根据中国包装联合会公布的数据，2019 年，我国包装行业规模以上企业（年营收 2000 万元及以上法人企业）为 7916 家，企业数量比 2018 年增加 86 家。全国包装行业完成累计营业收入 10,032.53 亿元，同比增长 1.06%，全国包装行业完成累计利润总额 526.76 亿元，同比增长 4.28%。

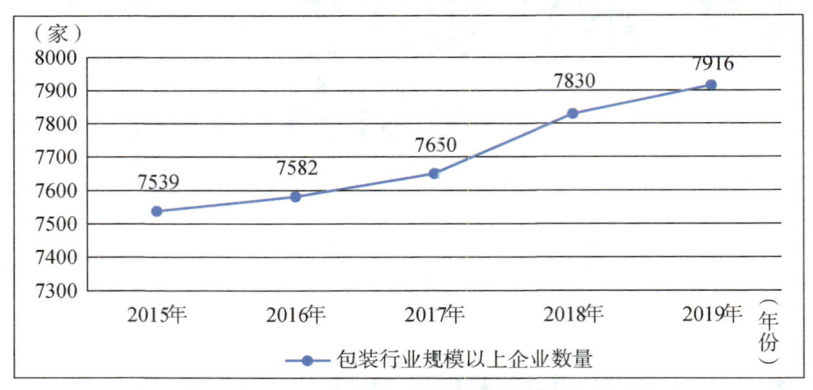

图 7-1　2015～2019 年我国包装行业规模以上企业数量

（资料来源：中国包装联合会、智研咨询整理）

如图 7-2 所示，我国包装行业产量整体呈上升趋势，其中塑料薄膜和箱纸板产量增长较快。2019 年塑料薄膜产量为 1549.14 万吨，同比增长 16.35%；箱纸板产量 1301.56 万吨，同比增长 6.62%。

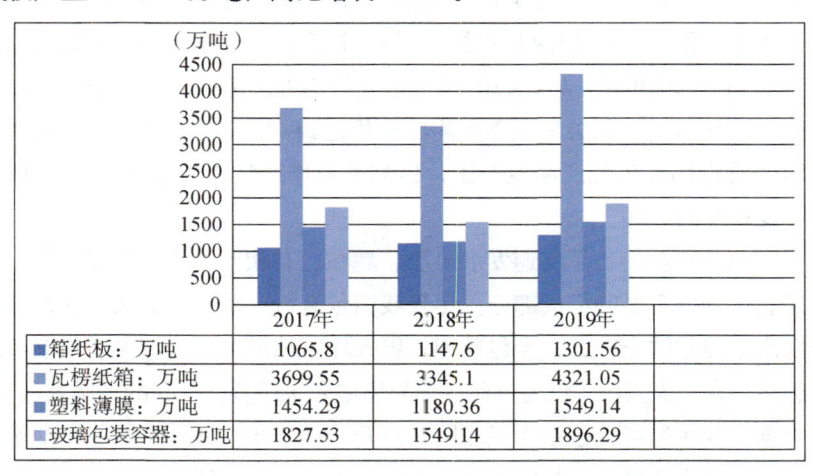

	2017年	2018年	2019年
箱纸板：万吨	1065.8	1147.6	1301.56
瓦楞纸箱：万吨	3699.55	3345.1	4321.05
塑料薄膜：万吨	1454.29	1180.36	1549.14
玻璃包装容器：万吨	1827.53	1549.14	1896.29

图 7-2　2017～2019 年我国包装行业主要产品供给情况

（资料来源：中国包装联合会、智研咨询整理）

如图 7-3 所示，我国包装行业规模以上企业营业收入在万亿元左右，2019年包装行业规模以上企业营业收入为 10,032.53 亿元，同比增长 1.06%。

图 7-3 2015～2019 年我国包装行业规模以上企业营业收入

（资料来源：中国包装联合会、智研咨询整理）

如图 7-4 所示，根据智研咨询发布的《2020～2025 年中国包装行业竞争格局分析及发展战略咨询报告》显示，2019 年纸和纸板容器细分行业营业收入 2897.17 亿元，占比 28.88%；塑料薄膜行业营业收入 2704.93 亿元，占比 26.96%；塑料包装箱及容器行业营业收入 1592.39 亿元，占比 15.87%；金属包装容器及材料行业营业收入 1167.30 亿元，占比 11.64%；塑料加工专用设备行业营业收入 650.81 亿元，占比 6.49%；玻璃包装容器行业营业收入 610.15 亿元，占比 6.08 %；软木制品及其他木制品制造行业营业收入 409.77 亿元，占比 4.08%。

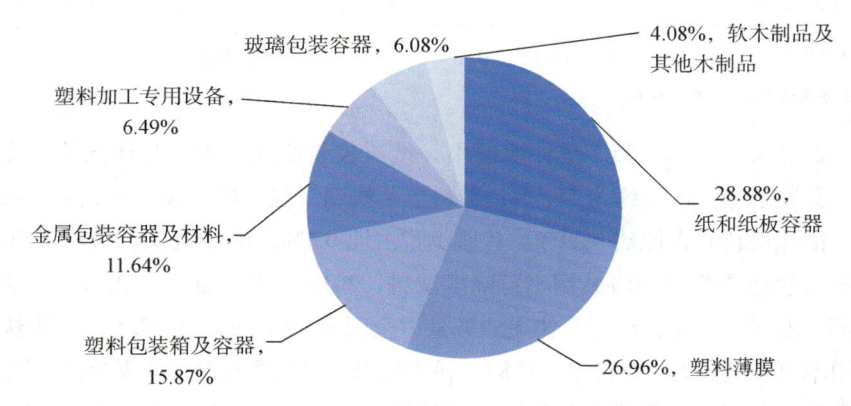

图 7-4 2019 年我国包装行业细分市场结构

（资料来源：中国包装联合会、智研咨询整理）

1.2 塑料包装行业发展现状

受 2019 年禁塑令影响，2025 年纸质包装快递潜在需求将增加 165.9 亿件，采用可降解塑料的塑料包装快递潜在需求增加 388.5 亿件；2025 年，用于快递包装的瓦楞纸潜在需求增量为 459.66 万吨，可降解塑料潜在需求增量为 158.78 万吨。在快递塑料包装领域，到 2022 年年底，北京、上海、江苏、浙江、福建、广东等省（市）的邮政快递网点，先行禁止使用不可降解的塑料包装袋、一次性塑料编织袋等，降低不可降解的塑料胶带使用量。到 2025 年年底，全国范围邮政快递网点禁止使用不可降解的塑料包装袋、塑料胶带、一次性塑料编织袋等。预计到 2025 年，中国快递业务量将达到 1349 亿件，年复合增长率为 13.4%。图 7-5 为 2019～2025 年快递业务总量及预测情况。

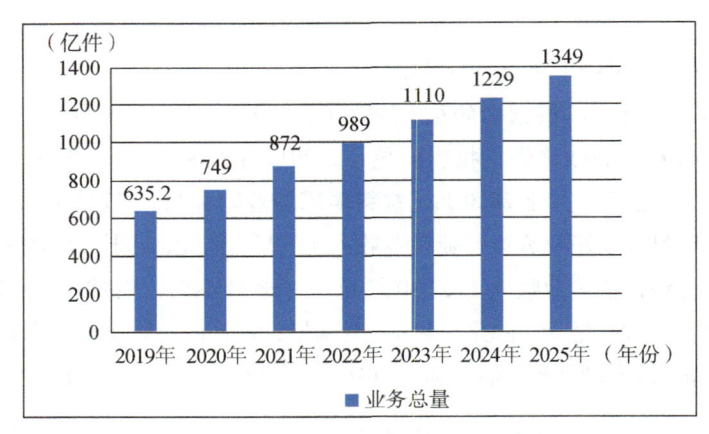

图 7-5 2019～2025 年我国快递业务总量及预测

（数据来源：公开资料整理）

2019 年，全国 635.2 亿件快递中，纸质包装快递（包含瓦楞纸箱、文件袋、套装纸箱）占比约为 58.5%，塑料包装快递（包含塑料袋、珠光袋、编织袋、泡沫材料）占比约 41.1%，其他类型占比 0.4%。预计到 2022 年，全国重点省市快递塑料包装将禁用不可降解塑料，2019 年重点省市（北京、上海、江苏、浙江、福建、广东）快递业务量占全国的 48.17%，到 2025 年全国快递禁用不可降解塑料。取代不可降解塑料的材料一是纸质包装（主要为瓦楞纸），二是可降解塑料。假设取代不可降解塑料材料中，有 30% 由纸质材料替代，

70%材料由可降解塑料替代，预计到 2022 年，塑料包装快递量占比下降至 35.2%，到 2025 年下降至 28.8%（图 7-6）。

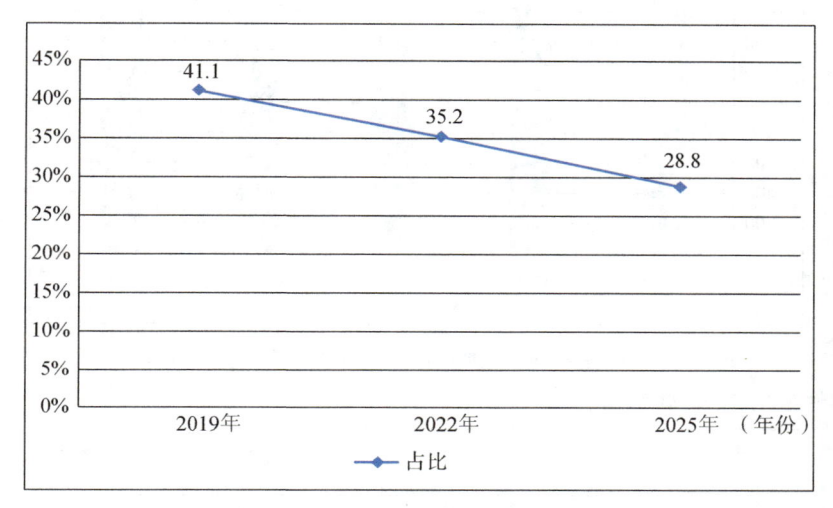

图 7-6　2019～2025 年我国塑料包装件数占比及预测

（数据来源：公开资料整理）

相对于 2019 年（按占比测算），受禁塑令影响，将导致 2025 年纸质包装快递潜在需求增加 165.9 亿件，采用可降解塑料的塑料包装快递潜在需求增加 388.5 亿件。塑料包装箱类产品主要有果蔬箱、塑料周转箱、托盘等。近年来，塑料箱类产品发展迅速，在一定程度上替代了木制包装，在多个领域广泛应用，特别是物流行业的快速发展，推动了塑料箱产品的升级。2015～2019 年我国塑料包装箱及容器制造业规模以上企业（年营业收入 2000 万元及以上全部法人企业）主营业务收入不断增加，但 2019 年增速有所放缓。2019 年我国塑料包装箱及容器制造业规模以上企业完成累计营业收入 1592.39 亿元，同比增长 1.29%（图 7-8）。图 7-7 为 2015～2019 年塑料包装箱及容器制造业规模以上企业收入情况。

近三年，我国塑料包装行业规模以上企业的主营业务不断增加，但由于国家环保政策日趋严格，包装行业也逐渐向绿色、可持续发展方向转变，所以行业收入增速一直呈下降趋势。2017～2019 年，我国塑料包装行业规模以上企业主营业务收入保持着增长趋势。如图 7-9 所示，2019 年塑料包装行业规模以上企业实现主营业务收入 666.78 亿元，同比增长 1.48%。

图 7-7 2015～2019 年塑料包装箱及容器制造业规模以上企业收入

（数据来源：公开资料整理）

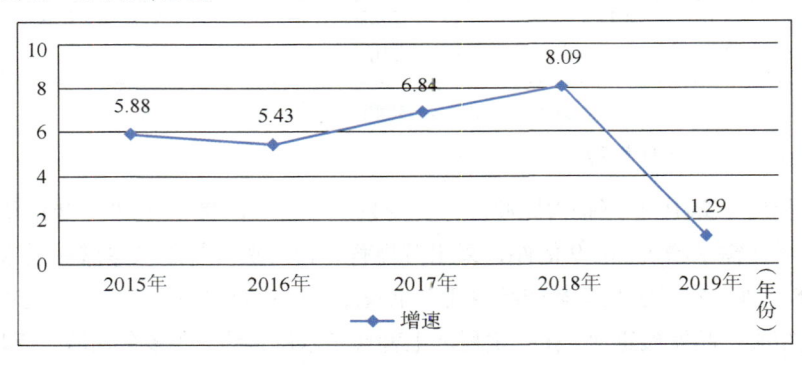

图 7-8 2015～2019 年塑料包装箱及容器制造业规模以上企业收入增速

（数据来源：公开资料整理）

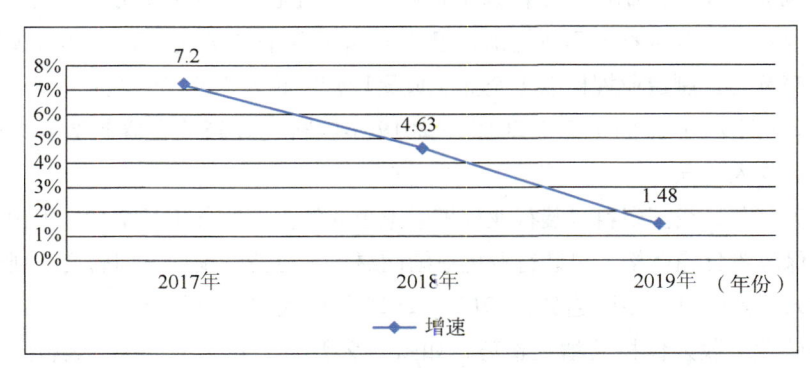

图 7-9 2017～2019 年中国塑料包装行业规模以上企业营业收入增速趋势

（数据来源：公开资料整理）

1.3 我国包装行业进出口发展现状

如图 7-10 所示，2019 年，我国包装行业与"一带一路"沿线国家完成贸易总额达 143.73 亿美元，同比增长 23.53%，占整个包装行业贸易额的比重为 29.29%。其中，出口金额为 134.58 亿美元，占包装出口总额的比重达 38.43%；进口金额为 9.15 亿美元，占包装进口总额的比重为 6.52%。"一带一路"沿线国家和地区已经成为我国包装行业的主要出口地区。

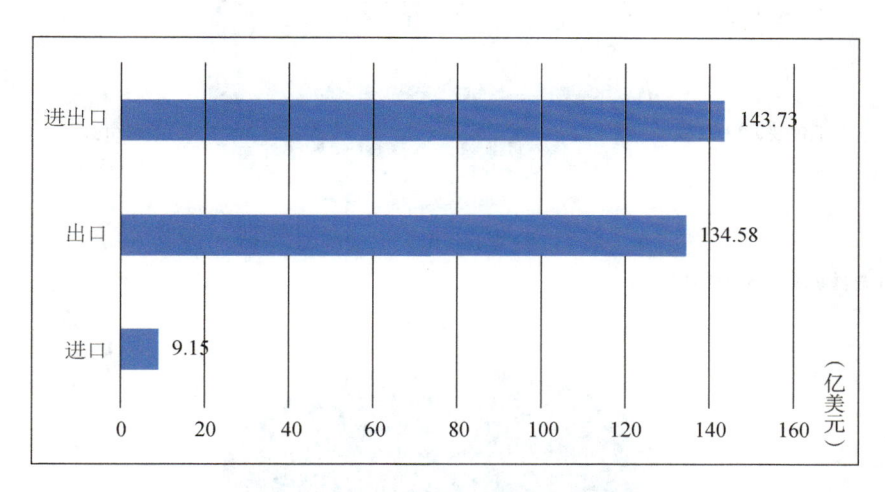

图 7-10　2019 年我国包装行业进出口金额

（数据来源：公开资料整理）

如图 7-11 所示，2019 年塑料包装累计完成出口额 90.23 亿美元，占比达 67.05%，同比增长 23.3%；纸包装累计完成出口额 17.8 亿美元，占比 13.22%，同比增长 41.95%；包装机械及其他累计完成出口额 9.79 亿美元，占比 7.27%，同比增长 7.76%；玻璃包装累计完成出口额 8.94 亿美元，占比 6.65%，同比增长 22.27%；金属包装累计完成出口额 7.43 亿美元，占比 5.52%，同比增长 27.63%；竹木包装累计完成出口额 0.39 亿美元，占比 0.29%，同比下降 6.62%。

如图 7-12 所示，2019 年塑料包装累计完成进口额 8.52 亿美元，占比达 93.22%，同比增长 16.38%；纸包装累计完成进口额 0.24 亿美元，占比 2.63%，同比增长 27.47%；包装机械及其他累计完成进口额 0.12 亿美元，占比 1.31%，同比下降 26.41%；玻璃包装累计完成进口额 0.07 亿美元，占比 0.77%，同比下降12.7%；金属包装累计完成进口额0.18亿美元，占比1.97%，同比下降15.23%；竹木包装累计完成进口额0.01亿美元，占比0.11%，同比下降42.84%。

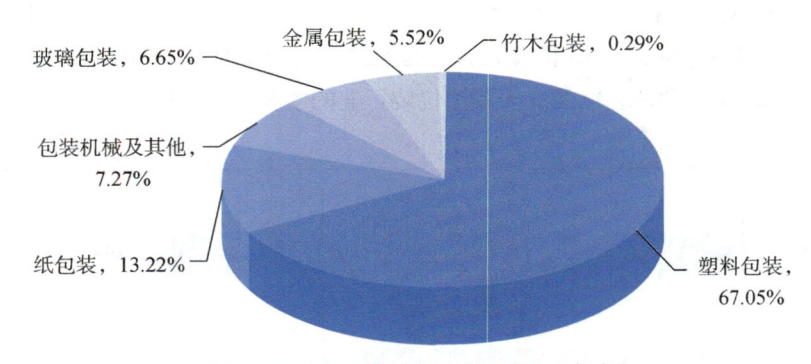

玻璃包装，6.65%
金属包装，5.52%
竹木包装，0.29%
包装机械及其他，7.27%
纸包装，13.22%
塑料包装，67.05%

图7-11　2019年我国包装行业出口金额占比

（数据来源：公开资料整理）

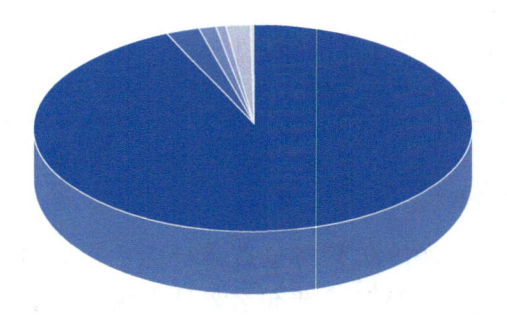

■塑料包装　■纸包装　■包装机械及其他　■玻璃包装　■金属包装　■竹木包装

图7-12　2019年我国包装行业进口金额占比

如图7-13所示，2019年中国包装行业"一带一路"沿线国家出口额中排在前五的分别为越南、马来西亚、印度、泰国和印度尼西亚，其中越南完成累计出口额为23.74亿美元，占比达17.44%，同比增长37.74%；马来西亚完成累计出口额为12.47亿美元，占比9.27%，同比增长34.89%。

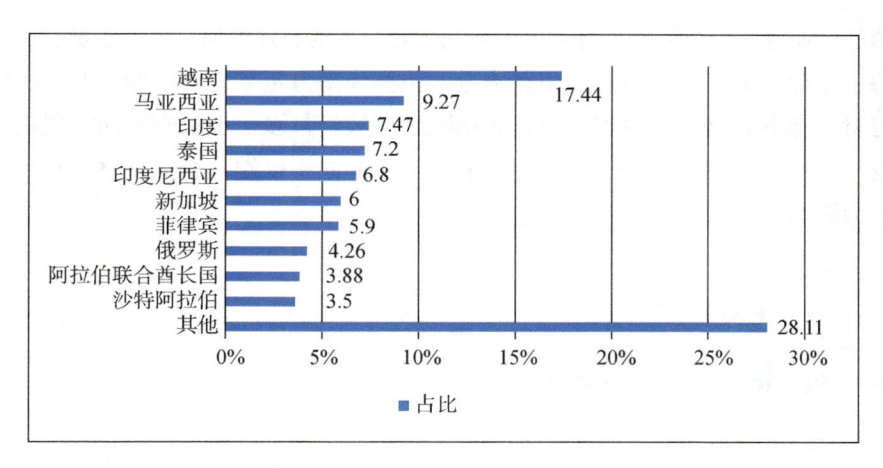

图 7-13 2019 年我国包装行业累计出口额贸易国占比

（数据来源：公开资料整理）

如图 7-14 所示，2019 年中国包装行业"一带一路"国家进口额中排在前五的分别为新加坡、泰国、马来西亚、越南、印度。其中新加坡完成累计进口额为 2.12 亿美元，占比 23.19%，同比增长 33.11%；泰国完成累计进口额 1.88 亿美元，占比 20.58%，同比增长 9.45%。

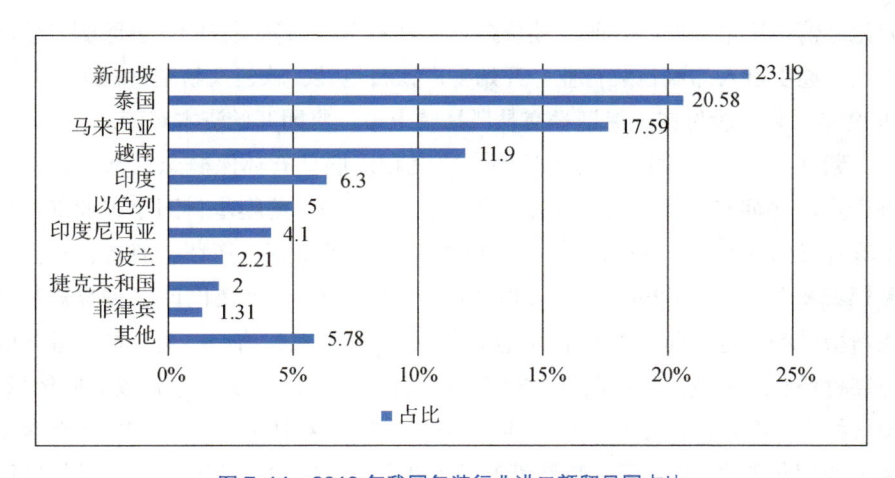

图 7-14 2019 年我国包装行业进口额贸易国占比

（数据来源：公开资料整理）

目前我国塑料包装行业市场集中度较低，行业内竞争激烈。塑料包装行业大体可以分为四个梯队：第一梯队为龙头型企业，主要有永新股份、安姆科、紫江企业等；第二梯队为行业内主要竞争者，主要有通产丽星、王子新材、珠海中富等；第三梯队为行业中坚力量，主要为南方包装、普拉斯包装、宏裕包材、海顺新材等大中型企业，此梯队企业数量最多，也最有可能出现新的龙头企业；第四梯队为广大中小企业，产品偏向中低端，企业规模较小，竞争力较弱。

2 企业经营环境及战略分析

2.1 紫江企业概况

紫江企业是位于上海的一家民营企业，成立于1981年，在创始人沈雯先生的带领下由一家小型的塑料制品加工厂逐步发展壮大为业界知名的集团公司。紫江企业最初以从事塑料制品加工的生产起步，1989年经县政府批准、工商行政管理局同意，组建上海紫江（集团）公司，注册资金1245万元，集团正式成立。1988年，作为塑料制品加工较大的企业，紫江集团开始试水多元化经营，用市政府"九四专项贷款"从日本引进国际领先的六色印刷包装流水线，逐步进入印刷包装行业，开始生产饮料包装、软包及新型材料等产品。1999年，紫江股份在上海证券交易所挂牌上市，集团开始资本经营。

紫江企业自成立以来一直致力于研究和发展具有环保概念的都市型新材料产业，现拥有容器包装、瓶盖标签、饮料OEM、薄膜基材四个事业部，40多家控参股子公司。公司主营生产和销售各种PET瓶及瓶坯、瓶盖、标签、喷铝纸及纸板、BOPET薄膜、CPP薄膜、高档油墨、多色网印塑胶容器及其他新型材料，是当前沪深两市中规模最大、产品种类最齐全、盈利能力最强的包装材料制造企业。公司现年产能为PET瓶及瓶坯50亿只、皇冠盖200亿只、塑料标签100亿张、塑料防盗盖40亿只、饮料灌装10亿瓶、纸印刷医药食品及工业用包装盒20亿只、喷铝纸及喷铝纸板年超过1.5亿万米、塑料包装印刷2亿米、薄膜60,000吨、高档油墨超过1万吨。在生产规模、技术水平、质量水平、销售额、经济效益方面均处于国内同行业领先地位。

紫江企业始终保持锐意进取的精神，以可持续发展为宗旨，以提高经济效益为目标，以客户增值服务为导向，加强管理与资源整合。在包装制造领域，公司在引进国际先进设备和技术的基础上，结合国内食品饮料、卫生包装材料等行业的发展趋势，加强产品的科研开发力度，提升产品科技含量。公司不仅以饮料 OEM 产业带动包装产业链的发展，取得了良好的效益，而且在 PET 油瓶等非饮料包装领域取得了突破。在包装界上，紫江企业与可口可乐、百事可乐、统一、强生、柯达、肯德基、雀巢、联合利华等众多知名企业形成了长期、稳定的策略性联盟关系，市场占有率逐年提高。

除包装制造业外，紫江企业还在科学园区开发建设以及地产开发领域，取得了良好的业绩。公司第一大股东紫江集团于 2007 年年初向公司注入了优质地产项目——上海紫都佘山房产有限公司，为公司盈利能力的大幅度提升和持续增长提供了切实的保障。

紫江企业多年来一直排名上海市工业企业销售收入 500 强企业前列。作为上海市先进技术企业及高新技术企业，公司连续入选中国最具发展潜力上市公司 50 强，成为首批通过股权分置改革方案的试点企业之一，上证 180 指数股。

2.2 宏观环境分析

企业战略的制定离不开宏观环境，企业的管理层在拟定本企业的战略发展目标时，需要综合地考虑目前企业自身所处的外部宏观环境，及时地把握宏观环境及变化趋势。企业只有做到对有利于自身发展的机会及时把握，及早规避可能会发生的威胁，才能使自己获得更为长远的发展。PEST 分析是从政治（Politics）、经济（Economic）、社会（Society）、技术（Technology）四个方面，用战略的眼光去分析企业外部环境的一种分析方法。

2.2.1 政治环境分析

由于纸质包装业吸纳劳动力能力相对较强，且环境污染程度相对较低，国家及各地方政府均大力支持。近年来，我国政府颁布了大量包装行业相关产业政策。2011 年 10 月，原新闻出版总署和原环境保护部发布了《关于实施绿色包装的公告》，决定共同开展实施绿色包装工作，实施范围包括包装的生产设备、原辅材料、生产过程以及出版物、包装装潢等。

2016 年 7 月，工业和信息化部和财政部联合发布了《重点行业挥发性有机物削减计划通知》（以下简称《计划》）。根据《计划》目标要求，到

2018 年将工业行业 VOCs 排放量比 2015 年削减 330 万吨。《计划》筛选了含油墨、黏合剂、包装印刷、石油化工、涂料等在内的 11 个行业作为加快 VOCs 削减、提升绿色化制造水平的重点行业。

2016 年 12 月，中国包装联合会发布的《中国包装工业发展规划（2016～2020 年）》提出了建设包装强国的战略任务，坚持自主创新，突破关键技术，全面推进绿色包装、安全包装、智能包装一体化发展，有效提升包装制品、包装装备、包装印刷的关键领域的综合竞争力。

2019 年 5 月，国家市场监督管理总局发布《绿色包装评价方法与准则》，针对绿色包装产品低碳、节能、环保、安全的要求规定了绿色包装评价准则、评价方法、评价报告内容和格式，并定义了"绿色包装"的内涵：在包装产品全生命周期中，在满足包装功能要求的前提下，对人体健康和生态环境危害小、资源能源消耗少的包装。《绿色包装评价方法与准则》从资源属性、能源属性、环境属性和产品属性四个方面规定了绿色包装等级评定的关键技术要求。这些政策相互补充、贴近实际，共同营造了目前我国良好的包装产业政策环境和发展空间。

2.2.2 经济环境分析

金融危机以来，我国经济保持了稳定增长，创新能力逐渐提高，创新驱动效果逐渐显现，经济总量逐渐增大，财政收入稳步提高，经济总量已经占到了世界经济总量的 12%，中国经济稳定持续地发展，为自身和世界营造了一个相对稳定良好的经济发展环境。现在，我国包装工业已形成了独立的、完整的包装工业体系，成为门类齐全、体系完整、产业关联高的行业之一。目前，已拥有纸包装、塑胶包装、金属包装、玻璃包装、印刷装潢、包装机械六大行业。包装工业年产值从 1980 年的 78 亿元增加到 2014 年的 1.7 万亿元，提高了 218 倍，每年以 20% 的速度递增；在国民经济 41 个主要行业中，从 1984 年的最后一位，已跃升至第 14 位。根据国家统计数据显示，2015 年 1 月至 9 月塑胶制品产量为 5443.82 万吨，据不完全统计，2015 年塑胶制品产量为 7200 万吨，是 1949 年产量 203 吨的 354,700 倍，是 1980 年塑胶包装制品产量 20 万吨的 360 倍。包装产业发生了日新月异、天翻地覆的变化。我国包装工业用 30 多年时间走完西方 60 多年的历程。经过改革开放后 40 年的奋斗和拼搏，我国已发展成为仅次于美国的世界第二包装大国。

产（商）品包装已甩掉了原始落后包装的帽子，赶超了世界发达国家产（商）

品包装水平,为我国的纺织服装工业、粮食工业、食品餐饮行业、机械工业、建材工业、电子工业、电信行业等产值在 110 万亿元产品提供了优质、精美的包装,为我国出口商品提供了国际市场接受的、国际一流的、满足出口商品需要的包装。

中国人均包装消费量明显低于全球水平,未来仍有较大提升空间。从总量的角度来看,尽管中国包装市场规模增长较快,但人均消费量仅为 12 美元/年,与全球主要国家及地区相比仍然存在较大差距。即便考虑到价格、人口密度等客观因素,中国包装行业的"天花板"还远远没有达到。随着人民生活水平的提高,消费品展示销售包装小型化、环保性能提升,储存运输包装随电商渗透率提升起量。中国的包装行业的市场规模有望扩大,供求结构也有望持续升级。

2.2.3 社会环境分析

近年来,随着我国国民经济保持快速稳定增长,国民生活水平得到了大幅提升,城镇居民人均可支配收入不断增加,2015 年我国城镇居民人均可支配收入达到 31,195 元。生活水平的提升有力地带动了消费市场的增长和消费需求结构的升级,消费重心逐步由生活基础层面向高端精神享受层面转移,消费形式呈现多样化趋势。消费的升级直接增加了对包装产品的需求,进而推动我国包装行业步入快速增长轨道。

随着我国包装工业的快速发展,包装生产在促进国民经济建设、改善人民群众物质文化生活中的作用日益显现,包装行业已经成为国民经济重要基础产业及支柱产业之一。包装产业作为一个独立的行业体系,其发展已被列入国民经济和社会发展规划。国家相继出台了一系列相关政策支持包装行业的发展,在《当前国家重点鼓励发展的产业、产品和技术目录(2005 年修订)》《产业结构调整指导目录 2011 年本(2013 年修正)》中均被明确列为国家重点鼓励类行业。2016 年,中国包装联合会发布了《中国包装工业发展规划(2016~2020 年)》,要求 2016 年到 2020 年加快包装产业转型升级,推进现代包装强国建设进程,充分发挥包装工业对稳增长、促改革、调结构、惠民生、防风险的重要作用,显著提升包装工业对我国小康社会建设的服务能力与贡献水平。

我国人口众多,市场潜力巨大,包装制造业下游行业广泛。贵金属、钟表、珠宝、化妆品、高档烟酒、保健品、食品、消费电子产品等行业近几年稳定发展,为包装企业的发展提供了广阔的市场。我国已经成为世界第二大经济体,根据国家统计局的数据显示，2016年经初步核算，我国国内生产总值已达74.41万亿元，实际增长率为6.7%，我国已成为推动全球经济增长的中心，同时也是全球最大的消费市场。随着我国在全球经济格局中的地位和作用日益凸显以及我国宏观经济的持续稳定增长，未来这些相关下游行业仍将为包装工业提供更为广阔的市场空间，带来新的发展和机遇。

2.2.4 技术环境分析

随着我国国民经济的快速发展和城镇建设的加快，城乡人民的生活品质不断提高，也间接地带动消费市场的增长，通过产业链传导进一步带动我国包装印刷产业的快速发展。

绿色化将成发展基调。《中华人民共和国环境保护税法》是党的第十八届三中全会提出"落实税收法定原则"改革任务之后制定的第一部税法，在2018年1月1日已经正式实施。对于中国的印刷包装企业而言，竞争激烈、利润空间少加之集中度低等多重不利因素，环保税也为包装企业带来压力，而有压力的同时，也是可以创造相对应的利益。随着各种税法、环保政策的不断出台，让更多的包装企业可以明白绿色印刷是至关重要的，也是未来发展必经之路。在2017年11月，国家邮政局、国家发展改革委员会、科技部等十部门联合颁布的《关于协同推进快递业绿色包装工作的指导意见》，在其中提道，拟到2020年使用可降解的绿色包装材料的应用比例提高到50%。政策一出台，我们可以一起随着时间的流走，去看是否改善环保问题。或许在不久的将来，我们也有幸可以看到绿色包装的改变，请拭目以待。

智能包装仍然是热门话题。在今后，会有更多新的技术出现，推动整个包装行业向着更智能的方向发展，如智能标签。根据智能标签的功能不同，又可分为防伪DNA标签、RFID标签、温度显示标签、防倾倒标签、时间－温度指示等。此外，智能包装与智能标签是一个多元学科交叉的应用领域，相信随着各领域的技术进步与发展，智能包装与标签会得到更广泛的应用与发展。

2.3 竞争战略分析

SWOT分析法又称为态势分析法。1971年，美国教授肯尼斯·安德鲁斯在《公司战略概念》一书中，首次提出了战略分析框架，在书中把战略定义为企业可以做的与企业能做的之间的匹配。所谓"可以做"即环境提供的机会与威胁；"能做"即为企业自身的强项与弱项。这就是一直被广泛应用的SWOT

分析法。20世纪80年代初，由美国教授海因茨·韦里克进一步提出态势分析法的概念，并对其内含进行了详细阐述，其中的SWOT分别代表：Strengths（优势）、Weaknesses（劣势）、Opportunities（机会）和Threats（威胁），优势和劣势是企业的内在因素，机会和威胁则是企业的外在因素。它对企业确定自己的优势和劣势，了解自身面临的机会和挑战，以及制定该企业或行业未来的发展战略都有着至关重要的意义。本部分则通过运用SWOT分析法，找出紫江企业自身的优势与劣势，并通过研究其外部环境存在的机会与威胁，以把握现有机会，充分发挥它的优势；同时，也要充分关注到紫江企业在发展中所存在的各种劣势，以及存在哪些威胁，做到可以规避经营中出现的各种困难和问题。

2.3.1 优势分析

1. 技术创新优势

在2018～2019年，公司协同各下属企业积极争取国家各项创新扶持政策，为企业的发展提供支持。2019年申请国家专利数达203项，其中，外观设计专利12项，实用新型专利150项，发明专利31项。获得授权专利158项，其中发明专利15项，实用新型专利133项，外观设计专利8项。公司控股子公司共10家被认定为高新技术企业。在同行业中的竞争企业里，能够做到研发创新这一点，行业内的类似企业少之又少，紫江企业在研发创新上仍然具备十足的优势，由此可见创新成为紫江企业的一大优势。

2. 产品线齐全

公司自从成立以来一直在努力研究和发展具有环保概念的都市新型材料的产业，现在公司主营业务方向有容器包装、瓶盖标签、饮料OEM、基材薄膜，此外公司还控参股40多家子公司。公司主要从事各种PET瓶及瓶坯、瓶盖、标签、喷铝纸及纸板、BOPET薄膜、CPP薄膜、高档油墨、多色网印塑胶容器及其他新型材料的生产和销售，紫江企业是当前沪深两市中规模最大、产品种类最齐全和盈利能力最强的包装新材料制造企业。

3. 销售队伍稳定，经验丰富

当前已经不是"好酒不怕巷子深"的时代，公司拥有快速的交货周期和齐全的生产线，还需要将自身的优势充分发挥出来，这就依靠紫江企业在市场方面的强大力量，需要稳健的销售团队给予支撑，当前紫江企业拥有稳定的销售队伍，多达 683 名的销售业务人员各个精明强干，经验丰富，从业时间都在 2 年以上，同时与多家订单需求量大的包装公司都建立有长期的业务合作关系。

4. 产品质量优，无退货产品

打铁还需自身硬，对于生产人员的技能培训和先进设备的不断引入，在产品质量上得以体现出优势，视产品质量为生命的紫江企业全面把控产品质量的各个环节，坚决执行 ISO9000 质量管理体系。同时紫江企业也非常重视客户对产品的反馈意见，针对用户反馈及时对产品的质量水平进行修正，以更好地满足顾客的需求，形成了良好的口碑。

2.3.2 劣势分析

1. 缺乏高质量高学历人才

截至 2019 年 12 月 31 日，紫江企业在职人员 7026 人。其中，本科以上学历 870 人，占 12.38%；大专学历 1344 人，占 19.13%；中专及以下学历 4812 人，占 68.49%。可以看出，在职人员的学历整体偏低，约 68.5% 的人员学历分布在中专及以下。

2. 技术人员少，创新能力不足

包装企业需加大先期的技术改造投入，鼓励创新，融入多方资金，扩大生产规模，提高生产集中度，进行循环生产和清洁生产必需的技术改造，以适应国家科学发展观的宏观调控和提高市场竞争力的需要。

3. 跨行业技术能力不足

紫江企业当前主要业务为生产销售 PET 瓶及瓶坯等容器包装、各种瓶盖、标签、涂装材料和其他新型包装材料。公司为了多元化发展，还涉及房地产行业、服务业、商业以及其他行业，公司既然要跨行业发展，进入一个新的行业领域，必然会遇到一些技术方面的壁垒，这也是行业新进入者最大的障碍。紫江企业除其包装材料主业以外，旗下其他行业众多，如前述的文化地产、商品贸易、服务业和其他等，但其实它的很多技术并不成熟，尤其是涉及的文化地产，对技术能力的要求更高。所以，紫江企业想要在激烈的市场竞争环境中站稳脚跟，技术能力水平是其发展过程中关键的推动力。

2.3.3 机会分析

受世界经济贸易增长放缓、国际单边主义和贸易保护主义加剧的影响，全球包装行业的形势都不乐观，放眼海外，欧美地区包装行业发展呈现连年下降趋势，亚洲的包装大国日本也难逃这种全球化颓势的影响。鉴于这种状况，伴随着西方国家的人力成本和包装原材料价格的不断上涨，很多欧美的包装企业开始将产能转移到发展中国家，尤其是亚洲地区的发展中国家，当前的亚洲包装大国中国，在经历了欧美包装产能转移后，已经发展壮大成为在全球印刷包装行业的亚军，带动了客户订单量增长，同时扩展了国内的包装产业市场。由此可见，国内的包装行业在这种国际背景下，发展机会和市场潜力都是非常乐观的。作为产能输入国的中国，在现阶段承接了绝大部分欧美和日本等发达国家的包装产能，作为第二大经济体的中国日益成为其他发达国家在包装行业的长期合作伙伴国家。

全球整体包装行业的分析让我们看到了国内包装行业整体的发展潜力，放眼国内市场，紫江企业具有良好的地理优势，处于全国经济发达地区——上海，位于上海也就意味着能够享受上海城市发展的便利条件，大力发展自己的包装产业。上海聚集着很多大中型企业，并且在源源不断吸引着新兴企业和外资企业的涌入，尤其是全国各大食品饮料企业都聚集于此。

2.3.4 威胁分析

1. 包装行业竞争激烈

从最初的兴起到后来的高速发展，再到最近受到贸易单边主义的冲击，中国的包装行业一直处于激烈竞争的局面，大量包装企业的兴起和加入，再加上生产量受到贸易保护主义影响，使得国内的包装业的发展受阻，进入了微利时代，需要进行精细化成产和定位转型。整体包装行业的颓势和行业内依旧激烈的竞争环境，对于紫江企业是一个宏观层面的巨大威胁。《2020年前中国包装产业发展战略纲要》显示，我国包装行业以年均20%的增长速度快速发展，全国包装生产总值2019年比1985年翻了9番，已占我国GDP的2%左右。2000年之后，我国包装行业飞速发展，国内日益先进的高精度包装机械设备和国外资本的大量引入，为包装行业的发展提供了沃土，包装企业在过去十年如同雨后春笋般蓬勃发展。但是大规模的快速扩张，使得国内的绝大多数包装企业缺乏核心竞争力，也是由于激烈的竞争使得国内包装企业频频卷入价格战的低端竞争格局，非常不利于整体包装行业的持续健康发展，也不利于诸如紫江企业这样的老牌包装企业在当前形势下进行战略的业务转型。

2. 原材料价格上涨

包装行业属于资源消耗型产业，其原材料大多为纸、塑料、玻璃、铝材、钢铁等能源产品，这对于材料的消耗是巨大的。塑料包装的大部分原材料都是石油加工的下游产品，近年来国际市场原油价格的波动，导致原材料价格也随之发生变化。原材料价格的大幅波动增加了企业成本控制的难度，对公司成本控制和议价能力提出了更高的要求。

2.3.5 分析结论

按照 SWOT 法进行分析，可以看出，紫江企业应发挥自身优势，最应当首先发掘的自身优势是设备精良的优势，就紫江企业自身所具有的优势而言，拥有创新研发不断、销售队伍稳定、包装品质高精美度高的优势，从自身优势出发，牢牢守住目前已取得的诸多优势，发扬光大，以形成自身区别于其他包装公司的核心竞争力，用来对抗整体行业动荡存在的潜在风险。其次抓住自身优势和所占有机会，不断扩充当前的市场份额，进行由传统包装制品到多元化包装产品印刷的战略转型，坚守质量，向品牌和口碑要效益。

结合紫江企业目前的劣势，重点要解决"人"的问题，充分重视人力资源对于企业发展的重要作用，尽快解决技术人员少、缺乏高学历人才的问题。然后要解决跨行业技术能力不足、企业文化开展相对弱、公司管理层对于战略重视不足的问题，否则企业意识层面的缺失会导致在日渐激烈的竞争环境中，随波逐流，降低企业的竞争实力，除去外患，如果还存在内忧，企业内部的工作积极性和团队凝聚力不做本质的提升，会使产品质量最先出现问题，以往形成的良好口碑会在产品质量下降时随之远去，造成恶劣的社会影响，到时候企业将面临更加严峻的劣势，维持生存可能都会成为难题。

就外部威胁而言，主要是"行业内的竞争压力过大"和"包装业的原材料价格上涨"。应对这两类的外部威胁，还是要从内部着手，进行战略转型，进行产品差异化的转变，这样才能够避免与同行业的其他企业进行低端的同质化价格战，能够在激烈的行业背景下得以生存并持续发展。同时对于上游供应链上的原材料价格上涨的客观形势，还是要仔细研究评判当前包装业的发展现状，做到产品差异化来扩大利润空间，才能够在成本提升的同时保证公司的基本利润水平。

3 公司财务分析

通过对一个公司进行全面而准确的财务分析，一方面可以真实地反映出目前该公司的财务状况，另一方面也可以间接地看出其所选择的发展战略是否与自身发展相匹配。本节在财务分析中将利用紫江企业近三年的财务数据采用比率和趋势相结合的分析方法，分别从横向和纵向两个角度对紫江企业偿债能力、盈利能力、营运能力和成长能力四个方面来进行分析。其中，横向分析将选取行业另一家龙头公司珠海中富，通过珠海中富与紫江企业进行对比分析，以期可以取得较为准确的财务分析结果（表7-1）。

表7-1　2017～2019年紫江企业与珠海中富偿债能力指标对比

指标名称	2017年 紫江企业	2017年 珠海中富	2018年 紫江企业	2018年 珠海中富	2019年 紫江企业	2019年 珠海中富
流动比率	0.94	1.04	1.01	0.50	1.13	0.38
速动比率	0.59	0.78	0.66	0.35	0.76	0.28
现金比率	0.20	0.16	0.26	0.06	0.32	0.04
资产负债率（%）	55.13	77.81	54.65	75.58	52.07	72.35

（数据来源：网易财经数据筛选汇总整理）

3.1 偿债能力分析

偿债能力，是衡量企业能够利用自身所控制的经济资源来偿还到期的短期流动负债或者超过一年的长期负债的还债能力水平的一项指标。是否可以及时偿还到期债务，可以体现公司的经济实力和商业信誉，所以它也是体现财务状况的一个非常重要的衡量标准。偿债能力的好坏对企业能否稳定地可持续经营起着重要的作用，因此它也对巨额投资者评判企业是否值得投资有着极大的影响。通过对偿债能力水平的研究，有助于企业自身制定可靠、有效的风险控制决策，从而可以对企业的发展进行一定预测。

3.1.1 短期偿债能力

短期偿债能力就是企业偿还短期负债的能力。对于许多投资人来说，这是可以用来判定企业是否具有投资可行性、投资的安全性以及是否能够有保障地回收本金及收益的重要指标。公司的流动负债数量越少，公司控制下可用来偿还债务的流动资产越多，就说明公司偿还短期债务的能力越强。企业的短期偿债能力主要通过流动比率、速动比率以及现金流动负债比率几项财务数据来衡量。

假设企业使用自己的流动资产清偿所有的流动负债，所剩余的流动资产被称作营运资金，营运资金越少，说明企业就会有越大的可能性无法及时还清短期债务。尽管营运资金的数量可以体现出企业的短期偿债能力，可是因为各个企业资产等都存在差异，所以营运资金无法被应用于将一个企业同其他资产有差异的公司进行对比上，只能体现出单一公司的偿债能力。而流动比率则不同，流动比率可以将不同的企业或者同一企业不同时期的偿债能力以一个比率的形式直接体现出来，可以方便相互对比。根据表7-1的数据可知，紫江企业2017年到2019年的流动比率分别为0.94、1.01、1.13，可以看到紫江企业流动比率三年内不断上升，说明企业短期偿债能力在提高。同行业的珠海中富流动比率只有2017年短暂超过紫江企业，此后直接呈现急速下降趋势，说明珠海中富经营出现严重问题，该公司面临的财务风险比较大。流动比率在1.25～2之间，通常被认为是一个合理的区间范围，因此可以判断虽然企业流动比率在提高，但企业偿还短期负债的能力还非常弱，其具有较大偿债风险。

有一种比流动比率更加精确的可以用来体现企业偿债水平的方法就是速动比率。计算公式是：速动比率＝速动资产／短期负债。公式当中的速动比率是流动资产除去存货后的余额，它所代表的是能够快速转化为现金的资产，存货由于其变现能力差，以及估价不够准确的原因需要被扣除才能更好地体现出企业所具有的可以用来变现偿还短期债务的流动资产数量。因此扣除变现能力差的存货所得到的速动比率相比流动比率而言更能体现企业的短期偿债能力。紫江企业速动比率从2017年至2019年分别为0.59、0.66、0.76，同样是三年内呈现上升趋势，表明企业短期偿债能力在2017～2019年不断上升且在合理的区间范围内。与同行业珠海中富相比较，紫江企业速动比率在稳步上升，企业短期偿债能力也在稳步提升，企业将来要面临的偿还债务风险在下降。

现金流动负债比率＝经营活动产生现金流量净额／流动负债，体现了企业的经营活动之中所能够创造的现金净流入所能达到的偿还短期负债的水平。现金流动负债比率是从现金流量这一视角出发进行分析，从而揭示企业主体当前及时清偿到期短期债务的水平。计算现金流动负债比率时所用的现金流量数据仅仅包含销售商品和提供劳务所获得的，这是因为经营活动才是企业现金流量的主要和稳定的来源，用来评价企业的经营活动水平才更为合适，而投资筹资或者出售资产所获得的现金流是不具有普遍性和稳定性的。

现金流动负债率变化趋势与企业的清偿债务的水平成正比。2017～2019年紫江企业的现金流动负债比率分别为0.20、0.26和0.32，从2017起呈逐年上升趋势，说明公司短期偿债能力一直在上升。

综合三项指标来看，公司短期偿债能力往好的方面在上升，说明公司这几年经营状况良好，并且三项指标一直在上升，企业的短期偿债能力也在提升，使紫江企业做大做强。

3.1.2 长期偿债能力

长期偿债能力是企业能否及时偿还期限超过一年的债务能力水平。资产负债率是用来衡量企业长期还债能力的一项重要指标。资产负债率＝（流动负债＋长期负债）/总资产额。该项指标表明由企业的债权人所提供资金在总资产数额中所占的份额大小，以及企业资产能否有力地保障债权人的经济利益，表达了企业所控制的全部资产中经过举债筹资而得来的资金所占比例，揭示了企业对长期债务的承担能力。因为从债权人的角度分析，资产负债率高，则债权人提供的资金与企业资本总额相比所占有的比例就越高。企业不能偿债的可能性大，企业的风险主要由债权人承担，这是非常不利于债权人的，债权人可能会因此降低对该企业出借资金的信心。紫江企业2017年至2019年的资产负债率分别为55.13、54.65和52.07。资产负债率这一指标数值与企业能够及时清偿长期债务的保障水平成反比。所以从这一指标来看，2017年至2019年紫江企业长期偿债能力在不断上升，说明企业经济实力在不断增强，公司用自有资金来偿还长期负债，使自身负债比率下降。在合理的范围内降低自身负债，有利于企业在经济环境不利于企业发展时，使企业面临的偿债风险降低，顺利渡过困难时期。我们不妨看看同行业珠海中富资产负债率，虽然珠海中富同样呈现资产债务比率下降的趋势，但是公司资产负债率过高，超过债权人心理承受程度，则难以筹到资金，筹资风险加大，且利息负担增加，偿债风险也随之增加。

3.1.3 偿债能力总结

公司的短期偿债能力和长期偿债能力综合来看2017年至2019年都处于上升趋势，公司所面临的财务风险也在下降。随着国民消费水平的提高，民众对瓶装类饮料的需求在不断上升，这种趋势使得紫江企业看到了发展机遇，通过不断研发和研究，提供更好的产品，使公司获得了更高的利润，使自身经济能力越来越强，实现做大做强。

3.2 盈利能力分析

企业从事生产经营活动，其努力方向就是实现利润最大化和企业的持续、稳定、快速发展。企业要想长远健康发展离不开利润最大化的保障。企业盈利能力就是代表企业获取利润的能力，不论是投资人、企业管理人员还是债权人，都日渐重视和关注企业的盈利能力，企业盈利能力水平直接影响到企业的经营成果。本节希望通过对主营业务净利润率、销售毛利率和总资产报酬率三项指标的研究来分析紫江企业的盈利能力。表7-2为紫江企业与珠海中富盈利能力指标对比情况。

表7-2 2017～2019年紫江企业与珠海中富盈利能力指标对比

指标名称	2017年 紫江企业	2017年 珠海中富	2018年 紫江企业	2018年 珠海中富	2019年 紫江企业	2019年 珠海中富
净资产收益率（%）	13.01	17.78	9.69	3.10	10.05	2.61
总资产收益率（%）	5.46	3.45	4.44	0.79	4.91	0.66
销售毛利率（%）	18.64	21.27	18.86	19.76	20.19	20.83
主营业务净利润率（%）	6.70	5.63	5.03	1.25	5.64	1.03

（数据来源：网易财经数据筛选汇总整理）

3.2.1 主营业务净利润率

主营业务净利润率＝净利润/主营业务收入净额。主营业务净利润率是反映企业盈亏状况的重要标志，体现了企业惯有经营项目所获利润占利润总额的比重，以及对企业拥有的所有收入的贡献及其作用的大小。该项数值越高，表明企业惯有经营项目所获利润占利润总额的比重越大，抢占市场的能力越强，发展潜力越大，从主营业务收入中获取利润的可能性更高。紫江企业2017年至2019年的主营业务净利润率分别为6.70%、5.03%、5.64%，这三年中紫江企业的主营业务净利润率不断波动，2018年下降之后2019年有所回升，说明公司的主营业务受到2018年中美贸易摩擦的影响，其客户肯德基和麦当劳等都是美国企业，贸易摩擦对紫江企业的影响是重大的，随后随着中美贸易摩擦影响削弱，公司积极调整客户结构，2019年主营业务净利润有所回升。

3.2.2 销售毛利率

销售毛利率=（主营业务收入-主营业务成本）/主营业务收入。销售毛利率指标反映了产品或商品销售的初始获利能力。该指标越高，表示取得同样销售收入的销售成本越低，销售利润越高；该比率越高，表明企业有更大的可能获取高利润。紫江企业2017～2019年的销售毛利率分别为18.64%、18.86%和20.19%，说明公司自2017年至2019年销售毛利不断增加，虽然公司受中美贸易摩擦的影响，主营业务净利润在波动，但是公司积极应对，通过研究创新，进一步减少主营业务成本来提高销售毛利率，这说明公司应对突发事件的能力非常强，在未来的很长时间内公司有信心保持较理想的销售毛利率来保证公司利润最大化，持续经营，不断给公司股东创造财富。

3.2.3 总资产收益率

总资产收益率代表着企业利用其所有资产的综合赚取收益水平，所有资产包含了所有者权益和债务，该项指标被用来评定企业综合利用所有资产获取盈利的水平，企业的投入产出状况也得到了全面展示。该比率越高，则代表企业经营所取得的利润总额越大，运营效率就越高。2017年至2019年紫江企业总资产收益率分别为5.46%、4.44%和4.91%，该项指标可以看出2018年公司的总资产收益率与2017年相比，下降了约1个百分点，说明企业综合利用所有资产赚取收益的能力受贸易摩擦和全球贸易保护主义的影响有所下降，随后2019年有上升趋势，表明企业综合利用所有资产赚取收益的能力又开始增强。

3.2.4 净资产收益率

净资产收益率又称股东权益报酬率、净资产利润率，是衡量上市公司盈利能力的重要指标。它表明所有者每一元钱的投资能够获得多少净收益，该指标越高，说明投资带来的收益越高；净资产收益率越低，说明企业所有者权益的获利能力越弱。该指标体现了自有资本获得净收益的能力。2017年至2019年紫江企业净资产收益率分别为 13.01%、9.69% 和 10.05%，该项指标可以看出 2018 年公司的净资产收益率与 2017 年相比，下降了 3 个百分点，说明企业自有资本获取收益的能力变弱，运营效益也比上一年低，这种情况从侧面可以反映出紫江企业受全球贸易保护主义以及中美贸易摩擦的影响比较大，公司对突如其来问题的应对能力较差。

3.3 营运能力分析

营运能力分析针对的是企业的流动资产和流动负债的效力，表示企业使用资产获取收入的水平。企业营运能力的水平高低，反映出高层管理者对资产的管理水平的优劣和资产的更迭速度快慢。

流动资产营运能力主要取决于两项指标即应收账款周转天数和存货周转天数，表 7-3 为紫江企业与珠海中富营运能力指标对比情况。

表 7-3　2017～2019 年紫江企业与珠海中富营运能力指标对比

指标名称	2017 年 紫江企业	2017 年 珠海中富	2018 年 紫江企业	2018 年 珠海中富	2019 年 紫江企业	2019 年 珠海中富
应收账款周转天数（天）	58.43	55.1	57.73	48.45	57.22	41.83
流动资产周转率（次）	1.86	2.16	1.83	2.28	1.72	2.43
存货周转天数（天）	90.77	56.4	88.74	52.2	89.04	52.7
总资产周转率（次）	0.82	0.61	0.88	0.63	0.87	0.64

（数据来源：网易财经数据筛选汇总整理）

3.3.1　应收账款周转天数

应收账款周转天数揭示的是企业对于应收回的债权的利用效率的水平。一方面，应收账款周转天数越小，意味着收回债权越迅速，企业可使用的资金越多，资产流动越快，经营效率就越高；另一方面，如果企业的收账效率过高，则表明该企业针对应收款项制定的规范过于严苛,谨慎地设定客户的信用标准，如制定严格的付款条件，但是这使得很多销售业绩不能实现，削弱其与其他企业角逐的实力，会影响企业赚取更多的利润。紫江企业在 2017 年至 2019 年应收账款周转天数分别为 58.43 天、57.73 天和 57.22 天，表明公司在这三年中的应收账款质量在提高，能够提高现金流量，但是提高的幅度很小，说明公司从客户那里收回应收账款所需要的时间长，公司对客户的依赖程度高。

3.3.2 存货周转天数

存货周转天数是反映公司销售能力的一项重要指标，存货周转天数越短，说明公司的销售能力越强。紫江企业公司 2017 年至 2019 年的存货周转天数分别为 90.77 天、88.74 天和 89.04 天。该项指标三年来整体呈现波动趋势，但是 2018 年中美贸易摩擦开始后，公司的存货周转天数反而变短，销售能力变得更强。

3.3.3 流动资产周转率

流动资产周转率反映流动资产的周转速度。周转速度快，会相对节约流动资产，等于相对扩大资产投入，增强企业盈利能力；而延缓周转速度，需要补充流动资产参加周转，造成资金浪费，降低企业盈利能力。该指标越高，说明企业流动资产的利用效率越好。紫江企业在 2017 年至 2019 年流动资产周转率数值分别为 1.86 次、1.83 次和 1.72 次。跟同行业的珠海中富相比，不仅周转率较低，还出现下降趋势，说明紫江企业流动资产周转率很低，需要引起关注。

3.3.4 总资产周转率

总资产周转率是综合评价企业全部资产的经营质量和利用效率的重要指标。周转率越大，说明总资产周转越快，反映出企业的销售能力越强。企业可以通过薄利多销的办法，加速资产的周转，带来利润绝对额的增加。紫江企业在 2017 年至 2019 年总资产周转率数值分别为 0.82 次、0.88 次和 0.87 次。紫江企业总资产周转率优于同行业竞争对手珠海中富，但是这三年其周转率提升得不太明显，说明公司管理层要加强流动资产以及总资产的管理，积极应对挑战，积极开发新客户，使其减少对一个或几个客户的依赖性，使经营风险分散化。

3.4 成长能力分析

企业发展能力，是指企业经由常规的生产经营管理，持续扩张企业规模、壮大实力的潜在成长趋势。发展能力强劲的企业能不断地为投资者创造财富，不断地提高企业的价值，并且具有优秀的可持续发展能力和强大的市场发展前景。在此通过总资产增长率和净利润增长率这两项比率对紫江企业成长能力进行分析，表 7-4 为紫江企业与珠海中富成长能力指标对比情况。

表 7-4　2017～2019 年紫江企业与珠海中富成长能力指标对比

指标名称	2017 年 紫江企业	2017 年 珠海中富	2018 年 紫江企业	2018 年 珠海中富	2019 年 紫江企业	2019 年 珠海中富
主营业务收入增长率（%）	1.81	−0.29	5.90	0.24	2.23	−3.75
净利润增长率（%）	142.21	—	−20.52	−77.8	14.71	−20.6
总资产扩张率（%）	−7.34	1.13	3.35	−6.19	3.92	−4.30
净资产增长率（%）	0.02	25.08	4.44	3.26	9.84	8.36

（数据来源：网易财经数据筛选汇总整理）

3.4.1　主营业务收入增长率

主营业务增长率指标反映公司主营业务收入规模的扩张情况。一个成长性的企业，这个指标的数值通常较大；处于成熟期的企业，这个指标可能较低；处于衰退阶段的企业，这个指标甚至可能为负数。主营业务收入增长率可以用来衡量公司的产品生命周期，判断公司发展所处的阶段。一般来说，如果主营业务收入增长率超过 10%，说明公司产品处于成长期，将继续保持较好的增长势头，尚未面临产品更新的风险，属于成长型公司。如果主营业务收入增长率在 5%～10%，说明公司产品已进入稳定期，不久将进入衰退期，需要着手开发新产品。如果该比率低于 5%，说明公司产品已进入衰退期，保持市场份额已经很困难，主营业务利润开始滑坡，如果没有已开发好的新产品，将步入衰落。紫江企业在这三年的主营业务收入增长率分别为 1.81%、5.90% 和 2.32%。说明公司产品已进入稳定期，不久将进入衰退期，所以说紫江企业不仅需要应对国际经济环境带来的挑战，还需要着手开发新产品以提高市场占有率来保证业务收入增长。

3.4.2　净利润增长率

净利润增长率反映了企业实现价值最大化的扩张速度，是综合衡量企业资产营运与管理业绩，以及成长状况和发展能力的重要指标，该指标通常越大越好。紫江企业在 2017～2019 年的净利润增长率分别为 142.21%、−20.52% 和 14.71%。紫江企业净利润增长率出现如此大的波动原因在于公司已于 2017 年 1 月办理完成上海威尔泰工业自动化股份有限公司股份转让过户手续并收妥全部股份转让款，此部分股权转让产生的 40,387.33 万元投资收益已计入公司 2017 年第一季度财务报表，因此较上年同期相比变动幅度由 200.00% 升至 220.00%，2018 年报告期内没有类似的事项，因此 2018 年净利润增长率出现负增长。

3.4.3 总资产扩张率

总资产扩张率揭示了企业会计期内资本量的增幅状态。该计算比率是从企业资产总额如何变化这一角度来检验企业的成长性，揭示了企业成长速度如何对进步趋势产生作用。紫江企业在这三年的总资产扩张率分别为 -7.34%、3.35% 和 3.92%。公司总资产在 2018 年有大幅度提升说明公司对于自身产业结构调整成效明显，未来成长性好，2018～2019 年的成长速度较缓，原因是受全球贸易保护主义崛起以及中美贸易摩擦的影响。

3.4.4 净利润增长率

净利润增长率 =（本年税后利润 - 上年税后利润）/ 上年税后利润。净利润是指当年实现的可供给投资人支配的净收益。净利润反映出一个企业的经营成果，税后利润越大，则企业的经营业绩就越理想。因此净利润的增长率越快，说明企业的发展能力越好。紫江企业在 2017～2019 年中的净利润增长率为 142.21%、-20.52% 和 14.71%。公司 2018 年度的净利润增长率为负，而 2019 年最终出现了净利润增长率转正说明公司正转向好的方向发展。

3.5 杜邦体系分析

从表 7-5 可以看出，紫江企业 2018 年的营业净利率明显下滑，说明受世界经济贸易增长放缓、国际单边主义和贸易保护主义加剧影响，紫江企业单纯在包装行业市场获利日显艰难，面临的竞争比较强烈。紫江企业需要作出相应的经营政策调整来应对外部市场的不利因素；权益乘数呈现减少趋势，说明股东贡献的资本占总资产的分量越来越多，企业的负债程度越来越减轻；净资产收益率比 2017 年低了 3 个百分点，说明世界经济贸易增长放缓，国际单边主义和贸易保护主义加剧对公司通过资产实现盈利的能力变得相对较差；总资产周转率有所上升，说明公司的资产运营管理呈现变好趋势，需要不断加强资产运营管理。

表 7-5 2017～2019 年紫江企业杜邦体系主要指标

	2017 年	2018 年	2019 年
净资产收益率（%）	13.01	9.69	10.05
销售净利率（%）	6.70	5.03	5.64
总资产周转率（次）	0.82	0.88	0.87
权益乘数（%）	2.23	2.21	2.09

（数据来源：网易财经数据筛选汇总整理）